ZHONGGUO
NENGYUAN FAZHAN SHIERWU HUIGU JI
SHISANWU ZHANWANG

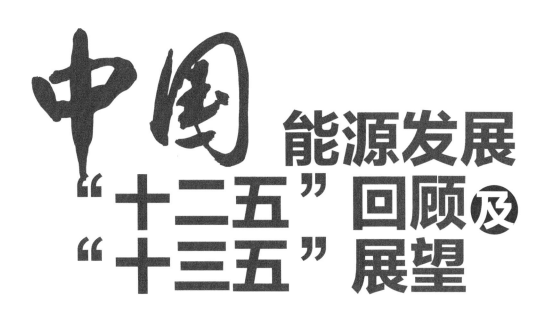

中国能源发展
"十二五"回顾及
"十三五"展望

经济管理出版社
ECONOMY & MANAGEMENT PUBLISHING HOUSE

图书在版编目（CIP）数据

中国能源发展"十二五"回顾及"十三五"展望/林卫斌编著 . —北京：经济管理出版社，2016. 9

ISBN 978 - 7 - 5096 - 4525 - 3

Ⅰ . ①中… Ⅱ . ①林… Ⅲ . ①能源发展—研究—中国 Ⅳ . ①F426. 2

中国版本图书馆 CIP 数据核字（2016）第 187811 号

组稿编辑：陆雅丽
责任编辑：陆雅丽
责任印制：黄章平
责任校对：超　凡

出版发行：经济管理出版社
　　　　　（北京市海淀区北蜂窝 8 号中雅大厦 A 座 11 层　　100038）
网　　　址：www. E - mp. com. cn
电　　　话：(010) 51915602
印　　　刷：北京九州迅驰传媒文化有限公司
经　　　销：新华书店
开　　　本：720mm × 1000mm/16
印　　　张：18. 75
字　　　数：308 千字
版　　　次：2016 年 9 月第 1 版　2016 年 9 月第 1 次印刷
书　　　号：ISBN 978 - 7 - 5096 - 4525 - 3
定　　　价：78. 00 元

前　言

为系统回顾"十二五"中国能源发展状况并研判"十三五"能源发展走势，我们编写出版《中国能源发展"十二五"回顾及"十三五"展望》。本书内容分为五篇，共 25 章，包括能源消费、能源投资与建设、能源生产、能源贸易、能源市场与绩效，每一篇分别从综合、煤炭、石油、天然气、电力和非化石能源方面进行分析。本书试图从客观准确的数据入手，以简明扼要的分析，全面反映"十二五"期间中国能源发展的总体情况，并展望"十三五"中国能源发展总体趋势。

感谢我在中国能源研究会能源政策研究中心和北京师范大学能源与产业经济研究中心的研究助理陈昌明、李妙华、张婧、杜婷、马新如、陈丽娜，他们为本书的编写付出了大量辛勤劳动。受时间和水平所限，编写过程中难免存在不足、疏漏甚至错误之处，敬请批评指正。

编　者

2016 年 6 月

目　录

第一篇　能　源　消　费

第二篇　能源投资与建设

第三篇 能源生产

第四篇　能源贸易

第五篇　能源市场与绩效

第一篇　能源消费

第一章　综合能源消费

"新常态"下，中国能源消费增速"换挡"，年均增速由"十一五"期间的 6.7% 下降为"十二五"期间的 3.6%。考虑到经济增速放缓、结构调整加快和环境约束增强等导致能源消费减速的因素在"十三五"期间仍将发挥作用，2016～2020 年中国能源消费增速还将进一步放缓，预计年均增速为 1.5%～2%，到 2020 年能源消费总量 47 亿吨标准煤，能耗强度比 2015 年下降 20% 左右。

第一节　"十二五"综合能源消费分析

"十二五"期间，中国能源消费增速逐年放缓。2015 年能源消费总量 43 亿吨标准煤，人均能源消费量 3.14 吨标准煤，单位 GDP 能耗为 0.72 吨标准煤/万元。能源消费结构持续优化，2015 年煤炭、石油、天然气和非化石能源消费比重分别为 64%、18.1%、5.9% 和 12%。

一、能源消费总量与增速

"十二五"期间，中国能源消费总量累计增加近 7 亿吨标准煤，由 2010 年的 36.1 亿吨标准煤增加到 2015 年的 43 亿吨标准煤，年均增加 1.4 亿吨标准煤；日均能源消费量由 2010 年的 989 万吨标准煤提高到 2015 年的 1178 万吨标准煤。从增速上看，受经济增速放缓、结构调整加快及环境约束增强等因素影响，能源消费增速逐年放缓，由 2010 年的 7.3% 下降到 2015 年的 0.9%，"十二五"期间中国能源消费总量年均增长 3.6%，较"十一五"期间年均增速降低 3.1 个百分点（如图 1-1 所示）。

根据英国石油公司（BP）的统计数据，2014 年世界一次能源消费总量为 184.69 亿吨标准煤，日均消费 5060 万吨标准煤。作为全球第一大能源消

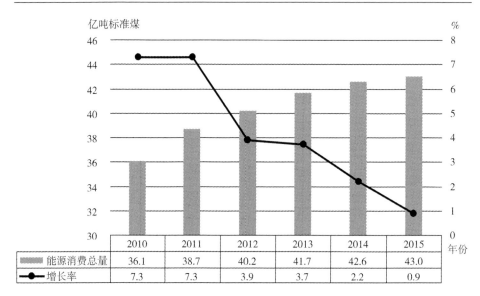

图 1-1 2010~2015 年能源消费总量与增速

数据来源：2010~2014 年数据来自国家统计局《中国能源统计年鉴 2015》，2015 年数据来自国家统计局《2015 年国民经济和社会发展统计公报》。

费国，2014 年中国一次能源消费总量为 42.46 亿吨标准煤，占全世界一次能源消费总量的 23%。比重较 2010 年提高 2.6 个百分点，比排名第二的美国高出 5.2 个百分点，是排名第三的俄罗斯的 4.4 倍，是全球第三大经济体日本的 6.5 倍（如表 1-1 所示）。

表 1-1 一次能源消费总量国际比较

单位：亿吨标准煤

年　份 国家/地区	2010	2011	2012	2013	2014	2014 年占比 （%）
世界	173.01	177.26	179.80	182.96	184.69	100.0
OECD	80.10	79.25	78.48	79.26	78.55	42.5
非 OECD	92.91	98.01	101.32	103.70	106.14	57.5
中国	35.30	38.28	39.92	41.40	42.46	23.0
美国	32.64	32.36	31.56	32.44	32.84	17.8
俄罗斯	9.63	9.95	9.95	9.86	9.74	5.3
印度	7.29	7.67	8.20	8.51	9.11	4.9

年份 国家/地区	2010	2011	2012	2013	2014	2014 年占比（%）
日本	7.22	6.86	6.77	6.72	6.52	3.5
加拿大	4.51	4.69	4.67	4.78	4.75	2.6
德国	4.61	4.43	4.54	4.65	4.44	2.4
巴西	3.71	3.91	3.99	4.13	4.23	2.3
韩国	3.64	3.83	3.87	3.87	3.90	2.1
伊朗	3.25	3.41	3.42	3.49	3.60	1.9
沙特阿拉伯	2.90	2.97	3.15	3.18	3.42	1.9
法国	3.61	3.49	3.49	3.53	3.39	1.8
英国	2.99	2.80	2.88	2.87	2.68	1.5
墨西哥	2.61	2.73	2.70	2.74	2.73	1.5
印度尼西亚	2.16	2.31	2.42	2.42	2.50	1.4
西班牙	2.05	2.04	2.03	1.91	1.90	1.0
南非	1.81	1.79	1.76	1.77	1.81	1.0

注：BP 统计的是一次能源消费总量；标准量折算采用发电煤耗计算法。

数据来源：根据《BP Statistical Review of World Energy 2015》中的相关数据计算得到。

二、人均能源消费量与人均生活能源消费量

"十二五"期间，中国人均能源消费量从 2010 年的 2.70 吨标准煤/人增长到 2015 年的 3.14 吨标准煤/人，5 年间累计增长 16.3%，年均增长 3.1%；人均生活能源消费量由 2010 年的 273 千克标准煤/人增长到 2014 年的 346 千克标准煤/人，4 年间累计增长 26.7%，年均增长 6.1%（如图 1-2 所示）。2014 年城镇和农村人均生活能源消费分别为 346 千克标准煤/人和 335 千克标准煤/人，较 2010 年分别增长 13.8% 和 43.2%。"十二五"期间，中国城镇与农村生活能源消费差异进一步缩小，城镇人均生活能源消费与农村人均生活能源消费之比从 2010 年的 1.4 下降至 2014 年的 1.1。

中国人均能源消费量及人均生活能源消费量均与世界主要发达国家存在较大差距。人均能源消费方面，根据 BP 统计数据，2014 年世界人均能源消费量为 2.54 吨标准煤/人。OECD 国家人均能源消费量为 6.18 吨标准煤/人，是世界平均水平的 2.4 倍。美国、德国、日本、英国人均能源消费量分别为

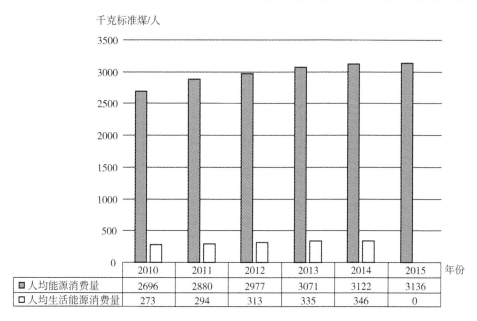

千克标准煤/人

	2010	2011	2012	2013	2014	2015	年份
▨ 人均能源消费量	2696	2880	2977	3071	3122	3136	
▢ 人均生活能源消费量	273	294	313	335	346	0	

图 1 - 2　2010 ~ 2015 年中国人均能源消费量及人均生活能源消费量

数据来源：2010 ~ 2014 年数据来自国家统计局《中国能源统计年鉴 2015》，2015 年数据根据能源消费总量及年中人口数计算得到，2015 年能源消费总量及年末人口数据来自国家统计局《2015 年国民经济和社会发展统计公报》，2014 年年末人口数来自国家统计局《中国统计年鉴2015》。

10.3 吨标准煤/人、5.49 吨标准煤/人、5.12 吨标准煤/人、4.16 吨标准煤/人。中国 2014 年人均消费量为 3.11 吨标准煤/人，比世界平均水平高 0.57 吨标准煤，是 OECD 国家平均水平的 50.3%，分别为同期美国、英国、日本的 30.2%、74.8%、60.7%（如图 1 - 3 所示）。

人均生活能源消费方面，根据 IEA 统计数据，2013 年世界人均生活能源消费量为 424 千克标准煤/人，OECD 国家人均生活能源消费量达 811 千克标准煤/人，美国、德国、加拿大人均生活用能超过 1000 千克标准煤/人。而中国 2013 年人均生活用能为 419 千克标准煤/人，分别仅为美国、德国、加拿大、法国、英国、日本的 35%、40%、30%、44.3%、46.8%、81.4%（如图 1 - 4 所示）。

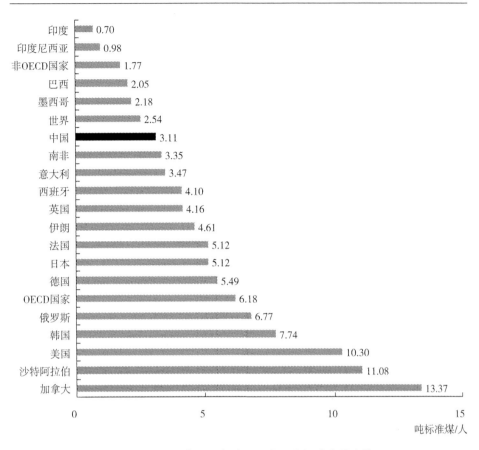

图 1-3 2014 年世界部分国家人均能源消费量比较

数据来源：根据能源消费总量与年中人口数计算得到。能源消费总量数据来自 BP Statistical Review of World Energy，2015 年中人口数来自世界银行。

三、一次能源消费结构

"十二五"期间，中国能源消费结构持续优化。煤炭消费比重逐年下降，石油消费小幅上涨，天然气及非化石能源比重持续上升。煤炭在一次能源消费中的比重由 2010 年的 69.2% 下降至 2015 年的 64%，石油消费比重先降后升，由 2010 年的 17.4% 下降至 2011 年的 16.8%，再小幅上升至 2015 年的 18.1%；天然气消费比重由 2010 年的 4% 提高至 2015 年的 5.9%；水电、核电、风电等非化石能源消费比重由 2010 年的 9.4% 提高至 2015 年的 12%（如图 1-5 所示）。

根据《能源发展"十二五"规划》确定的目标，2015 年非化石能源比

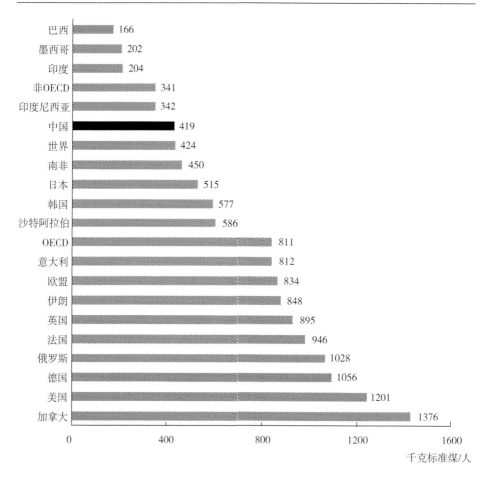

图1-4 2013年人均生活能源消费量国际比较

数据来源：根据生活能源消费量及年中人口数计算；各国及地区生活能源消费量数据来自 IEA，World Energy Balances（2015 edition），年中人口数来自世界银行。

重提高到11.4%，天然气占一次能源消费比重提高到7.5%，煤炭消费比重降低到65%左右。除了天然气占比未实现目标，中国基本实现"十二五"非化石能源发展及煤炭消费控制规划目标。

从国际范围看，在一次能源消费结构中，中国煤炭消费比重畸高，天然气和非化石能源等清洁能源比重偏低。根据BP统计数据，2014年世界煤炭平均消费比重为30%，OECD国家平均水平仅为19.1%，其中美国、英国、德国、日本煤炭消费比重分别为19.7%、15.7%、24.9%、27.7%，而中国煤炭消费比重高达66%，较同期美国、英国、德国、日本水平分别高46.3、

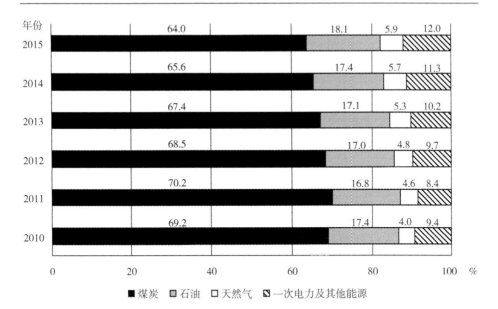

图 1－5　2010～2015 年中国能源消费结构

数据来源：2010～2014 年数据来自国家统计局《中国能源统计年鉴 2015》，2015 年数据来自国家统计局《2015 年国民经济和社会发展统计公报》及《能源革命谱新篇 节能降耗见成效——十八大以来我国能源发展状况》。

50.3、41.1、38.3 个百分点。天然气消费比重方面，2014 年世界天然气平均消费比重为 23.7%，OECD 国家平均水平为 26.1%，其中美国、英国、加拿大、日本天然气消费比重分别为 30.3%、31.9%、28.2%、22.2%，而中国天然气消费比重仅为 5.6%，远低于世界平均水平，分别较同期美国、英国、加拿大、日本低 24.6、26.3、22.6、16.6 个百分点。非化石能源消费比重方面，2014 年世界非化石能源平均消费比重为 13.7%，OECD 国家非化石能源平均消费水平为 17.8%，其中，美国、英国、德国非化石能源消费占比分别为 13.7%、14.7%、18.8%，而中国非化石能源消费占比仅为 11.9%（如图1－6 所示）。

四、能耗强度

按 2010 年不变价格计算，"十二五"期间，中国能源消费能耗强度累计下降 18.2%，年均下降 3.9%。2015 年中国每万元 GDP 能源消耗量为 0.72 吨标准煤，较 2010 年下降 0.16 吨标准煤。按 2015 年价格计算，2015 年中国能耗强度为 0.64 吨标准煤/万元。按照《"十二五"能源发展规划》的能源

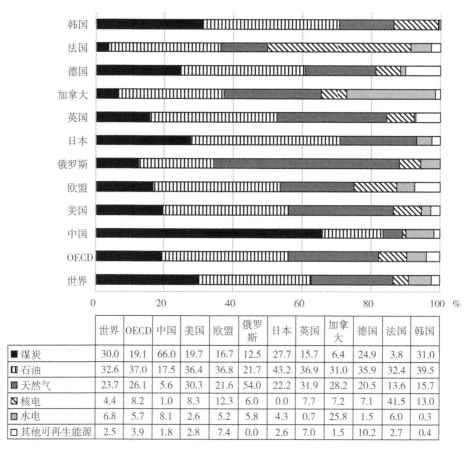

	世界	OECD	中国	美国	欧盟	俄罗斯	日本	英国	加拿大	德国	法国	韩国
■ 煤炭	30.0	19.1	66.0	19.7	16.7	12.5	27.7	15.7	6.4	24.9	3.8	31.0
▯ 石油	32.6	37.0	17.5	36.4	36.8	21.7	43.2	36.9	31.0	35.9	32.4	39.5
▦ 天然气	23.7	26.1	5.6	30.3	21.6	54.0	22.2	31.9	28.2	20.5	13.6	15.7
◩ 核电	4.4	8.2	1.0	8.3	12.3	6.0	0.0	7.7	7.2	7.1	41.5	13.0
▨ 水电	6.8	5.7	8.1	2.6	5.2	5.8	4.3	0.7	25.8	1.5	6.0	0.3
□ 其他可再生能源	2.5	3.9	1.8	2.8	7.4	0.0	2.6	7.0	1.5	10.2	2.7	0.4

图 1 - 6　2014 年世界及主要国家一次能源消费结构

数据来源：根据《BP Statistical Review of World Energy 2015》相关数据计算得到。

发展目标规定，单位国内生产总值能耗累计下降 16%，表明中国超额完成"十二五"规划发展目标，节能降耗成效明显（如图 1 - 7 所示）。

　　从世界范围看，中国能耗强度与发达国家及世界平均水平虽仍存在差距，但差距逐步缩小。2014 年，世界能耗强度平均水平为 2.4 吨标准煤/万美元。同期，美国、日本、德国、英国的能耗强度分别为 1.9 吨标准煤/万美元、1.4 吨标准煤/万美元、1.1 吨标准煤/万美元、0.9 吨标准煤/万美元。而 2014 年中国能耗强度水平为 4.1 吨标准煤/万美元，是世界平均水平的 1.7 倍，分别为同期美国、日本、德国、英国的 2.2、2.9、3.7、4.6 倍。与金砖国家相比，2014 年中国能耗强度低于俄罗斯、印度、南非，但高于巴西，且为巴西的 2.3 倍（如图 1 - 8 所示）。

	2010	2011	2012	2013	2014	2015
单位GDP能耗	0.88	0.86	0.83	0.80	0.76	0.72
能耗强度同比增速	-3.1	-2.0	-3.6	-3.7	-4.7	-5.6

图 1 - 7 2010～2015 年单位 GDP 能耗及变化率

注：GDP 按 2010 年不变价计算。

数据来源：2010～2014 年数据来自国家统计局《中国能源统计年鉴 2015》，2015 年 GDP 及能源消费总量数据来自国家统计局《2015 年国民经济和社会发展统计公报》。

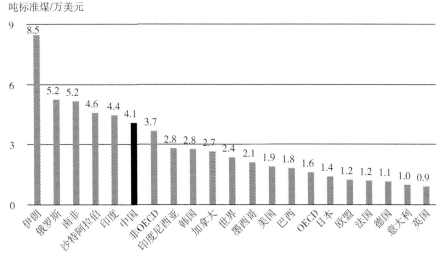

图 1 - 8 2014 年各国单位 GDP 能耗

注：GDP 是以 2014 年现价美元计算。

数据来源：根据能源消费总量与 GDP 计算得到。能源消费总量数据来自《BP 世界能源统计 2015》（BP Statistical Review of World Energy 2015），GDP 数据来自世界银行。

五、中间损耗与终端消费

（一）中间损耗与终端消费比重

按照发电煤耗计算法，中国加工转换损失量及能源损失量①占能源消费总量的比重总体上呈下降趋势，2014 年加工转换损失量和损失量占比分别为0.6% 和 2.4%，较 2010 年分别下降 3.4 和 0.1 个百分点，也即 2014 年终端消费量占比为 97%，较 2010 年提高近 3.5 个百分点。按照电热当量计算法，2014 年终端能源消费量占比为 78.4%，较 2010 年提高 2.9 个百分点（如图1-9、图 1-10 所示）。

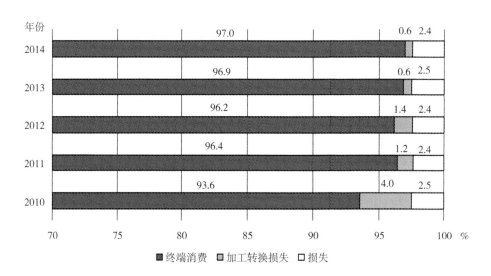

图 1-9　2010～2014 年中间损耗与终端消费比重

注：标准量折算采用发电煤耗计算法。

数据来源：根据国家统计局《中国能源统计年鉴2015》的相关数据计算得到。

从世界范围看，根据 IEA 统计口径，2013 年中国能源消费总量中，终端消费量的比重为 64.6%②，加工转换损失量及损失量分别为 34.3% 和 1%。

---

①　能源损失量不包括石油、天然气开采不计产量的放散量，炼油厂的火炬气放散量，煤矿瓦斯放散量，以及不计产量的焦炉煤气、高炉煤气的放散量。

②　IEA 统计口径下终端消费比重比国家统计局统计口径下的终端消费比重低近 14 个百分点，其中一个主要原因是在 IEA 的统计口径中，能源部门自用的能源量计入中间损耗，而在国家统计局的统计口径里则计入终端消费。

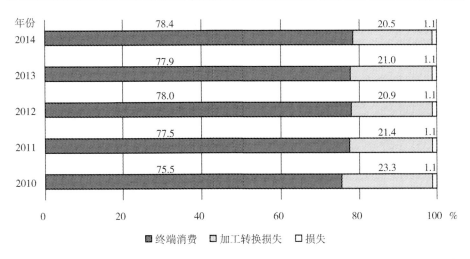

图1-10 2010~2014年中间损耗与终端消费比重

注：标准量折算采用电热当量计算法。

数据来源：根据国家统计局《中国能源统计年鉴2015》相关数据计算得到。

而世界、OECD国家、美国终端能源消费量占比分别为68.6%、68.9%、68.3%。可见，虽然中国能源利用效率逐步提高，但不管与世界还是发达国家水平相比，都存在一定的差距（如表1-2所示）。

表1-2 2013年中间损耗与终端消费比重国际比较

终端/中间 国家/地区	终端消费		加工转换损失		损失	
	绝对额 （万吨标准煤）	占比 （%）	绝对额 （万吨标准煤）	占比 （%）	绝对额 （万吨标准煤）	占比 （%）
世界	1328723	68.6	576474	29.8	31124	1.6
OECD	520810	68.9	225233	29.8	9860	1.3
非OECD	757521	67.0	351241	31.1	21264	1.9
中国	277641	64.6	147525	34.3	4497	1.0
美国	213581	68.3	95720	30.6	3321	1.1
欧盟	162687	70.2	45900	28.2	3720	1.6
印度	75477	68.3	24244	29.2	2706	2.4
俄罗斯	62070	59.3	33741	36.8	4080	3.9
日本	44487	67.9	14656	31.2	584	0.9

续表

终端/中间	终端消费		加工转换损失		损失	
国家/地区	绝对额（万吨标准煤）	占比（%）	绝对额（万吨标准煤）	占比（%）	绝对额（万吨标准煤）	占比（%）
德国	32129	71.1	8479	27.8	513	1.1
巴西	32633	78.0	4553	19.1	1240	3.0
韩国	23977	64.1	10015	35.3	235	0.6
法国	28442	79.2	3403	19.3	546	1.5
加拿大	22508	60.5	11479	37.4	792	2.1
伊朗	23631	73.6	5082	24.8	502	1.6
印度尼西亚	23141	71.2	6065	26.7	696	2.1
英国	18433	67.9	6101	30.5	442	1.6
沙特阿拉伯	19010	68.5	6032	30.6	246	0.9
墨西哥	16882	63.5	7312	34.6	522	2.0
意大利	17310	78.1	2370	20.4	322	1.5
南非	10617	51.2	8614	47.6	264	1.3

注：在 IEA 统计口径中，工业终端能源消费量不包括能源工业自用量；标准量折算采用电热当量计算法。

数据来源：根据 IEA，World Energy Balances（2015 edition）相关数据计算得到。

（二）终端消费

按照电热当量计算法，"十二五"以来，作为终端能源消费第一大品种的煤炭，占终端能源消费的比重总体呈下降态势，2014 年占比为 25.6%，较 2010 年下降 4.5 个百分点；终端第二大能源消费品种石油占终端能源消费的比重先降后升，2014 年占比为 22.7%；电力与天然气占终端能源消费的比重逐年提高，2014 年占比分别为 20.9%、6.3%，较 2010 年分别提高 2.3 与 2 个百分点（如图 1-11 所示）。

按照发电煤耗计算法，"十二五"以来，电力稳居中国终端第一大能源消费品位置，电力占终端能源消费的比重逐年提高，2014 年占比为 39.9%，较 2010 年提高 2.5 个百分点；终端第二大能源消费品种煤炭占终端能源消费比重总体呈下降态势，2014 年占比为 19.4%，较 2010 年下降 3.8 个百分点；石油占终端能源消费的比重先降后升，占比总体保持在 17% 左右；天然气占

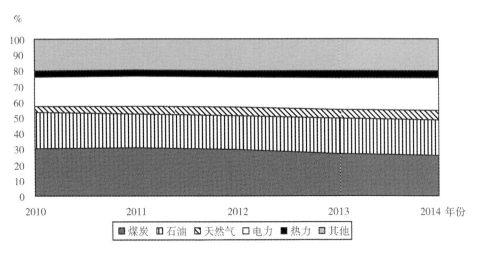

图 1 – 11　2010 ~ 2014 年分品种终端能源消费结构（电热当量计算法）

注：其他指焦炭、天然气、其他焦化产品及其他能源。

数据来源：根据《中国能源统计年鉴 2014》、《中国能源统计年鉴 2015》相关数据计算得到。

终端能源消费的比重逐年上升，2014 年占比为 4.8%，较 2010 年提高 1.5 个百分点（如图 1 – 12 所示）。

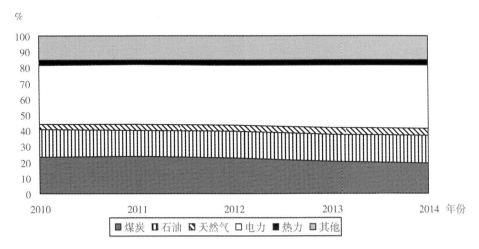

图 1 – 12　2010 ~ 2014 年分品种终端能源消费结构（发电煤耗计算法）

注：其他指焦炭、天然气、其他焦化产品及其他能源。

数据来源：根据《中国能源统计年鉴 2014》、《中国能源统计年鉴 2015》相关数据计算得到。

从世界范围看，根据 IEA 的统计口径，2013 年，石油依旧是世界终端能源消费占比最高的品种，比重达 40%，其次是电力及天然气，占终端能源消费的比重分别为 18% 和 15.1%，煤炭所占比重为 11.5%。在 OECD 国家，2013 年石油、电力、天然气所占比重分别为 47%、22.1%、20.4%，煤炭所占比重仅为 3.3%。其中，美国 2013 年石油占比为 48.9%，第二大终端能源消费品种为天然气，占比为 22.3%，较第三大终端能源消费品种高出 0.5 个百分点。2013 年中国第一大终端能源消费品种为煤炭，所占比重达 37%，较世界平均水平、OECD 国家、美国分别高出 25.5、33.7、35.5 个百分点，而天然气消费占比仅为 4.8%，较世界平均水平、OECD 国家、美国分别低10.3、15.6、17.5 个百分点（如表 1-3 所示）。

表 1-3　2013 年分品种终端能源消费结构国际比较

单位:%

品种 国家/地区	煤炭	石油	天然气	电力	热力	其他
世界	11.5	40.0	15.1	18.0	2.9	12.5
OECD	3.3	47.0	20.4	22.1	1.6	5.6
非 OECD	17.9	31.1	12.4	16.5	4.1	18.1
中国	37.0	23.1	4.8	19.9	3.9	11.3
美国	1.5	48.9	22.3	21.8	0.4	5.2
欧盟	3.4	40.7	23.3	20.9	4.2	7.5
印度	19.6	28.4	5.0	14.5	0.0	32.5
俄罗斯	2.7	28.0	29.1	14.7	24.8	0.6
日本	8.3	53.2	10.9	26.2	0.2	1.1
德国	3.1	41.8	24.6	19.8	4.6	6.0
巴西	3.4	47.2	5.6	18.3	0.0	25.5
韩国	5.6	50.4	14.4	25.0	2.5	2.1
法国	1.8	43.4	21.1	24.1	1.5	8.1
加拿大	1.6	47.5	23.7	21.0	0.3	6.0
伊朗	0.2	37.0	51.4	11.0	0.0	0.3

续表

品种 国家/地区	煤炭	石油	天然气	电力	热力	其他
印度尼西亚	2.8	43.3	10.7	10.0	0.0	33.4
英国	2.3	39.8	33.8	21.1	1.0	1.9
沙特阿拉伯	0.0	64.0	20.0	16.0	0.0	0.0
墨西哥	4.4	61.2	10.3	17.6	0.0	6.6
意大利	1.5	38.4	29.4	20.4	3.1	7.2
南非	25.2	34.7	2.3	22.7	0.0	15.2

注：标准量采用电热当量计算法。

数据来源：根据 IEA，World Energy Balances（2015 edition）相关数据计算得到。

六、分行业能源消费

"十二五"期间，中国工业能源消费总量占比逐年下降，由 2010 年的 72.5% 下降至 2014 年的 69.4%，石油加工、炼焦和核燃料加工业、化学原料和化学制品制造业等六大高耗能行业能源消费占比从 2010 年的 52.9% 下降至 2014 年的 51.4%。第三产业能源消费总量占能源消费总量的比重逐年上升，由 2010 年的 13.9% 提高至 2014 年的 15.8%。居民生活能源消费总量占比小幅提升，2014 年占比达 11.1%，较 2010 年提高 1 个百分点（如表 1－4 所示）。

表 1－4 2010～2014 年分行业能源消费结构

单位:%

年份 行业	2010	2011	2012	2013	2014
农、林、牧、渔、水利业	2.0	2.0	1.9	1.9	1.9
工业	72.5	71.8	70.8	69.8	69.4
采掘业	5.8	6.1	6.1	5.7	5.4
制造业	60.3	59.2	58.3	57.3	57.5
石油加工、炼焦和核燃料加工业	5.0	4.7	4.7	4.6	4.7
化学原料和化学制品制造业	10.2	10.5	10.6	10.6	11.2

续表

年份 行业	2010	2011	2012	2013	2014
非金属矿物制品业	9.0	9.9	9.4	8.8	8.6
黑色金属冶炼和压延加工业	18.5	16.7	16.8	16.5	16.3
有色金属冶炼和压延加工业	3.8	3.8	3.9	4.0	4.1
电力、天然气及水生产和供应业	6.4	6.6	6.4	6.8	6.5
电力、热力生产和供应业	6.0	6.2	5.9	6.3	6.0
建筑业	1.5	1.6	1.6	1.7	1.8
交通运输、仓储和邮政业	7.5	7.7	8.1	8.4	8.5
批发、零售业和住宿、餐饮业	2.2	2.4	2.5	2.5	2.6
其他行业	4.2	4.4	4.6	4.7	4.7
生活消费	10.1	10.2	10.5	10.9	11.1

数据来源：根据国家统计局《中国能源统计年鉴2015》相关数据计算得到。

七、分地区能源消费

（一）分地区能源消费量

中国能源消费主要集中在经济或重工业较为发达的省（市、自治区）。2014年能源消费总量排名前六位的省份分别为山东、江苏、广东、河北、河南、辽宁，能源消费总量均在2亿吨以上，居首位的山东更达3.65亿吨标准煤。排名后六位的省（市、自治区）分别为江西、甘肃、北京、宁夏、青海、海南，其中，宁夏、青海、海南能源消费总量均低于5000万吨标准煤，居首位的山东省能源消费总量是排名末尾海南省的20倍（如图1-13所示）。[①]

分区域看，"十二五"期间，中国能源消费主要集中于东部地区。2014年，东、中、西部地区能源消费比重分别为46.8%、26.1%、27.1%，东部地区能源消费比重较2010年下降近2个百分点，西部地区比重较2010年提高近3个百分点并超过中部地区，表明中国能源消费逐步向西移动（如图1-14所示）。

---

① 由于数据缺失，分地区能源消费分析中不包括西藏。

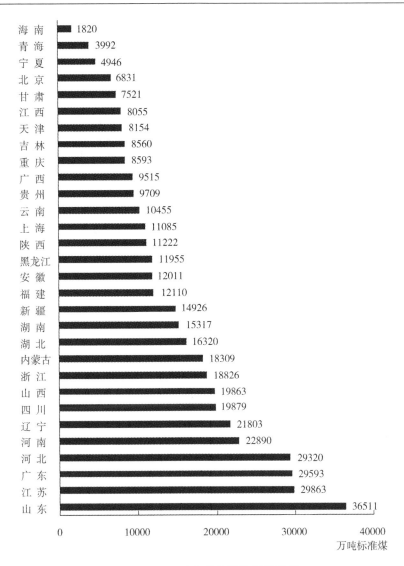

图 1-13　2014 年分地区能源消费量

数据来源：国家统计局《中国能源统计年鉴 2015》。

（二）分地区人均能源消费量与人均生活能源消费量

2014 年宁夏以 7.5 吨标准煤/人的人均能源消费量排名全国首位，是排名末尾江西（1.8 吨标准煤/人）的 4 倍，人均能源消费超过 5 吨标准煤的省（市、自治区）有 6 个，包括宁夏、内蒙古、青海、新疆、山西、天津，排

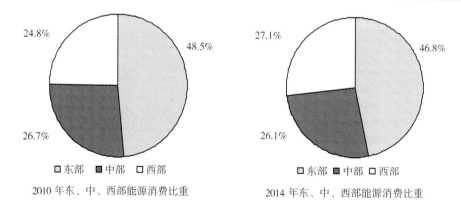

图1-14　2010、2014年东中西部能源消费比重

注：根据国家统计局对东、中、西部地区的划分，东部地区包括北京、天津、河北、辽宁、上海、江苏、浙江、福建、山东、广东、海南11个省（市）；中部地区包括山西、吉林、黑龙江、安徽、江西、河南、湖北、湖南8个省份；西部地区包括内蒙古、广西、重庆、四川、贵州、云南、西藏、陕西、甘肃、青海、宁夏、新疆12个省（市、自治区）。

数据来源：根据国家统计局《中国能源统计年鉴2015》数据计算得到。

名后四位的省份包括江西、安徽、广西、海南，其中，江西与安徽人均能源消费在2吨标准煤以下（如图1-15所示）。

在人均生活能源消费方面，2014年北京以703千克标准煤/人的水平居全国首位。人均生活能源消费量超过500千克标准煤/人的省（市、自治区）包括北京（703千克标准煤/人）、天津（591千克标准煤/人）、内蒙古（586千克标准煤/人）、新疆（518千克标准煤/人），排名后四位的省份分别为江西、广西、海南、云南，其中江西人均生活能源消费量仅为189千克标准煤/人（如图1-15所示）。

由于地区资源禀赋与经济发展水平的差异，人均能源消费量与人均生活能源消费量排名存在较大差异。2014年宁夏以人均7.5吨标准煤排名全国首位，而其人均生活能源消费量仅为278千克标准煤/人，为全国平均水平（346千克标准煤/人）的80.3%。2014年北京人均能源消费量为3.2吨标准煤/人，仅为宁夏人均能源消费量的42.7%，但其人均生活能源消费量达703千克标准煤/人，居全国首位，为全国平均水平的2倍，为宁夏人均生活能源消费量的2.5倍（如图1-15所示）。

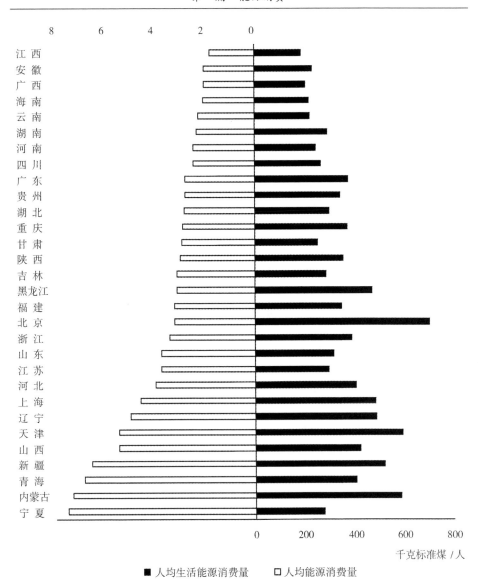

图 1 - 15　2014 年分地区人均能源消费量与人均生活能源消费量

■ 人均生活能源消费量　□ 人均能源消费量

注：各地区生活能源消费量标准量根据全国相应品种折标系数与各地区生活能源消费实物量计算所得，标准量折算采用发电煤耗计算法。

数据来源：根据分地区能源消费量、分地区生活能源消费量与年终人口数计算得到。分地区能源消费量及分地区生活能源消费量数据来自国家统计局《中国能源统计年鉴 2015》，分地区人口数据来自国家统计局《中国统计年鉴 2015》。

（三）分地区一次能源消费结构

中国分地区能源消费结构的主要特征是多数省（市、自治区）一次能源消费结构以煤炭为主，且天然气消费比重普遍偏低。2014 年，除北京、青海、上海、海南、广东、四川以外，其余省（市、自治区）煤炭消费占比皆超过 50%，尤其是煤炭资源相对丰富的地区其煤炭消费比重普遍较高，但因存在不同程度的煤电外送，其电力消费比重通常较低。2014 年，内蒙古、山西、宁夏、安徽、陕西电力消费比重都为负数，而煤炭消费比重都在 80% 以上，且内蒙古、山西、宁夏煤炭消费比重超过 100%。水电资源丰富的地区，电力消费比重相对较高，如青海（45.3%）、云南（30.3%）、四川（22.6%）、广西（19.9%），大量接受外购电的经济发达省（市、自治区）电力消费比重也相对较高，如北京（25.6%）、广东（23.4%）。除此以外，2014 年，石油消费比重排名前五的地区为上海（42.4%）、北京（32.5%）、天津（28.6%）、海南（28.4%）、福建（26.8%）；天然气消费比重排名前五的地区为海南（29.8%）、北京（22.2%）、新疆（17.9%）、青海（13.8%）、重庆（13.2%），其余省（市、自治区）天然气消费比重普遍低于 10%（如表 1－5 所示）。

表 1－5　2014 年中国分地区能源消费结构

单位：%

地区＼品种	煤炭	石油	天然气	电力	热力与其他能源
北京	18.2	32.5	22.2	25.6	1.6
天津	54.7	28.6	7.6	7.7	1.4
河北	80.4	6.8	2.5	10.2	0.0
山西	101.3	5.5	3.3	−10.8	0.7
内蒙古	104.2	5.8	2.5	−12.7	0.2
辽宁	62.1	24.3	4.7	8.6	0.3
吉林	76.0	14.5	3.0	1.2	5.3
黑龙江	72.0	22.7	3.7	1.2	0.4
上海	33.8	42.4	8.6	15.2	0.0
江苏	68.9	14.8	5.7	9.6	1.1
浙江	53.1	21.8	5.5	18.5	1.1
安徽	90.0	14.5	3.5	−9.1	1.1

地区＼品种	煤炭	石油	天然气	电力	热力与其他能源
福建	52.6	26.8	5.5	14.4	0.6
江西	68.1	17.1	2.5	10.7	1.6
山东	76.5	14.5	2.8	4.9	1.2
河南	73.7	12.4	4.4	7.1	2.3
湖北	55.7	22.5	3.3	16.6	1.9
湖南	56.0	15.6	2.3	15.7	10.4
广东	43.2	26.3	6.0	23.4	1.0
广西	56.9	16.8	1.2	19.9	5.2
海南	35.4	28.4	29.8	5.4	0.9
重庆	53.8	12.5	13.2	15.8	4.7
四川	43.2	20.1	11.3	22.6	2.8
贵州	85.0	9.8	1.4	3.8	0.0
云南	52.8	13.6	0.5	30.3	2.8
陕西	84.3	13.9	8.1	−6.5	0.2
甘肃	64.9	16.2	4.4	14.4	0.1
青海	32.6	8.3	13.8	45.3	0.0
宁夏	101.3	5.3	4.2	−10.7	0.0
新疆	63.0	14.8	17.9	3.7	0.5

注：一次电力消费量由一次电力供应量减去电力平衡差额得到。由于一次电力供应量包含本省（市、自治区）调入、调出量，所以一次电力消费量为负时表示本省（市、自治区）电力净调出。

数据来源：根据《中国能源统计年鉴2015》相关数据计算得到。

（四）分地区能耗强度

从能源消费强度看，按2010年不变价格计算，2014年单位GDP能源消费量排名前五的省（市、自治区）依次为宁夏（1.97吨标准煤/万元）、青海（1.92吨标准煤/万元）、新疆（1.79吨标准煤/万元）、山西（1.52吨标准煤/万元）、贵州（1.3吨标准煤/万元），排名后五位的为北京（0.36吨标准煤/万元）、广东（0.46吨标准煤/万元）、上海（0.48吨标准煤/万元）、江苏（0.49吨标准煤/万元）、浙江（0.5吨标准煤/万元）。2010～2014年，单位GDP能耗强度累计下降幅度排名前五的省（市、自治区）依次为重庆（−33.6%）、湖南（−31.9%）、吉林（−29.8%）、湖北（−29.5%）、四川（−28.1%）（如图1－16、表1－6所示）。

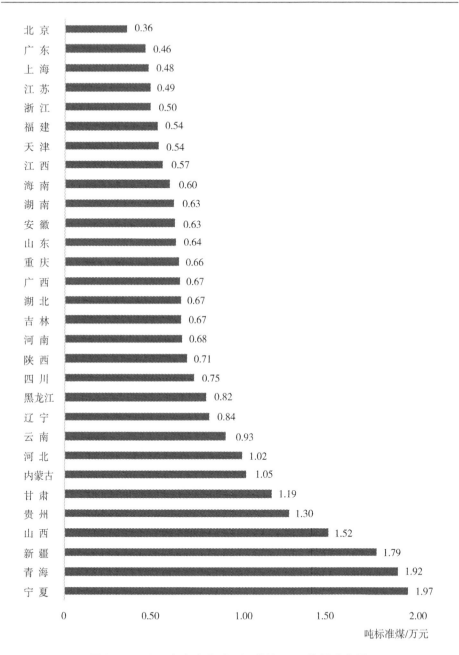

图 1－16   2014 年各省市（区）单位 GDP 能源消费量

注：按照 2010 年不变价格计算。

数据来源：根据国家统计局《中国统计年鉴 2015》及《中国能源统计年鉴 2015》相关数据计算得到。

表 1－6　2010～2014 各省市（区）单位 GDP 能源消费量及其变化率

单位：吨标准煤/万元

年份\地区	2010	2011	2012	2013	2014	累计降幅（%）
北　京	0.49	0.46	0.44	0.38	0.36	－27.0
天　津	0.74	0.71	0.67	0.57	0.54	－27.1
河　北	1.35	1.30	1.22	1.10	1.02	－24.3
山　西	1.83	1.76	1.69	1.58	1.52	－16.9
内蒙古	1.44	1.40	1.33	1.09	1.05	－27.3
辽　宁	1.13	1.10	1.04	0.88	0.84	－26.4
吉　林	0.96	0.92	0.85	0.72	0.67	－29.8
黑龙江	1.08	1.04	1.00	0.86	0.82	－24.5
上　海	0.65	0.61	0.57	0.53	0.48	－26.1
江　苏	0.62	0.60	0.57	0.53	0.49	－20.4
浙　江	0.61	0.59	0.55	0.53	0.50	－18.6
安　徽	0.79	0.75	0.72	0.67	0.63	－19.3
福　建	0.67	0.64	0.61	0.55	0.54	－19.1
江　西	0.67	0.65	0.61	0.58	0.57	－15.9
山　东	0.89	0.85	0.82	0.68	0.64	－27.7
河　南	0.93	0.89	0.83	0.71	0.68	－27.0
湖　北	0.95	0.91	0.87	0.71	0.67	－29.5
湖　南	0.93	0.89	0.83	0.67	0.63	－31.9
广　东	0.58	0.56	0.53	0.48	0.46	－20.9
广　西	0.83	0.80	0.77	0.69	0.67	－19.6
海　南	0.66	0.69	0.67	0.62	0.60	－8.1
重　庆	0.99	0.95	0.89	0.68	0.66	－33.6
四　川	1.04	1.00	0.92	0.79	0.75	－28.1
贵　州	1.78	1.71	1.64	1.38	1.30	－27.0
云　南	1.20	1.16	1.12	0.97	0.93	－22.6
陕　西	0.88	0.85	0.85	0.73	0.71	－19.3

续表

年份 地区	2010	2011	2012	2013	2014	累计降幅 （%）
甘　肃	1.44	1.40	1.34	1.26	1.19	-16.9
青　海	1.90	2.08	2.05	1.98	1.92	0.8
宁　夏	2.18	2.28	2.16	2.06	1.97	-9.3
新　疆	1.52	1.63	1.74	1.80	1.79	17.6

注：本表按照 2010 年不变价格计算。

数据来源：根据各地区能源消费总量数据及 2010 年不变价 GDP 计算；各地能源消费总量数据来自国家统计局 2011～2015 年《中国能源统计年鉴》，GDP 数据来自国家统计局《中国统计年鉴 2015》。

第二节　"十三五"综合能源消费展望

2015 年中国人均 GDP 为 7924① 美元，按照世界银行最新划分标准，属于中高等收入国家。人均能源消费量（3.14 吨标准煤/人）仅为 OECD 国家平均水平的一半，比世界平均水平高 22% 左右。"十三五"期间将是中国全面建成小康社会的关键时期，也是中国由中高等收入国家迈向高等收入国家的关键时期。随着国民经济发展水平和城乡居民收入水平的进一步提高，中国能源消费仍有一定的增长空间。按照 2014 年国务院印发的《能源发展战略行动计划（2014～2020 年）》确定的目标，到 2020 年一次能源消费总量控制在 48 亿吨标准煤左右。

总体上看，中国经济已经从过去 30 多年的高速增长期进入到中高速增长的"新常态"，这将深度影响能源消费需求。一方面，经济从过去的高速增长转入中高速增长阶段是中国经济"新常态"最明显的特征。从需求的角度看，模仿型排浪式消费阶段基本结束，基础设施和房地产等投资建设趋于减缓，低成本比较优势发生转化影响外需。从供给的角度看，人口老龄化日趋发展，农业富余人口减少，要素规模驱动力减弱。从资源环境看，环境承载

---

① 根据国家统计局《2015 年国民经济和社会发展统计公报》，2015 年全年人均国内生产总值为 49351 元，全年人民币平均汇率为 1 美元兑 6.2284 元人民币，因此人均 GDP 折合美元为 7923.5 美元。

能力已达到或接近上限，对经济发展的约束日趋明显。这些都意味着经济增速必然会放缓。能源消费与经济发展密切相关，经济增速的放缓必然会导致能源消费增速的回落。另一方面，中国工业进程进入后期，第三产业比重的持续上升和第一、第二产业比重的持续下降是中国经济新常态在产业结构方面的表现特征，另外，2002年以来，重化工业大规模扩张的阶段已经结束，钢铁、水泥等重化工业产品需求已经达到或者接近峰值。在工业内部，重工业总产值所占的比重难有大幅度的提高。从国际经验看，工业化进入后期后，重工业比重也将逐渐达到峰值，并在后工业化阶段有所回落。经济新常态还意味着经济结构的优化升级，以及经济增长动力从要素驱动、投资驱动转向创新驱动。而不管经济结构的调整还是技术创新都将深度改变经济增长与能源消费之间的相关关系，进而影响未来能源消费需求。综合预计，"十三五"期间，能源消费年均增长1.5%~2%，到2020年能源消费总量为47亿吨标准煤左右，人均能源消费量超过3.3吨标准煤。

在一次能源消费结构方面，按照2014年国务院印发的《能源发展战略行动计划（2014~2020年)》确定的目标，到2020年非化石能源占一次能源消费比重达到15%，天然气消费比重达到10%以上，煤炭消费比重控制在62%以内。考虑到近年来在国内大气污染防治和国际上应对气候变化双重压力下，中国各级政府加大力度构建清洁低碳、安全高效的现代能源体系，预计到2020年中国煤炭消费比重可以降低到60%以下，非化石能源消费比重可以提高到15%以上。但是考虑到近年来天然气发展势头减弱，特别是受天然气贸易流通体制和价格机制约束，天然气供给成本居高不下，如果没有重大体制机制上的突破，10%的天然气消费比重目标恐难以实现。预计到2020年中国天然气消费比重可以提高到8%以上，而石油消费比重为17%左右。能耗强度方面，预计"十三五"期间，能耗强度累计下降20%左右，按照2015年不变价格计算，到2020年单位国内生产总值能源消费量为0.58吨标准煤/万元。

分行业看，随着中国工业化进程步入后期，产业结构持续升级。预计"十三五"期间工业用能需求将趋于饱和，中国工业用能峰值在30亿吨标准煤以下。未来中国能源需求的主要增长点是第三产业和居民生活用能。预计到2020年第三产业能源消费量将超过10亿吨标准煤，生活用能将达到6亿吨标准煤。

第二章　煤炭消费

中国煤炭消费量于 2013 年达到 42.4 亿吨后，连续两年负增长。考虑到"新常态"下中国经济增速放缓、结构调整加快，以及面临国内大气污染防治和国际上应对气候变化双重压力等因素，中国政府正大力推进能源生产和消费革命。中国煤炭消费峰值可能已经过去。预计到 2020 年中国煤炭消费量将维持在 40 亿吨左右，占一次能源消费比重将下降到 60% 以下。

第一节　"十二五"煤炭消费分析

"十二五"期间，中国煤炭消费年均增加 9400 万吨。2015 年煤炭消费总量为 39.6 亿吨，人均煤炭消费量为 2.9 吨/人，煤炭消费密度为 430 吨/平方千米。分行业看，发电用煤比重总体走高，终端消费用煤比重逐年走低；分地区看，煤炭消费西移明显，但是如上海、天津、江苏、山东、山西等华北和华东地区煤炭消费密度远高于全国平均水平。

一、煤炭消费总量与增速

"十二五"期间，中国煤炭消费先增后减，煤炭消费总量由 2010 年的 34.9 亿吨增加到 2013 年的 42.4 亿吨，此后连续两年回落至 2015 年的 39.6 亿吨（如图 2-1 所示）。日均煤炭消费量由 2010 年的 956 万吨/日增加至 2013 年的 1163 万吨/日，后回落至 2015 年的 1091 万吨/日。2015 年人均煤炭消费量为 2.9 吨/人，煤炭消费密度为 430 吨/平方千米。从增速上看，受经济增速换挡、产业结构调整加快、环境等因素的影响，煤炭消费增速逐年放缓，2014 年、2015 年连续两年负增长。"十二五"期间，中国煤炭消费总量年均增长率为 2.6%，较"十一五"期间年均增速下降 4.9%。

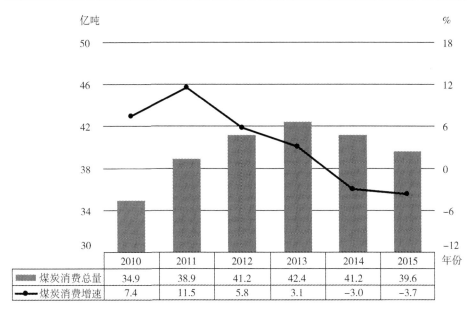

图 2 - 1　"十二五"期间中国煤炭消费总量及增速

数据来源：2010 ~ 2014 年数据来自国家统计局《中国能源统计年鉴 2015》；2015 年数据根据国家统计局《2015 年国民经济与社会发展统计公报》相关数据计算得到。

根据英国石油公司（BP）的统计数据（如表 2 - 1 所示），2014 年全球煤炭消费总量为 38.8 亿吨标准油。其中，中国煤炭消费总量为 19.6 亿吨标准油，占全球煤炭消费总量的 50.6%，约为 OECD 国家总和的 2 倍，是美国的 4.3 倍，是印度的 5.4 倍；日均煤炭消费量约为 538 万吨标准油；人均煤炭消费量约为 1.44 吨标准油，是世界平均水平（0.53 吨标准油/人）的 2.7 倍；单位国土面积煤炭消费量为 205 吨标准油/平方千米，约为韩国的 1/4，日本的 3/5，是印度的 2 倍，美国的 4.5 倍。

表 2 - 1　2014 年煤炭消费总量国际比较

指标 国家/地区	煤炭消费总量 （百万吨 标准油）	占比 （%）	人均煤炭消费量 （吨标准油/人）	日均煤炭消 费量（万吨 标准油/日）	单位国土面积 煤炭消费量 （吨标准油/平方千米）
世界	3881.8	100.0	0.53	1063.5	28.9
OECD	1052.5	27.1	0.83	288.4	29.1
非 OECD	2829.3	72.9	0.47	775.2	—

续表

指标 国家/地区	煤炭消费总量 （百万吨 标准油）	占比 （%）	人均煤炭消费量 （吨标准油/人）	日均煤炭消 费量（万吨 标准油/日）	单位国土面积 煤炭消费量 （吨标准油/平方千米）
中国	1962.4	50.6	1.44	537.6	205.2
美国	453.4	11.7	1.42	124.2	46.1
印度	360.2	9.3	0.28	98.7	109.6
欧盟	269.8	7.0	0.53	73.9	61.5
日本	126.5	3.3	1.00	34.7	334.7
南非	89.4	2.3	1.66	24.5	73.3
俄罗斯	85.2	2.2	0.59	23.3	5.0
韩国	84.8	2.2	1.68	23.2	845.8
德国	77.4	2.0	0.96	21.2	216.7
印度尼西亚	60.8	1.6	0.24	16.7	31.8
波兰	52.9	1.4	1.39	14.5	169.2
澳大利亚	43.8	1.1	1.86	12.0	5.7
土耳其	35.9	0.9	0.47	9.8	45.8
哈萨克斯坦	34.5	0.9	2.00	9.5	12.7
乌克兰	33.0	0.9	0.73	9.0	54.7
英国	29.5	0.8	0.46	8.1	121.1

注：人均煤炭消费量根据 2014 年年中人口数进行计算。

数据来源：煤炭消费总量数据来自 BP Statistical Review of World Energy 2015；人口数据来自世界银行《世界发展指标》；国土面积数据来自联合国粮农组织。

二、分行业煤炭消费

煤炭消耗主要用于发电、供热、炼焦、炼油、制气以及终端消费。根据国家统计局相关数据，"十二五"期间，发电仍然是中国煤炭消费的主要方式，发电用煤占煤炭消费总量的比重在 45% 左右波动；用于终端消费的煤炭比例由 2010 年的 32.9% 逐年下降至 2014 年的 28.2%。

除了发电和终端消费，煤炭消费的方式还包括炼焦、供热和其他用途消费。中国已经在"十二五"期间进入到工业化后期，钢铁行业煤炭需求增速放缓，除 2013 年外，炼焦用煤需求稳定增长，占比从 2010 年的 14.3% 增长到 2014 年的 15.3%。在供热方面,"十二五"期间供热用煤所占比例较为稳定,2014 年这一比例为 5.5%。其他用途消费包括洗选损耗、制气、煤制油及煤制品加工损耗,2014 年占比分别为 5.68%、0.23%、0.16% 和 0.18%(如图 2 - 2 所示)。

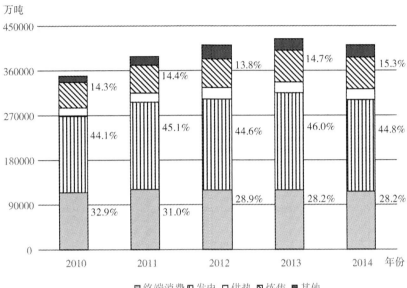

图 2 - 2　"十二五"期间中国分用途煤炭消费量

数据来源:根据国家统计局《中国能源统计年鉴 2015》相关数据计算得到。

从世界范围看,中国的煤炭利用方式在国际上尚处于较低水平,具体体现在发电(及热电联产)用煤占比仍然较低,用于终端消费的煤炭比例仍然偏高。根据国际能源署(IEA)统计(如表 2 - 2 所示),2013 年 OECD 国家有 80.2% 的煤炭用于发电及热电联产,其中美国和澳大利亚用于发电及热电联产的煤炭占煤炭消费总量的比例超过 90%,其他发达国家诸如德国、英国、西班牙,用于发电及热电联产的煤炭占消费总量的比例也在 80% 以上。而在中国,仅有 46% 的煤炭用于发电或热电联产。此外,终端消费比重方面,2013 年中国终端消费用煤量占比较 OECD 国家平均水平高近 24 个百分点,较美国高 30 个百分点。中国的煤炭利用方式仍有很大的调整空间。

表 2-2 2013 年分用途煤炭消费结构国际比较

单位:%

用途 国家/地区	发电	热电联产	供热	转换损失	终端消费	其他
世界	53.8	4.5	3.5	7.5	27.4	3.3
OECD	72.6	7.6	0.5	5.9	11.7	1.7
非 OECD	47.1	3.4	4.5	8.1	33.0	3.9
中国	46.0	0.0	5.7	8.7	35.5	4.1
美国	90.0	2.3	0.0	1.6	5.2	0.9
印度	65.3	0.0	0.0	4.0	30.3	0.4
俄罗斯	0.0	51.8	12.7	23.0	10.9	1.6
日本	59.2	0.0	0.0	16.2	22.0	2.6
南非	59.5	0.0	0.0	1.7	18.8	20.0
韩国	63.2	7.0	0.0	13.8	12.4	3.6
德国	73.3	9.1	0.5	6.8	8.7	1.6
波兰	0.0	65.7	5.6	2.6	23.9	2.2
澳大利亚	88.8	1.4	0.0	1.4	7.2	1.2
乌克兰	48.4	5.6	3.1	17.4	20.8	4.7
哈萨克斯坦	0.0	52.4	0.0	5.3	36.9	5.4
土耳其	51.4	0.7	0.0	6.3	38.5	3.1
印度尼西亚	86.3	0.0	0.0	0.0	13.7	0.0
英国	81.5	0.4	1.1	6.1	8.3	2.6
加拿大	79.5	0.0	0.0	5.5	15.0	0.0
意大利	76.7	4.2	0.0	5.6	13.3	0.2
西班牙	81.8	0.7	0.0	5.8	9.5	2.2
墨西哥	57.4	0.0	0.0	3.5	38.5	0.6

注:其他用途包括转移、制气、炼油、液化、其他转换过程、能源产业自用以及损失量。
数据来源:根据国际能源署 IEA World Energy Balances (2015 edition) 相关数据计算得到。

除了统计不同用途的煤炭消费量和消费结构,中国能源统计体系还统计分行业的消费量及结构。分行业看,中国煤炭消费主要集中于工业(如图 2-3 所示)。2014 年工业煤炭消费量为 39.05 亿吨,占消费总量的 94.9%;比 2010 年增长 6.08 亿吨,占消费总量的比重上涨 0.4 个百分点。整个"十二五"期间用于工业部门的煤炭消费占比基本维持在 95% 左右;而其他行业耗煤比重则一直保持在 5%，其中在 2014 年有 9253 万吨煤炭用于生活消费，占煤炭消费总量比重约为 2.3%，绝对值较 2010 年增加 94 万吨，比重下降0.3 个百分点。

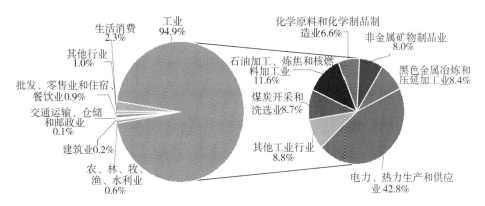

图 2-3　2014 年中国分行业煤炭消费结构

数据来源：国家统计局《中国能源统计年鉴 2015》。

在工业内部，煤炭消费主要用于满足六大行业的需求，具体包括：电力、热力生产和供应业，石油加工、炼焦和核燃料加工业，黑色金属冶炼和压延加工业，煤炭开采和洗选业，非金属矿物制品业，以及化学原料和化学制品制造业。2014 年，六大行业耗煤比重分别为 42.8%、11.6%、8.4%、8.7%、8.0% 和 6.6%，占煤炭消费总量的 86.1%。

三、分地区煤炭消费

（一）分地区煤炭消费量

由于受地区间资源禀赋、经济发展水平及产业结构等差异的影响，中国各省（市、自治区）的煤炭消费量存在明显的差异（如图 2-4 所示）。2014 年山东、山西、内蒙古、河北、江苏、河南六个省（自治区）的煤炭消费量超过 2 亿吨，其中，山东煤炭消费量接近 4 亿吨，位居全国首位；另外有 18 个省（市、自治区）煤炭消费量超过 1 亿吨。

分区域看，2010～2014 年东部与中部地区煤炭消费占比逐年下降，煤炭消费西移趋势明显（如图 2-5 所示）。东、中部地区受经济增速换挡、产业结构调整加快及大气污染防治政策约束的影响，煤炭消费占比分别由 2010 年的40.8% 和 32% 下降至 2014 年的 38.4% 和 30.5%；西部地区煤炭消费占比由

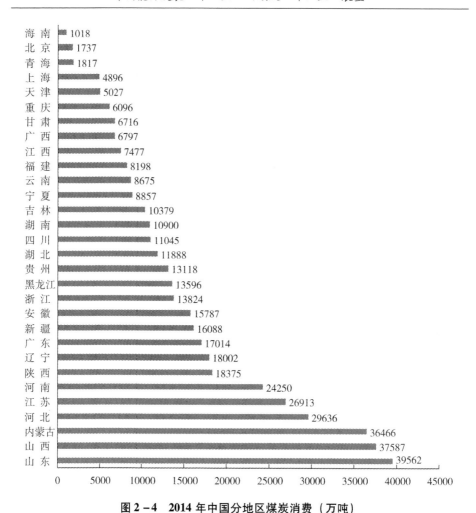

图2－4 2014年中国分地区煤炭消费（万吨）

数据来源：国家统计局《中国能源统计年鉴2015》。

2010年的27.2%逐年上升至2014年的31.1%。从增速上看，2010～2014年各区域煤炭消费增速均经历先增后减的过程：增速于2011年达到高峰，2012年出现骤降，中部与东部地区煤炭消费分别于2012年和2013年开始呈现负增长（如图2－6所示）。2014年西部地区煤炭消费增速为1.7%，其中新疆、陕西、重庆、内蒙古、宁夏、甘肃的煤炭消费增速分别为13.2%、6.5%、5.2%、4.4%、3.8%、2.7%；中部地区煤炭消费增速为0.1%，其中河南下滑3.2%；东部地区煤炭消费下降1.7%，其中浙江、江苏、天津、河北、上海、北京煤炭消费下降的幅度分别为2.4%、3.7%、4.8%、6.4%、13.8%、14%。

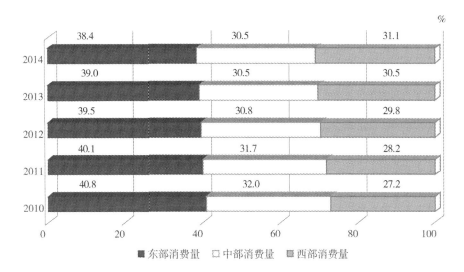

图 2 – 5　2010～2014 年中国分区域煤炭消费占比

注：根据国家统计局对东、中、西部地区的划分，东部地区包括北京、天津、河北、辽宁、上海、江苏、浙江、福建、山东、广东、海南 11 个省（市）；中部地区包括山西、吉林、黑龙江、安徽、江西、河南、湖北、湖南 8 个省份；西部地区包括内蒙古、广西、重庆、四川、贵州、云南、西藏、陕西、甘肃、青海、宁夏、新疆 12 个省（市、自治区）。

数据来源：根据国家统计局《中国能源统计年鉴 2015》中分地区煤炭消费量数据计算得到。

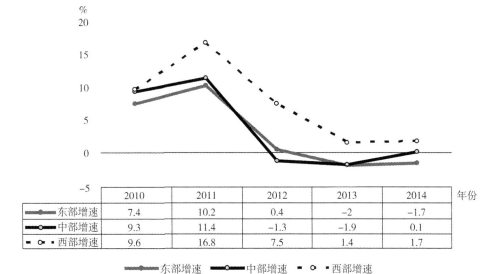

	2010	2011	2012	2013	2014
东部增速	7.4	10.2	0.4	-2	-1.7
中部增速	9.3	11.4	-1.3	-1.9	0.1
西部增速	9.6	16.8	7.5	1.4	1.7

—— 东部增速　—●— 中部增速　- ○ - 西部增速

图 2 – 6　2010～2014 年中国分区域煤炭消费增速

数据来源：根据国家统计局《中国能源统计年鉴 2015》分地区煤炭消费量数据计算得到。

（二）分地区人均煤炭消费量

从人均角度看（如图 2-7 所示），各地区人均煤炭消费量的差异也较为显著。2014 年内蒙古、宁夏和山西三个省区的人均煤炭消费量超过 10 吨/人，远高于全国其他地区，其中内蒙古为 14.58 吨/人，约为同年全国平均水平（3.02 吨/人）的 4.8 倍，为人均消费量最少的北京（0.81 吨/人）的 18 倍；宁夏和山西的人均煤炭消费量分别为 13.46 吨/人和 10.33 吨/人。

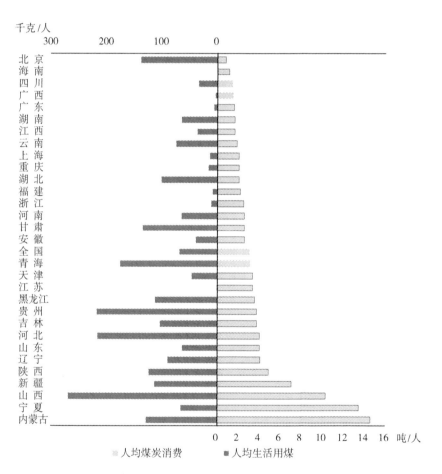

图 2-7　2014 年中国分地区人均煤炭消费量及人均生活煤炭消费量

注：根据年中人口数进行相关计算得到。

数据来源：国家统计局《中国能源统计年鉴 2015》、《中国统计年鉴 2015》。

在人均生活用煤方面，各地区之间也存在明显差异。2014 年山西、贵州和河北三个省份的人均生活用煤量超过 200 千克/人，高于全国其他地区，其中山西为 286.6 千克/人，约为同年全国平均水平（67.8 千克/人）的 4 倍，贵州和河北的人均生活用煤量分别为 217.1 千克/人和 216.1 千克/人。人均生活用煤量少的省区主要集中在东南沿海地区，2014 年海南人均生活用煤量为 0，江苏（1.4 千克/人）、广西（3.6 千克/人）、广东（6.1 千克/人）、浙江（8.3 千克/人）的人均生活用煤量均不超过 10 千克/人。

（三）分地区煤炭消费密度

从消费密度看（如图 2 - 8 所示），2014 年全国共有 11 个省（市、自治区）的煤炭消费密度在 1000 吨/平方千米以上，其中上海的煤炭消费密度为 7771 吨/平方千米，位居全国第一位，是全国平均水平（430 吨/平方千米）的 18.1 倍。天津、江苏、山东、山西、河北的煤炭消费密度分别是全国平均水平的 9.8 倍、6.1 倍、5.9 倍、5.6 倍和 3.7 倍。消费密度较高的省（市、自治区）主要集中在华北和华东地区，也因此成为造成华北和华东部分省（市、自治区）雾霾等严重环境污染问题的重要原因。

第二节　"十三五"煤炭消费展望

"新常态"下中国经济增速放缓，结构调整加快，投资建设规模进入饱和期。另外，在国内大气污染防治和国际上应对气候变化压力下，中国各级政府加大力度推动能源生产和消费革命，加快构建清洁低碳、安全高效的现代能源体系。以气代煤、以电代煤等"减煤"行动将会成为中国长期趋势。据此判断，中国煤炭消费峰值可能已经过去。

根据 2014 年国务院印发的《能源发展战略行动计划（2014～2020 年）》确定的目标，到 2020 年煤炭消费总量要控制在 42 亿吨左右，煤炭占一次能源消费比重要控制在 62% 以内。结合近年来各地区加快推进能源结构调整及煤炭消费走势，预计到 2020 年中国煤炭消费可能维持在 40 亿吨左右，煤炭消费比重由 2015 年的 64% 下降到 2020 年的 60% 以下。

分行业看，"十三五"期间，新型煤化工可能成为煤炭消费的主要增长点，发电及热电联产用煤需求有小幅增长空间，而钢铁、建材等行业用煤需求则会显著下降。预计到 2020 年，电力行业用煤量在 20 亿吨左右，占煤炭消费总量的比重提高到 50% 左右。钢铁、建材及其他终端消费用煤量分别减

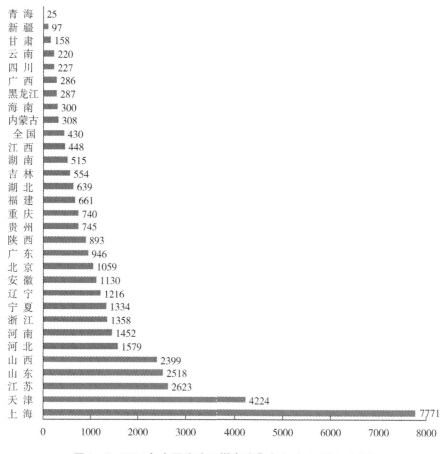

图 2-8 2014 年中国分地区煤炭消费密度（吨/平方千米）

注：在这里将煤炭消费密度定义为单位国土面积的煤炭消费量，即煤炭消费密度 = 煤炭消费量/该省（市、自治区）国土面积。本图根据相关数据计算得到。

数据来源：国家统计局《中国能源统计年鉴 2015》、《中国统计年鉴 2015》；分省区国土面积数据来自国家地理信息公共服务平台。

少到 5.9 亿吨、4.9 亿吨和 3.8 亿吨左右。煤化工用煤可能增加至 1.8 亿吨左右。当然，受油气价格波动影响，新型煤化工的经济性和市场结构问题仍存在较大的不确定性。

第三章　石油消费

"十二五"期间中国石油消费增长较快，汽油、煤油和柴油的年均增长率分别为10.4%、7.4%和3.3%。展望"十三五"，柴油消费趋于饱和，汽油、煤油和化工用油需求仍将保持较快增长态势，这标志着中国石油需求仍有一定的增长空间。预计"十三五"期间石油消费年均增长2%左右，到2020年石油消费总量增加到6.1亿吨，汽油、煤油和柴油消费量分别为1.5亿吨、3600万吨和1.7亿吨，柴汽比进一步降至1.1。

第一节　"十二五"石油消费分析

"十二五"期间中国石油消费年均增长4.5%。2015年石油消费总量5.5亿吨，日均石油消费1105万桶，汽油、煤油和柴油消费量分别为1.1亿吨、2500万吨和1.7亿吨，柴汽比由2010年的2.1下降到2015年的1.5。

一、石油消费总量与增速

中国石油消费总量由2010年的4.4亿吨增加到2015年的5.5亿吨（如图3-1所示），5年间累计增加1.1亿吨，年均增加2180万吨。日均石油消费量由2010年的121万吨（约886万桶）上升到2015年的151万吨（约1105万桶），人均石油消费量由2010年的330千克增加到2015年的401千克。从增速上看，受经济增速放缓影响，石油消费增速较"十一五"有所放缓，"十二五"期间中国石油消费年均增长4.5%，较"十一五"期间年均增速降低1.8个百分点。

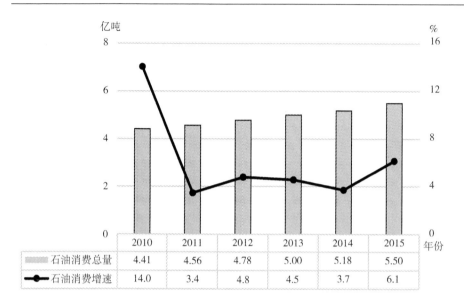

图 3 - 1 2010 ~ 2015 年中国石油消费总量与增速

数据来源：2010 ~ 2014 年石油消费总量来自国家统计局《中国能源统计年鉴 2015》；2015 年石油消费总量来自国家统计局《能源革命谱新篇 节能降耗见成效——十八大以来我国能源发展状况》。

从世界范围来看，根据英国石油公司（BP）的统计数据，2014 年世界石油消费总量为 42.1 亿吨，日均石油消费量 9209 万桶（约 1256 万吨）。其中，中国石油消费量 5.2 亿吨，占比 12.4%，居世界第二位（如表 3 - 1 所示），是排名第一的美国石油消费量的 62%，是排名第三的日本的 2.6 倍。

表 3 - 1 石油消费总量国际比较

单位：亿吨

年份 国家/地区	2010	2011	2012	2013	2014	2014 年 占比（%）
世界	40.42	40.85	41.33	41.79	42.11	100.0
OECD	21.16	20.91	20.69	20.57	20.32	48.3
非 OECD	19.26	19.94	20.64	21.22	21.79	51.7
美国	8.50	8.35	8.17	8.32	8.36	19.9
欧盟	6.62	6.43	6.17	6.02	5.93	14.1
中国	4.38	4.60	4.83	5.04	5.20	12.4

续表

年份 国家/地区	2010	2011	2012	2013	2014	2014年 占比（%）
日本	2.03	2.04	2.17	2.08	1.97	4.7
印度	1.55	1.63	1.74	1.75	1.81	4.3
俄罗斯	1.34	1.44	1.46	1.47	1.48	3.5
巴西	1.19	1.25	1.27	1.35	1.43	3.4
沙特阿拉伯	1.24	1.25	1.31	1.32	1.42	3.4
德国	1.15	1.12	1.11	1.13	1.12	2.6
韩国	1.05	1.06	1.09	1.08	1.08	2.6
加拿大	1.01	1.05	1.03	1.04	1.03	2.4
伊朗	0.87	0.88	0.90	0.95	0.93	2.2
墨西哥	0.89	0.90	0.92	0.90	0.85	2.0
法国	0.84	0.83	0.80	0.79	0.77	1.8
印度尼西亚	0.67	0.72	0.73	0.73	0.74	1.8
英国	0.74	0.71	0.71	0.69	0.69	1.6
新加坡	0.61	0.64	0.63	0.65	0.66	1.6
西班牙	0.70	0.69	0.64	0.59	0.60	1.4
意大利	0.73	0.70	0.64	0.61	0.57	1.3
泰国	0.48	0.49	0.52	0.52	0.53	1.3
澳大利亚	0.44	0.46	0.47	0.47	0.46	1.1
中国台湾	0.45	0.43	0.43	0.43	0.44	1.0

数据来源：《BP世界能源统计2015》（BP Statistical Review of World Energy 2015）。

尽管中国石油消费总量高居世界第二位，但中国人均石油消费仍处于较低水平。根据BP公司的统计数据，2014年中国人均石油消费量381千克（如图3-2所示），是世界平均水平（580千克）的66%，是OECD平均水平（1599千克）的24%，是美国（2622千克）的15%，是德国（1379千克）的28%，是英国（1075千克）的35%，是俄罗斯（1030千克）的37%，是日本（1548千克）的25%。

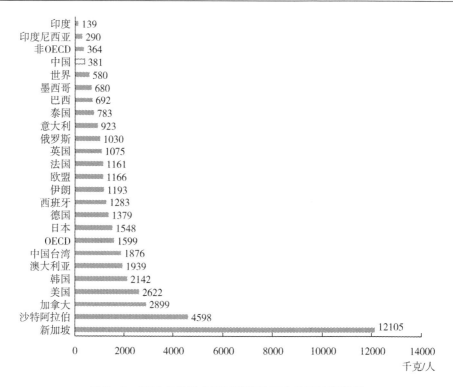

图3-2 2014年世界主要国家和地区人均石油消费量

数据来源：根据石油消费总量与年中人口数计算得到，石油消费总量数据来自《BP世界能源统计2015》（BP Statistical Review of World Energy 2015），中国台湾人口数来自国际货币基金组织（IMF），其余人口数来自世界银行（World Bank）。

二、分品种石油消费

原油消费量由2010年的4.3亿吨增加到2015年的5.4亿吨（如图3-3所示），"十二五"期间年均增长4.9%，较"十一五"期间年均增速降低2.4个百分点。

成品油①消费量由2010年的2.34亿吨增加到2015年的3.12亿吨，"十二五"期间年均增长5.9%。分品种看，乘用车市场需求旺盛带动汽油需求持续增长，汽油消费量由2010年的6956万吨增加到2015年的11416万吨，5年间年均增长10.4%。航空运输业的持续增长为煤油消费带来有力支撑，煤油消费量由2010年的1765万吨增加到2015年的2527万吨，5年间年均增

---

① 此处成品油仅指汽油、煤油、柴油。

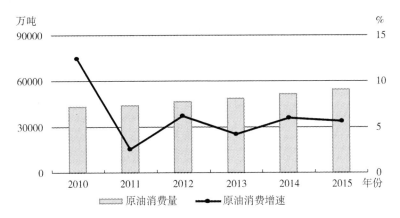

图 3-3 2010~2015 年中国原油消费量与增速

数据来源：2010~2014 年原油消费量来自国家统计局《中国能源统计年鉴 2015》；2015 年原油消费量根据国家统计局《2015 年国民经济和社会发展统计公报》提供的增速计算得到。

长 7.4%。工业及相关运输用油需求增长带动柴油需求在 2013 年以前保持较快增长，之后略有增长，柴油消费量由 2010 年的 14699 万吨增加到 2015 年的 17288 万吨，5 年间年均增长 3.3%（如图 3-4 所示）。"十二五"期间，由于汽柴油消费增速明显分化，柴汽比进一步下滑，由 2010 年的 2.11 下降到 2015 年的 1.51。

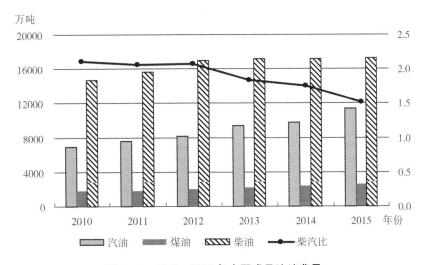

图 3-4 2010~2015 年中国成品油消费量

数据来源：2010~2014 年数据来自国家统计局《中国能源统计年鉴 2015》；2015 年数据来自中国石化经济技术研究院。

三、分行业石油消费

中国的石油消费主要集中在交通运输业和工业。"十二五"期间，工业石油消费占比继续下降，交通运输业和生活石油消费占比继续上升（如图3－5所示）。工业石油消费占比由2010年的42.1%下降到2014年的35.2%，下降了6.9个百分点；交通运输业石油消费占比由2010年的34.2%上升至2014年的37.7%，上升了3.5个百分点。其中，2012年交通运输业首次超过工业成为中国第一大石油消费行业；生活石油消费占比由2010年的8.0%上升至2014年的10.2%，上升了2.2个百分点；建筑业、农业、批发零售业和其他行业石油消费比重保持平稳或略有增加。

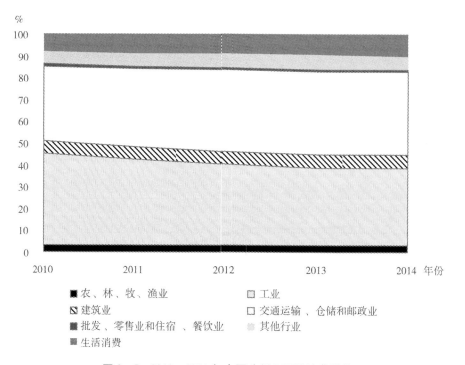

图3－5　2010～2014年中国分行业石油消费结构
数据来源：根据国家统计局《中国能源统计年鉴2015》相关数据计算得到。

国际上，石油终端消费主要集中在交通运输、工业与非能源使用两大领域。根据国际能源署（IEA）的统计数据，2013年世界石油消费中交通用油的比重为63.9%，中国的交通运输用油比重为52.7%，较世界平均水平低

11.2 个百分点，较 OECD 平均水平（64.9%）低 12.2 个百分点，较世界第一大石油消费国美国（76.3%）低 23.6 个百分点，较欧盟（60.7%）低 8 个百分点。而 2013 年中国工业与非能源使用石油消费比重达 33.8%，较世界平均水平（24.5%）高 9.3 个百分点，较 OECD 平均水平（23.7%）高 10.1 个百分点，较美国（17.3%）高 16.5 个百分点，较欧盟（24.0%）高 9.8 个百分点（如表 3 - 2 所示）。

表 3 - 2　分行业终端石油消费结构国际比较

单位:%

国家/地区	农、林、渔业	工业与非能源使用	交通运输业	商业和公共服务业	其他行业	生活消费
世界	3.1	24.5	63.9	2.4	0.5	5.5
OECD	2.9	23.7	64.9	3.2	0.3	5.0
非 OECD	4.1	30.6	55.1	2.1	0.9	7.2
美国	2.3	17.3	76.3	1.4	0.0	2.7
欧盟	3.0	24.0	60.7	3.5	0.4	8.3
中国	3.8	33.8	52.7	3.6	0.0	6.1
日本	2.2	36.5	43.3	10.6	0.0	7.4
印度	6.5	27.4	47.9	0.8	1.4	16.0
俄罗斯	2.9	40.8	48.9	1.8	0.1	5.8
巴西	5.5	25.6	62.2	0.7	0.0	6.1
沙特阿拉伯	0.0	49.2	49.0	0.0	0.0	1.8
德国	0.0	23.4	53.2	8.3	0.2	15.0
韩国	2.3	55.3	35.0	2.5	1.3	3.5
加拿大	4.9	29.3	59.4	4.1	0.0	2.3
伊朗	5.6	22.3	59.8	3.3	0.0	9.0
墨西哥	4.0	14.8	70.5	2.3	0.0	8.4
法国	5.1	22.0	57.6	3.8	1.1	10.4
印度尼西亚	3.3	20.2	64.9	1.3	0.3	10.0
英国	0.5	19.5	73.3	1.2	0.4	5.0
新加坡	0.0	82.1	17.2	0.5	0.0	0.2
西班牙	4.3	18.1	67.1	3.2	0.4	6.9
意大利	4.5	18.3	69.9	1.3	0.2	5.8

续表

国家/地区	农、林、渔业	工业与非能源使用	交通运输业	商业和公共服务业	其他行业	生活消费
泰国	7.8	49.0	37.6	1.8	0.0	3.8
澳大利亚	4.9	20.4	72.1	1.5	0.0	0.9
中国台湾	0.9	62.0	31.7	2.2	0.4	2.8

注：本表数据为 2013 年数据。

数据来源：根据 IEA，World Energy Balances（2015 edition）相关数据计算得到。

不同成品油分行业消费结构有所差异。2014 年中国汽油消费主要集中在交通运输和居民生活消费，消费比重分别为 47.7% 和 21.7%，工业消费比重仅占 5.0%（如图 3 - 6 所示）；煤油消费主要集中在交通运输业，占比高达 94.9%（如图 3 - 7 所示）；柴油消费主要集中在交通运输业，所占比重为 64.3%，工业消费比重为 9.3%，农业消费比重为 8.7%（如图 3 - 8 所示）。总体上看，成品油分行业消费中交通运输业的占比最高，其次是工业，最后是生活消费。

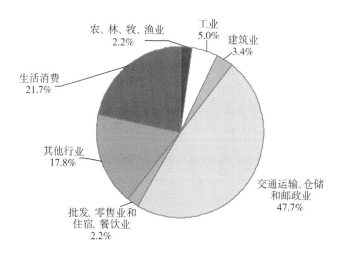

图 3 - 6   2014 年中国分行业汽油消费结构

数据来源：根据国家统计局《中国能源统计年鉴 2015》相关数据计算得到。

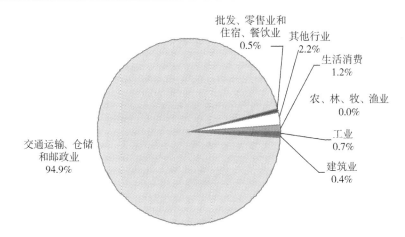

图 3 - 7　2014 年中国分行业煤油消费结构

数据来源：根据国家统计局《中国能源统计年鉴 2015》相关数据计算得到。

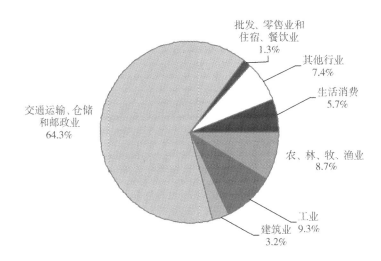

图 3 - 8　2014 年中国分行业柴油消费结构

数据来源：根据国家统计局《中国能源统计年鉴 2015》相关数据计算得到。

四、分地区石油消费

（一）分地区石油消费量

受资源禀赋条件、经济发展水平及产业结构等的影响，中国的石油消费主要集中于东部地区。2014 年广东省是中国唯一一个石油消费量超过 5000 万吨的省份；石油消费量在 3000 万 ~ 5000 万吨的有辽宁、山东、上海和江苏4个省（市）；石油消费量在2000万~3000万吨的有浙江、四川、湖北、福建和黑龙江5个省份；石油消费量在1000万~2000万吨的有河南、天津、湖南、北京、河北、安徽、新疆、陕西、广西、云南和吉林11个省（市、自治区）；石油消费量在1000万吨以下的有内蒙古、江西、甘肃、山西、重庆、贵州、海南、青海和宁夏9个省（市、自治区）；居首位的广东石油消费量是排名末尾宁夏的23倍（如图3-9所示）。

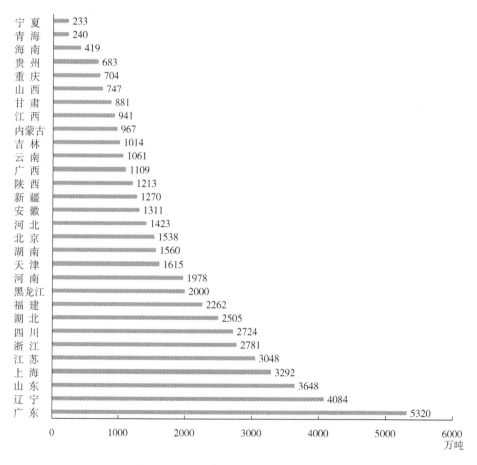

图3-9 2014年中国分地区石油消费量

数据来源：国家统计局《中国能源统计年鉴2015》。

（二）分地区原油消费量

中国的原油消费主要集中在资源丰富、交通运输便利和炼油能力较强的

地区。2014 年中国原油消费量超过 6000 万吨的省份有山东和辽宁，两省
油消费量占全国原油消费总量的 28%。其中，山东原油消费量接近 8000 万
吨；原油消费量在 4000 万 ~6000 万吨的省份只有广东；原油消费量在 2000
万 ~4000 万吨的有江苏、浙江、新疆、陕西、上海、黑龙江和福建 7 个省
（市、自治区）；原油消费量在 1000 万 ~2000 万吨的有天津、甘肃、广西、
河北、湖北和北京 6 个省（市、自治区）；原油消费量在 1000 万吨以下的有
吉林、海南、四川、河南、湖南、安徽、江西、宁夏、内蒙古、青海和云南
11 个省（自治区），11 个省（自治区）原油消费量仅占全国原油消费总量的
13%；重庆、山西、贵州和西藏没有原油消费（如图 3-10 所示）。

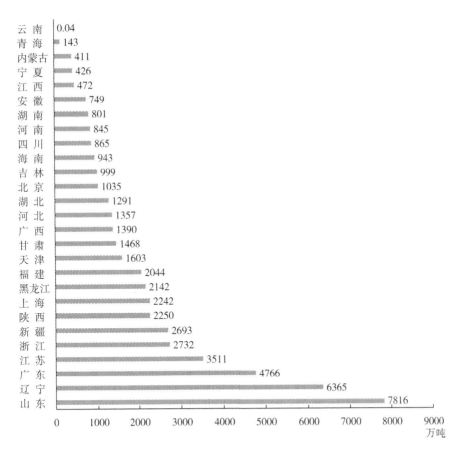

图 3-10　2014 年中国分地区原油消费量

数据来源：国家统计局《中国能源统计年鉴 2015》。

（三）分地区汽油消费量

中国的汽油消费主要集中在经济发展较好、交通物流便利的东部发达地区。2014 年地区汽油消费量排名前 6 位的分别是广东、江苏、四川、浙江、山东和辽宁，其中广东的消费量超过 1000 万吨，江苏的消费量接近 1000 万吨，其余 4 个省份的汽油消费量均超过 700 万吨。前 6 省份的汽油消费量合计占全国的 42.3%。地区汽油消费量排名后 5 位的分别是宁夏、青海、海南、甘肃和重庆，5 省份汽油消费量合计仅占全国的 3.8%（如图 3-11 所示）。

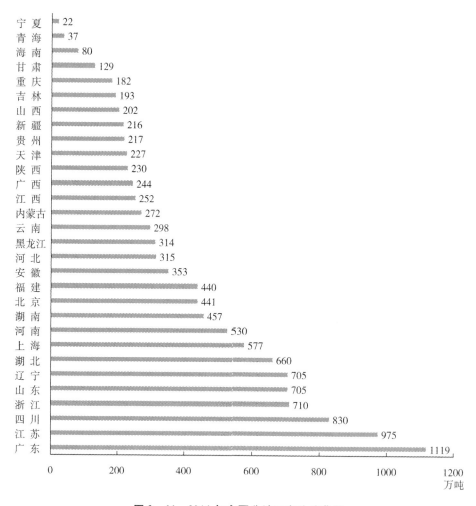

图 3-11 2014 年中国分地区汽油消费量

数据来源：国家统计局《中国能源统计年鉴 2015》。

（四）分地区煤油消费量

由于煤油消费主要集中在交通运输业，占比高达94.9%，因此煤油消费主要集中于几个大的航空运输的节点区域。2014年地区煤油消费量排名前5位的分别是北京、上海、广东、四川和浙江，其中北京、上海的煤油消费量均超过400万吨，5省（市）煤油消费总量占全国的61.4%。地区煤油消费量排名后5位的分别是宁夏、吉林、江西、山东和甘肃，5省（自治区）煤油消费量合计14万吨，占全国的0.5%（如图3-12所示）。

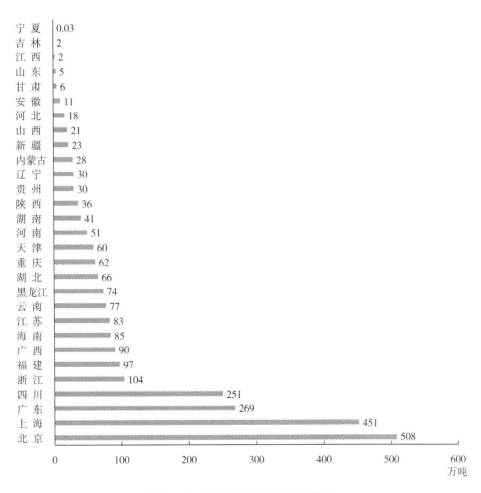

图3-12　2014年分地区煤油消费量

数据来源：国家统计局《中国能源统计年鉴2015》。

（五）分地区柴油消费量

中国的柴油消费区域分布特点与汽油比较相似，主要集中在经济形势好、交通运输便利的东部省区。2014 年地区柴油消费量排名前 5 位的分别是广东、山东、辽宁、浙江和湖北，其中广东的消费量超过 1500 万吨，5 省份消费量合计占全国的 31.9%。地区柴油消费量排名后 5 位分别是海南、青海、宁夏、北京和天津，5 省（市、自治区）消费量合计仅占全国的 4.9%（如图 3 – 13 所示）。

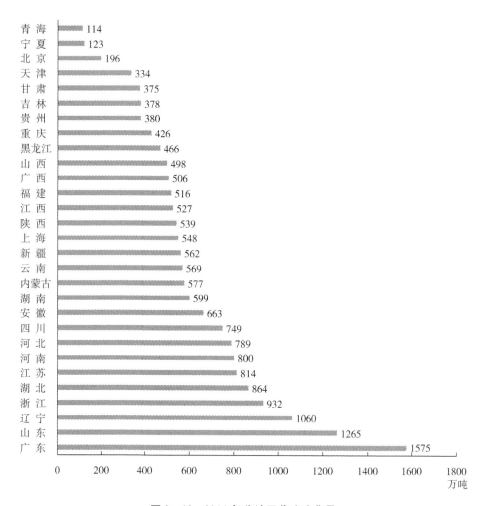

图 3 – 13 2014 年分地区柴油消费量

数据来源：国家统计局《中国能源统计年鉴 2015》。

第二节　"十三五"石油消费展望

展望"十三五",柴油消费趋于饱和,汽油、煤油和化工用油需求仍将保持较快增长态势,这支撑中国石油需求仍有一定的增长空间。但随着中国工业化和城市化进程逐步放缓、石油替代的大力发展以及燃油经济性的不断提高,中国石油消费增速将进一步放缓,预计"十三五"期间中国石油消费年均增速降至2%左右,到2020年中国石油消费总量约为6.1亿吨。

分品种看,综合考虑人均收入增加、燃油经济性提高与燃油替代增长等因素,预计"十三五"期间中国汽油消费增长较快但增速有所放缓,到2020年消费量达1.5亿吨;尽管由于节油技术进步、飞机大型化及航线延长等因素,航空煤油单耗不断下降,但是随着航空周转量的高速增长,预计"十三五"期间中国煤油消费仍将保持高速增长,到2020年消费量增至约3600万吨;受经济增速放缓、环保约束增强及燃料替代等因素影响,预计"十三五"期间中国柴油消费将趋于平稳,在1.7亿吨上下波动;随着民用天然气的快速替代,城市民用液化石油气用量将逐渐下降,但液化石油气在化工及农村民用领域仍有一定增长潜力,预计"十三五"期间中国液化石油气消费稳步增长,到2020年消费量近4000万吨;随着PX装置的陆续投产,预计"十三五"期间中国化工轻油消费增长较快,到2020年消费量近8300万吨;由于在工业领域受到天然气替代影响,且随着进口原油使用权的放开,地炼燃料油需求下滑,预计"十三五"期间中国燃料油消费将逐渐下滑,到2020年消费量降至约2400万吨。

分行业看,"十三五"期间,受汽油和煤油消费增长较快支撑,交通运输业石油消费占比将继续提升;受乙烯原料多元化替代影响,工业石油消费占比将继续下滑;因天然气及电力替代,居民生活石油消费占比或有所下降。

第四章 天然气消费

"十二五"期间，中国天然气消费快速增长，2013 年超越伊朗，成为全球第三大天然气消费国；但天然气消费水平仍然偏低，人均消费量仅为世界平均水平（467 立方米/人）的 29%，在一次能源消费中的比重（6%）远低于世界平均水平（24%），增长潜力巨大。预计"十三五"期间中国天然气消费量年均增加 9%，2020 年增加到 3000 亿立方米左右。未来天然气消费主要增长点在于发电供热用气、交通用气、制造业"煤改气"和居民生活用气等。

第一节 "十二五"天然气消费分析

"十二五"期间，中国天然气消费年均增长 12.3%。2015 年消费总量为 1930 亿立方米，日均消费量 5.3 亿立方米，人均消费量 141 立方米。分行业看，中国天然气消费主要集中在工业、生活和交通部门，2014 年三部门占比依次分别为 65%、19%、10%；分地区看，中国天然气消费主要集中在沿海地区与天然气资源丰富的地区，2014 年消费量超过 100 亿立方米的有 5 个省（市、自治区）。

一、天然气消费总量与增速

"十二五"期间，中国天然气消费较快增长，消费总量由 2010 年的 1080 亿立方米增加到 2015 年的 1930 亿立方米（如图 4 - 1 所示）。日均天然气消费量由 2010 年的 3.0 亿立方米/日增至 2015 年的 5.3 亿立方米/日。人均天然气消费量由 2010 年的 81 立方米/人增加到 2015 年的 141 立方米/人。从增速上看，受经济增速换挡等因素的影响，天然气消费增速总体放缓。"十二五"期间，中国天然气消费年均增长率为 12.3%，较"十一五"期间年均增速 18.3% 下降 6 个百分点。

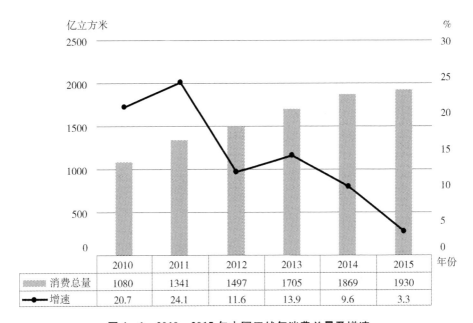

图 4-1　2010~2015 年中国天然气消费总量及增速

数据来源：2000~2013 年数据来源于《中国能源统计年鉴 2014》，2014 年数据来源于《中国能源统计年鉴 2015》，2015 年数据来源于国家统计局《能源革命谱新篇 节能降耗见成效——十八大以来中国能源发展状况》。

　　根据 BP 统计数据，2014 年全球天然气消费总量近 3.4 万亿立方米，其中美国为全球第一大天然气消费国，其消费量为 7594 亿立方米，占全球天然气消费总量的 22.7%。俄罗斯天然气消费量 4092 亿立方米，占比 12%。从 2013 年开始，中国超过伊朗，成为全球第三大天然气消费国。2014 年中国天然气消费量为 185.5 亿立方米，占全球天然气消费总量的 5.4%（如表 4-1所示）。

表 4-1　天然气消费总量国际比较

单位：亿立方米

年份 国家/地区	2010	2011	2012	2013	2014	2014 年占比 （%）
世界总和	3193.7	3265.3	3345.8	3381.0	3393.0	100.0

续表

年份 国家/地区	2010	2011	2012	2013	2014	2014 年占比 （%）
非 OECD	1641.3	1723.2	1765.4	1771.3	1814.3	53.3
OECD	1552.4	1542.1	1580.4	1609.7	1578.6	46.7
美国	682.1	693.1	723.2	739.9	759.4	22.7
俄罗斯	414.1	424.6	416.2	413.5	409.2	12.0
欧盟	502.0	451.8	444.9	437.9	386.9	11.4
中国	110.5	134.9	151.2	170.8	185.5	5.4
伊朗	152.9	162.4	161.5	159.4	170.2	5.0
日本	94.5	105.5	113.5	113.5	112.5	3.3
沙特阿拉伯	87.7	92.3	99.3	100.0	108.2	3.2
加拿大	95.0	100.9	100.3	103.9	104.2	3.1
墨西哥	72.5	76.6	79.9	84.7	85.8	2.5
德国	83.3	74.5	78.4	82.5	70.9	2.1

数据来源：《BP 世界能源统计 2015》（BP Statistical Review of World Energy 2015）。

尽管中国已成为全球第三大天然气消费国，但是人均消费水平仍然偏低。2014 年中国人均天然气消费量为 136 立方米/人，为世界水平（467 立方米/人）的 29.1%，为 OECD 国家人均消费量（1242 立方米/人）的 10.9%，为美国（2382 立方米/人）的 5.7%，为英国（1034 立方米/人）的 13.2%，为日本（885 立方米/人）的 15.4%（如图 4-2 所示）。

二、分行业天然气消费

分用途来看，天然气消费主要用于火力发电、供热、制油制气和终端消费等。从 2010 年到 2014 年，天然气用于终端消费的比重在持续上升，用于火力发电的比重在逐年下降。2014 年终端消费占比 82%，较 2010 年（78%）提高 4 个百分点；2014 年发电用气占比 13.5%，较 2010 年（17.1%）下降 3.6 个百分点；此外，用于供热的消费占比有所回升，由 2010 年的 2.7% 降至 2011 年的 2.2%，之后逐年回升到 2014 年的 2.8%；损失量比重在缓慢下降，2014 年损失量占比为 1.3%（如表 4-2 所示）。

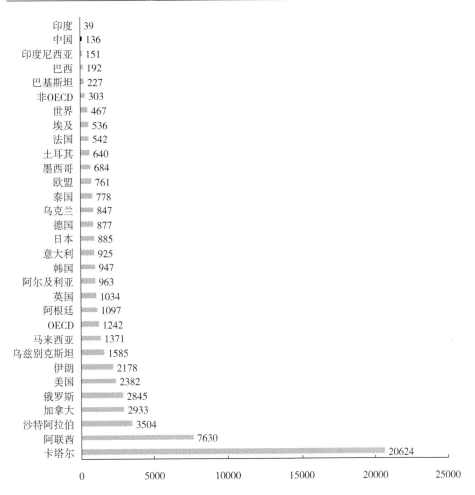

图 4-2 2014 年人均天然气消费国际比较（立方米/人）

数据来源：《BP 世界能源统计 2015》（BP Statistical Review of world energy 2015），人口数据来源于世界银行世界发展指标，非 OECD 人口 = 世界人口 - OECD 人口。

表 4-2 2010~2014 年中国分用途天然气消费结构

单位：%

用途 年份	火力发电	供热	炼油及 煤制油	制气	损失量	终端消费
2010	17.1	2.7	0.0	0.4	1.9	78.0
2011	16.8	2.2	0.0	0.2	1.4	78.7

续表

用途 年份	火力发电	供热	炼油及 煤制油	制气	损失量	终端消费
2012	15.3	2.3	0.1	0.2	1.5	80.5
2013	14.2	2.5	0.3	0.1	1.2	81.6
2014	13.5	2.8	0.2	0.1	1.3	82.0

数据来源：2000～2013 年数据来源于《中国能源统计年鉴 2014》，2014 年数据来源于《中国能源统计年鉴 2015》。

分行业看，消费天然气的行业可分为农、林、牧、渔业，工业，建筑业，交通运输、仓储和邮政业，批发、零售业和住宿、餐饮业，生活消费和其他行业。中国天然气消费主要集中在工业、生活和交通部门。2014 年工业用气 1221.3 亿立方米，占消费总量的 65.35%；生活用气 342.6 亿立方米，占消费总量的 18.33%，交通运输、仓储和邮政业用气 214.4 亿立方米，占消费总量的 11.47%，三个主要部门合计比重高达 95.15%（如图 4-3 所示）。

从趋势上看，生活消费占比逐年下降，由 2010 年的 21% 下降到 2014 年的 18.33%，下降了约 3 个百分点；工业用气占比总体小幅上升，由 2010 年的 64% 上升到 2014 年的 65.35%，上升了近 1 个百分点；交通运输、仓储和邮政业占比总体上升，由 2010 年的 9.88% 上升到 2014 年的 11.47%，上升了约 1 个百分点（如图 4-3 所示）。

从世界范围看，根据国际能源署（IEA）统计数据，2013 年中国发电天然气消费比重为 14%，较世界平均水平（26%）低 12 个百分点，较 OECD 国家平均水平（26.6%）低 13 个百分点，较美国（27.2%）低 13 个百分点；中国能源工业自用比重为 15%，较世界平均水平（10.4%）高 5 个百分点，较 OECD 国家平均水平（10.5%）高 4 个百分点，较美国（11.4%）高 4 个百分点；而 2013 年中国终端消费比重为 67%，较世界平均水平（48%）高 19 个百分点，较 OECD 国家平均水平（54.1%）高 13 个百分点，较美国（54.6%）高 12 个百分点；中国供热消费天然气的比重为 2.6%，而同期世界、OECD 国家、美国的消费比重分别为 3.4%、0.6%、0（如表 4-3 所示）。

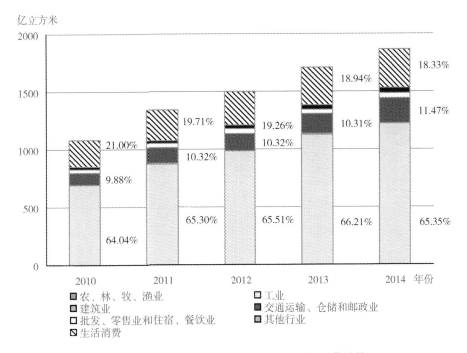

图 4 - 3　2010 ~ 2014 年中国分行业天然气消费结构

数据来源：2000 ~ 2013 年数据来源于《中国能源统计年鉴 2014》，2014 年数据来源于《中国能源统计年鉴 2015》。

表 4 - 3　2013 年分用途天然气消费结构国际比较

单位:%

用途 国家/地区	发电	热电 联产	供热	其他 转化	能源工 业自用	损失	终端 消费
世界	25.6	11.1	3.4	0.8	10.4	0.7	48.0
OECD	26.6	7.7	0.6	0.3	10.5	0.2	54.1
非 OECD	24.7	14.1	5.8	1.2	10.3	1.2	42.6
美国	27.2	6.7	0.0	0.0	11.4	0.0	54.6
俄罗斯	0.6	45.0	18.1	0.4	2.8	1.2	31.8
欧盟	10.1	13.8	2.3	0.3	4.0	0.5	68.8
中国	14.3	0.0	2.6	0.1	14.7	0.9	67.3

续表

用途 国家/地区	发电	热电联产	供热	其他转化	能源工业自用	损失	终端消费
伊朗	27.8	0.0	0.0	0.0	6.8	0.0	65.4
日本	64.9	0.0	0.3	0.0	4.2	0.0	30.5
沙特阿拉伯	56.2	0.0	0.0	0.0	4.0	0.0	39.8
加拿大	12.2	2.1	0.0	3.3	30.0	0.8	51.5
墨西哥	48.8	6.2	0.0	0.0	24.8	0.0	20.1
德国	3.7	14.6	3.3	0.0	1.7	0.0	76.6
阿联酋	50.1	0.0	0.0	0.0	1.1	0.0	48.8
英国	19.9	3.9	2.7	0.0	6.4	0.9	66.2
意大利	11.9	23.3	0.0	0.0	2.0	0.7	62.2
泰国	55.5	0.0	0.0	0.0	25.7	0.0	18.8
印度	31.0	0.0	0.0	0.0	9.1	0.0	59.8

数据来源：IEA，World Energy Statistics（2015 edition）.

三、分地区天然气消费

受地区间资源禀赋、经济发展水平、产业结构以及天然气输气网络建设情况等因素影响，中国各省（市、自治区）的天然气消费量存在明显的差异。2014 年北京、江苏、广东、四川、新疆 5 个省（市、自治区）的天然气消费量超过 100 亿立方米，其中新疆的天然气消费量以接近 170 亿立方米居全国首位；除了这五省（市、自治区）外，还有 10 个省（市、自治区）的天然气消费量超过 50 亿立方米（如图 4 - 4 所示）。这 15 个省（市、自治区）可以分为两类，一类是沿海地区，另一类是天然气资源丰富的地区。总的来讲，天然气资源的可得性对中国各省（市、自治区）的消费具有较大影响。

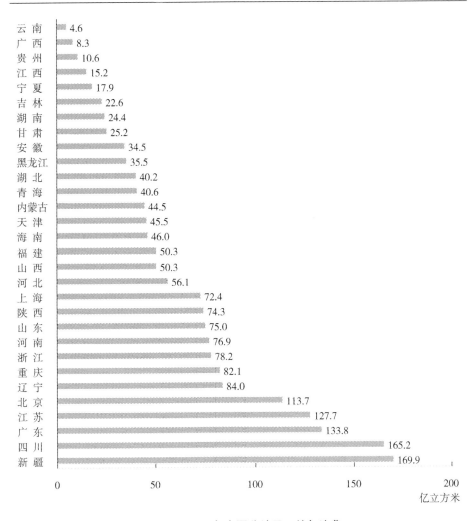

图4-4　2014年中国分地区天然气消费

数据来源：国家统计局《中国能源统计年鉴2015》。

第二节　"十三五"天然气消费展望

尽管中国已经成为仅次于美国和俄罗斯的全球第三大天然气消费国，但天然气消费水平总体偏低。2015年中国人均天然气消费量141立方米，仅为

2014 年世界平均水平 467 立方米/人的 30.2%，为 2014 年 OECD 国家平均水平 1242 立方米/人的 11.4%。2015 年中国天然气消费在一次能源消费中的比重为 5.9%，比 2014 年世界平均水平 23.7% 低 18 个百分点，比 2014 年 OECD 国家平均水平 26.1% 低 20.4 个百分点。由此可见，中国天然气发展潜力巨大，特别是面临日趋严峻的国内大气污染防治和国际应对全球气候变暖的双重压力。中国政府正积极推进能源生产和消费革命，努力构建清洁低碳、安全高效的现代能源体系，在新能源和可再生能源技术取得巨大突破之前，加快发展天然气将是中国实现能源结构从高碳向低碳转型的不可或缺的选项。其中，"煤改气"、"气代油"是各级政府大气污染防治行动计划中的重要措施。

可以预见，"十三五"期间，中国天然气消费仍将保持较快增长，天然气在一次能源消费中的比重将会不断提高。根据 2014 年国务院办公厅印发的《能源发展战略行动计划（2014～2020 年）》确定的目标，到 2020 年，天然气在一次能源消费中的比重提高到 10% 以上。如果按照 2020 年能源消费总量 48 亿吨标准煤折算，占比 10% 以上要求天然气消费量超过 3600 亿立方米。考虑到近年来受经济增速放缓影响，天然气消费增速也有所放缓，天然气消费量要从 2015 年的 1930 亿立方米增加到 2020 年的 3600 亿立方米难度较大。预计到 2020 年中国天然气需求将增至 3000 亿立方米左右，在一次能源消费中的比重由 2015 年的 5.9% 提高到 8% 以上。

分行业看，未来天然气消费主要增长空间：一是发电供热用气市场潜力巨大，预计到 2020 年中国天然气发电装机容量将由 2015 年的 6637 万千瓦增加到 1 亿千瓦以上，用气量可能接近 600 亿立方米；二是交通用气（主要是 LNG 汽车）有较大发展空间，预计到 2020 年中国交通用气需求将增至近 400 亿立方米；三是"煤改气"将带动制造业用气持续增加，按照《大气污染防治行动计划》的要求，到 2017 年，除必要保留的以外，地级及以上城市建成区基本淘汰每小时 10 蒸吨及以下的燃煤锅炉，禁止新建每小时 20 蒸吨以下的燃煤锅炉，其他地区原则上不再新建每小时 10 蒸吨以下的燃煤锅炉，预计到 2020 年中国制造业用气将增至近 1200 亿立方米；四是居民生活用气保持刚性增长，按照目前的人口、城镇化率、气化率增长趋势和人均用气量计算，预计到 2020 年中国居民生活用气将增至近 500 亿立方米。

第五章 电力消费

"十二五"期间，中国电力消费增速总体趋缓，年均增长5.7%。2015年中国人均用电量和人均生活用电量分别为4047千瓦时和531千瓦时，与发达国家相比较仍存在较大差距。长期看，中国电力需求仍有较大增长空间，但增速会进一步趋缓。预计到2020年，全社会用电量增加到6.8万亿千瓦时左右，人均用电量和人均生活用电量分别为4800千瓦时和840千瓦时左右。

第一节 "十二五"电力消费分析

"十二五"期间，全社会用电量年均增加2700亿千瓦时，单位GDP用电量累计下降9.3%。2015年，人均用电量超过4000千瓦时，接近OECD国家平均水平的一半，人均生活用电量531千瓦时。分行业看，第一产业和第二产业用电比重趋于下降，第三产业和居民生活用电比重趋于提高，2014年工业用电比重为72.4%，第三产业和居民生活用电比重分别为11.8%和12.7%。分地区看，西部地区用电比重提高，其他地区用电比重均有所下降。

一、全社会用电量与增速

"十二五"期间，全社会用电量累计增加1.35万亿千瓦时，由2010年的4.2万亿千瓦时增加到2015年的5.55万亿千瓦时，年均增加2700亿千瓦时。日均用电量由2010年的115亿千瓦时增加到2015年的152亿千瓦时。从增速上看，全社会用电量增速大幅度下降，由2010年的14.1%大幅下降到2015年的0.5%。除2013年出现小幅上升外，其余年份均呈现下降趋势，其中2012年的降幅最大，下降了6.4个百分点。"十二五"期间全社会用电量年均增长5.7%（如图5-1所示）。

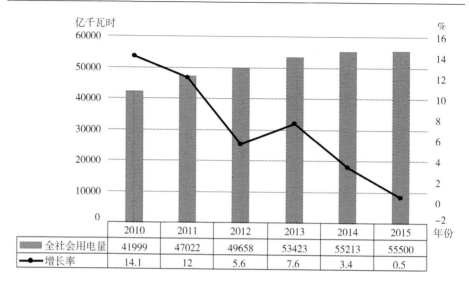

图 5-1 "十二五"期间全社会用电量及增速

数据来源：2010～2013 年数据来自中国电力企业联合会历年《电力工业统计资料汇编》；2014～2015 年数据来自中国电力企业联合会《2015 年全国电力工业统计快报》。

从国际范围看，根据国际能源署（IEA）的统计数据，2011 年中国超越美国成为全球第一大电力消费国。2013 年全球总用电量为 23.4 万亿千瓦时，2013 年中国用电量为 5.4 万亿千瓦时，占全球总电量的 23%；同期美国全社会用电量为 4.4 万亿千瓦时，日本 1.0 万亿千瓦时，德国 6.0 万亿千瓦时，中国用电量是美国的 1.2 倍、日本的 5.2 倍、德国的 9 倍（如表 5-1 所示）。

表 5-1 全社会用电量国际比较

单位：亿千瓦时

年份 国家/地区	2010	2011	2012	2013
世界	215677	222519	227560	234405
OECD	109399	108783	108400	108602
非 OECD	106279	113736	119160	125703
中国	41943	47028	49828	54359
美国	44044	43868	43378	43652
印度	9850	10797	11324	11991
俄罗斯	10268	10322	10528	10454

续表

年份 国家/地区	2010	2011	2012	2013
日本	11171	10513	10343	10453
巴西	5504	5685	5928	6099
德国	6180	6093	6093	6010
加拿大	5771	6014	5875	5903
韩国	4993	5228	5349	5424
法国	5385	5073	5231	5256
英国	3844	3737	3759	3736

数据来源：IEA，World Energy Statistics（2015 edition）.

二、人均用电量与人均生活用电量

中国人均用电量由 2010 年的 3140 千瓦时增加到 2015 年的 4047 千瓦时，年均增加 181 千瓦时。人均生活用电量由 2010 年的 381 千瓦时增加到 2015 年的 531 千瓦时，年均增加 30 千瓦时（如图 5-2 所示）。

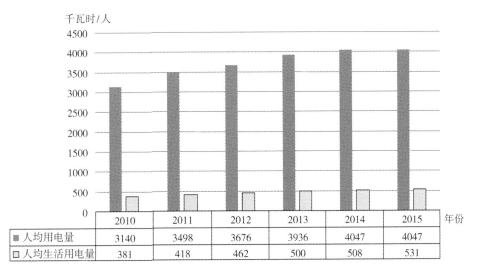

	2010	2011	2012	2013	2014	2015	年份
人均用电量	3140	3498	3676	3936	4047	4047	
人均生活用电量	381	418	462	500	508	531	

图 5-2　"十二五"期间人均用电量与人均生活用电量

数据来源：根据全社会用电量、生活用电量和年中人口数计算。2010～2013 年全社会用电量和生活用电量数据来自中国电力企业联合会《电力工业统计资料汇编》（2010～2013）；2014～2015 年全社会用电量和生活用电量数据来自中国电力企业联合会《2015 年全国电力工业统计快报》；年中人口数根据国家统计局历年《中国统计年鉴》、《2015 年国民经济和社会发展统计公报》的数据计算。

根据 IEA 统计数据，2013 年世界人均用电量 3293 千瓦时，OECD 国家人均用电量 8613 千瓦时。在发达国家中，加拿大、美国、英国、德国、日本的人均用电量分别为 17124 千瓦时、13793 千瓦时、5827 千瓦时、7320 千瓦时、8209 千瓦时。中国 2013 年人均用电量为 4005 千瓦时，是世界平均水平的1.2 倍，是 OECD 国家平均水平的 47%，是美国的 29%、英国的 69%、德国的 55%、日本的 49%（如表 5－2 所示）。

表 5－2　人均用电量国际比较（2013）

单位：千瓦时/人

国家/地区	年份	人均用电量	人均生活用电量
世界	2013	3293	734
OECD	2013	8613	2330
非 OECD	2013	2146	393
中国	2013	4005	515
中国	2015	4047	531
加拿大	2013	17124	4475
美国	2013	13793	4395
韩国	2013	10792	1274
日本	2013	8209	2240
法国	2013	7952	2547
德国	2013	7320	1686
俄罗斯	2013	7311	975
英国	2013	5827	1770
巴西	2013	2986	611
印度	2013	959	162

数据来源：根据全社会用电量、生活用电量和年中人口数计算。中国 2015 年全社会用电量、生活用电量数据来自中国电力企业联合会《2015 年全国电力工业统计快报》；其余全社会用电量、生活用电量数据来自国际能源署（IEA），World Energy Statistics（2015 edition）；年中人口数据来自世界银行数据库。

2013 年世界人均生活用电量 734 千瓦时，OECD 国家人均生活用电量 2330 千瓦时。在发达国家中，加拿大、美国、英国、德国、日本的人均生活用电量分别为 4475 千瓦时、4395 千瓦时、1770 千瓦时、1686 千瓦时、2240 千瓦时。中国 2013 年人均生活用电量为 515 千瓦时，是世界平均水平的

70%，是 OECD 国家平均水平的 22%，是美国的 11.7%、英国的 29%、德国的 31%、日本的 23%（如表 5－2 所示）。

三、单位 GDP 用电量

"十二五"期间，中国单位 GDP 用电量累计下降 9.3%，电力消费弹性系数为 0.7。按照 2010 年不变价格计算，单位 GDP 用电量由 2010 年的 1027 千瓦时/万元减少至 2015 年的 932 千瓦时/万元。按照 2015 年价格计算，2015 年中国单位 GDP 用电量为 820 千瓦时/万元（如图 5－3 所示）。

千瓦时/万元

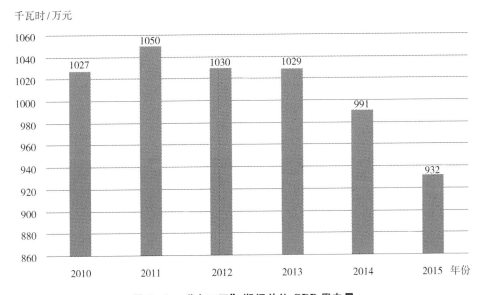

图 5－3　"十二五"期间单位 GDP 用电量

数据来源：根据全社会用电量和 2010 年不变价 GDP 计算。2010～2013 年全社会用电量数据来自中国电力企业联合会历年《电力工业统计资料汇编》；2014～2015 年全社会用电量数据来自中国电力企业联合会《2015 年全国电力工业统计快报》；2010～2014 年不变价 GDP 数据来自国家统计局《中国统计年鉴 2015》；2015 年不变价 GDP 数据根据国家统计局《2015 年国民经济和社会发展统计公报》提供的不变价 GDP 同比增长率计算。

根据 IEA 和 IMF 统计数据计算，按 2013 年现价美元计算，2013 年世界单位 GDP 用电量的平均水平为 3106 千瓦时/万美元，OECD 国家单位 GDP 用电量的平均水平为 2262 千瓦时/万美元，美国、日本、德国、英国单位 GDP 用电量分别是 2603 千瓦时/万美元、2125 千瓦时/万美元、1611 千瓦时/万美元、1394 千瓦时/万美元。同期中国单位 GDP 用电量为 5741 千瓦时/万美元，是世界平均水平的 1.8 倍，是 OECD 国家平均水平的 2.5 倍，是美国的 2.2 倍、日本的 2.7 倍、德国的 3.6 倍、英国的 4.1 倍（如表 5 - 3 所示）。

表 5 - 3   2013 年单位 GDP 用电量国际比较

国家/地区	全社会用电量 （亿千瓦时）	国内生产总值 （亿美元）	电耗强度 （千瓦时/万美元）
世界	234405	754709	3106
OECD	108602	480098	2262
非 OECD	125703	274611	4577
中国	54359	94691	5741
美国	43652	167681	2603
印度	11991	18752	6395
俄罗斯	10454	20791	5028
日本	10453	49196	2125
巴西	6099	23910	2551
加拿大	5903	18390	3210
德国	6010	37314	1611
韩国	5424	13045	4158
法国	5256	28073	1872
英国	3736	26801	1394

注：国内生产总值为 2013 年现价美元。

数据来源：全社会用电量数据来自于国际能源署（IEA），World Energy Statistics（2015 edition），国内生产总值数据来自国际货币基金组织，世界经济展望数据库 2015 年 4 月（IMF，World Economic Outlook Database，April 2015）。

四、分行业电力消费

"十二五"期间，第一产业和第二产业用电量比重趋于下降，分别从 2010 年的 2.3% 和 74.8% 下降到 2014 年的 1.8% 和 73.6%，其中工业用电量比重从 2010 年的 73.6% 下降到 2014 年的 72.4%；第三产业用电量和城乡居民生活用电量比重则趋于上升，分别从 2010 年的 10.7% 和 12.2% 上升到 2014 年的 11.8% 和 12.7%。五大高耗电行业总比重从 2010 年的 45.4% 下降到 2014 年的 45.2%。其中，化学原料及化学制品制造业、非金属矿物制品

业、有色金属冶炼及压延加工业的用电比重上升，分别从 2010 年的 7.5%、
5.8%、7.5% 上升到 2014 年的 8.2%、5.9%、7.8%；黑色金属冶炼及压延
加工业和电力、热力生产和供应业的用电比重则下降，分别从 2010 年的
11% 和 13.6% 下降到 2014 年的 10.3% 和 12.9%（如表 5 - 4 所示）。

表 5 - 4　2010～2014 年中国分行业电力消费结构

单位:%

年份 行业	2010	2011	2012	2013	2014
第一产业	2.3	2.2	2.0	1.9	1.8
第二产业	74.8	75.0	74.0	73.6	73.6
其中：工业	73.6	73.8	72.8	72.4	72.4
其中：五大高耗能行业合计	45.4	46.3	45.2	45.2	45.2
化学原料及化学制品制造业	7.5	7.5	7.9	8.0	8.2
非金属矿物制品业	5.8	6.2	5.9	5.8	5.9
黑色金属冶炼及压延加工业	11.0	11.2	10.5	10.5	10.3
有色金属冶炼及压延加工业	7.5	7.5	7.7	7.6	7.8
电力、热力生产和供应业	13.6	13.9	13.2	13.3	12.9
第三产业	10.7	10.9	11.4	11.6	11.8
居民生活	12.2	12.0	12.5	12.9	12.7

数据来源：根据国家统计局《中国能源统计年鉴 2015》分行业用电量数据计算得出。

　　从世界范围看，根据 IEA 统计数据，2013 年，工业用电所占比重的世界
平均水平为 42.3%、OECD 国家平均水平为 31.7%，美国、日本、德国、英
国的工业用电占比分别为 22.4%、28.6%、43.3%、30.9%。按照 IEA 统计
口径，2013 年中国工业用电占比为 67%，比世界平均水平高 24.7 个百分点，
比 OECD 国家平均水平高 35.3 个百分点，比美国、日本、德国、英国分别高
44.6、38.4、23.7、36.1 个百分点（如表 5 - 5 所示）。

　　2013 年，生活用电所占比重的世界平均水平为 27.0%、OECD 国家平均
水平为 31.5%，美国、日本、德国、英国的生活用电占比分别为 36.8%、
30.0%、26.3%、35.8%。按照 IEA 统计口径，2013 年中国生活用电占比为
15.5%，比世界平均水平低 11.5 个百分点，比 OECD 国家平均水平低 16 个
百分点，比美国、日本、德国、英国分别低 21.3、14.5、10.8、20.3 个百分
点（如表 5 - 5 所示）。

2013 年，商业与公共服务用电所占比重的世界平均水平为 22.4%、OECD 国家平均水平为 31.8%，美国、日本、德国、英国的生活用电占比分别为 35.4%、38.0%、28.1%、30.8%。按照 IEA 统计口径，2013 年中国商业与公共服务用电占比为 6%，比世界平均水平低 16.4 个百分点，比 OECD 国家平均水平低 25.8 个百分点，比美国、日本、德国、英国分别低 29.4、32、22.1、24.8 个百分点（如表 5-5 所示）。

表 5-5 2013 年分行业电力消费结构国际比较

单位:%

国家/地区	农、林、渔业	工业	交通运输	商业与公共服务	生活	其他
世界	2.8	42.3	1.5	22.4	27.0	4.0
OECD	1.3	31.7	1.1	31.8	31.5	2.6
非 OECD	4.2	52.0	1.9	13.7	22.9	5.3
中国	2.3	67.0	1.3	6.0	15.5	7.9
美国	0.8	22.4	0.2	35.4	36.8	4.4
印度	18.0	42.1	1.7	9.3	23.3	5.6
日本	0.1	28.6	1.9	38.0	30.0	1.4
俄罗斯	2.0	45.2	12.2	21.8	18.8	0
巴西	5.0	43.1	0.5	25.8	25.6	0
德国	0	43.3	2.3	28.1	26.3	0
加拿大	2.0	37.2	1.0	20.6	32.4	6.8
韩国	2.7	52.5	0.5	31.2	13.1	0
法国	2.0	25.3	2.9	31.3	38.1	0.4
英国	1.2	30.9	1.3	30.8	35.8	0

数据来源：IEA, World Energy Statistics (2015 edition).

五、分地区电力消费

（一）分地区用电量

分地区看，电力消费主要集中在东部地区。2014 年东部地区电力消费量占全国电力消费总量的比重为 48%，中部、西部和东北地区所占比重分别为 19%、27% 和 6%。2014 年全国共 5 个省份用电量超过 3000 亿千瓦时，均位于东部地区，分别是广东（5235 亿千瓦时）、江苏（5013 亿千瓦时）、山东

（4223 亿千瓦时）、浙江（3506 亿千瓦时）与河北（3314 亿千瓦时）。其中，广东省用电量占全国用电总量的比重达 9.4%（如图 5-4 所示）。

"十二五"期间，西部地区的电力消费增速快于东部地区、中部地区和东北地区。2014 年西部地区电力消费比重较 2010 年提高 3.6 个百分点，而东部地区、中部地区和东北地区的电力消费比重则分别比 2010 年下降 2.3 个百分点、0.5 个百分点和 0.8 个百分点（如图 5-4 所示）。

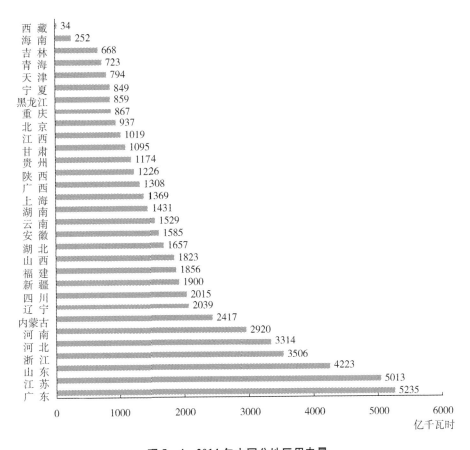

图 5-4　2014 年中国分地区用电量

数据来源：国家统计局《中国能源统计年鉴 2015》。

（二）分地区人均用电量和人均生活用电量

从人均用电量看，2014 年人均用电量排在前五位的地区分别为宁夏（12899 千瓦时/人）、青海（12458 千瓦时/人）、内蒙古（9661 千瓦时/人）、新疆（8399 千瓦时/人）、浙江（6372 千瓦时/人），人均用电量较高的地区多为重工业占比较大的西部地区和经济发展水平较高的东部地区。人均用电量排在后五位的地区有黑龙江（2172 千瓦时/人）、江西（2247 千瓦时/人）、湖南（2254 千瓦时/人）、吉林（2427 千瓦时/人）、四川（2530 千瓦时/人）（如图 5 - 5 所示）。

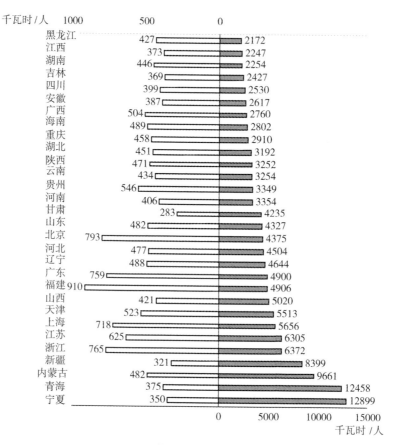

图 5 - 5　2014 年中国分地区人均用电量及人均生活用电量

数据来源：根据全社会用电量、生活用电量和年中人口数计算。全社会用电量和生活用电量数据来自国家统计局《中国能源统计年鉴 2015》；年中人口数根据国家统计局历年《中国统计年鉴》的数据计算。

人均生活用电量较高的地区主要有福建（910 千瓦时/人）、北京（793 千瓦时/人)、浙江(765 千瓦时/人)、广东(759 千瓦时/人)、上海(718 千瓦时/人)、江苏(625 千瓦时/人),这些地区的经济发展水平均相对较高;人均生活用电量最低的三个地区为甘肃(283 千瓦时/人)、新疆(321 千瓦时/人)、宁夏(350 千瓦时/人),其经济发展水平也相对较低(如图 5-5 所示)。

(三)分地区单位 GDP 用电量

单位 GDP 用电量呈现西高东低的特征。2014 年单位 GDP 用电量超过 1500 千瓦时/万元的省份均集中在西部地区,分别为青海(3473 千瓦时/万元)、宁夏(3390 千瓦时/万元)、新疆(2301 千瓦时/万元)、甘肃(1739 千瓦时/万元)和贵州(1567 千瓦时/万元);而单位 GDP 用电量较低的地区有西藏(429 千瓦时/万元)、北京(491 千瓦时/万元)、吉林(524 千瓦时/万元)、天津(545 千瓦时/万元)、黑龙江(570 千瓦时/万元)。其中,排名最高的青海电耗强度是西藏的 8.1 倍(如表 5-6 所示)。

"十二五"期间,新疆、宁夏、西藏、海南、内蒙古、青海的单位 GDP 用电量增加,其中增幅最大的省(市、自治区)有新疆、西藏、海南和内蒙古,分别从 2010~2014 年累计增加 89.1%、8.9%、8.8% 和 5.0%;其余省(市、自治区)的单位 GDP 用电量均减少,其中降幅最大的省市包括吉林、天津、黑龙江和上海,分别从 2010~2014 年累计减少 -21.3%、-22.1%、-20.9% 和 -21.2%(如表 5-6 所示)。

表 5-6 分地区单位 GDP 用电量

单位:千瓦时/万元

年份 地区	2010	2011	2012	2013	2014	累计增速 (%)
西 藏	394	420	434	428	429	8.9
北 京	574	539	532	516	491	-14.5
吉 林	666	639	577	546	524	-21.3
天 津	700	647	591	563	545	-22.1
黑龙江	721	689	646	611	570	-20.9
上 海	755	721	678	656	595	-21.2
湖 南	731	715	669	642	624	-14.6
重 庆	790	777	691	691	665	-15.8
江 西	742	785	735	729	715	-3.6
山 东	842	837	796	781	743	-11.8

续表

年份 地区	2010	2011	2012	2013	2014	累计增速 （％）
湖　北	833	799	746	732	759	-8.9
四　川	901	886	823	796	774	-14.1
陕　西	849	852	819	797	774	-8.8
辽　宁	929	899	838	815	782	-15.8
广　东	882	869	844	813	818	-7.3
福　建	892	916	857	831	826	-7.4
江　苏	933	931	905	893	831	-10.9
安　徽	872	870	866	880	836	-4.1
海　南	770	800	836	837	838	8.8
广　西	1038	1035	965	939	915	-11.8
浙　江	1018	1032	984	978	923	-9.3
河　南	1019	1029	966	935	936	-8.1
河　北	1320	1315	1237	1208	1156	-12.4
云　南	1390	1466	1418	1403	1360	-2.2
内蒙古	1317	1397	1356	1346	1383	5.0
山　西	1587	1587	1543	1470	1397	-12.0
贵　州	1814	1784	1741	1665	1567	-13.6
甘　肃	1951	1991	1905	1856	1739	-10.9
新　疆	1217	1378	1478	2034	2301	89.1
宁　夏	3237	3828	3512	3498	3390	4.7
青　海	3443	3660	3499	3546	3473	0.9

数据来源：根据全社会用电量和 2010 年不变价格 GDP 计算。全社会用电量数据来自中国电力企业联合会历年《电力工业统计资料汇编》；2010 年不变价格 GDP 数据来自国家统计局《中国统计年鉴 2015》。

第二节　"十三五"电力消费展望

尽管受经济增速放缓和产业结构调整影响，2015 年中国电力消费增速放缓至 0.5%。但长期看，中国电力需求仍有较大增长空间。2015 年中国人均用电量 4047 千瓦时，为 2013 年 OECD 国家平均水平的 47%；人均生活用电量 531 千瓦时，为 2013 年 OECD 国家平均水平的 23%。按照国际工业化进程电力消费的一般经验，从平均水平看，一个国家或地区完成工业化时，其人均用电量和人均生活用电量将分别达到 5000 千瓦时和 900 千瓦时左右。

从中国工业化进程判断，预计到 2020 年左右，将完成工业化进程，进入后工业化发展阶段。预计"十三五"期间，全社会用电量年均增长 4.0%。到 2020 年，全社会用电量 6.8 万亿千瓦时，其中生活用电量 1.2 万亿千瓦时。人均用电量和人均生活用电量分别为 4825 千瓦时和 841 千瓦时。

分行业看，"十三五"期间电力消费主要增长空间在于居民生活用电和第三产业用电。2015 年居民生活用电量和第三产业用电量分别为 7276 亿千瓦时和 7158 亿千瓦时，占全社会用电量比重分别为 13.1% 和 12.9%。预计到 2020 年，居民生活用电量和第三产业用电量将分别达到 11767 亿千瓦时和 9874 亿千瓦时，占全社会用电量的比重分别提高到 17.4% 和 14.6%。工业用电趋于饱和，2015 年工业用电量为 39348 亿千瓦时，占全社会用电量的比重为 70.9%。预计到 2020 年，工业用电比重将下降至 66%。

第二篇　能源投资与建设

第六章 能源投资与建设

"十二五"期间，中国能源工业投资稳步增长，能源资源开发利用、加工转换和储运等方面的基础设施建设得到较快发展，能源供应保障能力显著提高。展望"十三五"，为提高能源安全保障能力，能源生产、加工转换和储运能力建设方面都将得到稳步提升，由于"去产能"及"调结构"的要求，中国能源工业投资将向非煤能源倾斜。预计到 2020 年，煤炭产能约 50 亿吨；炼油能力突破 8 亿吨，石油储备能力将提升至 6.25 万桶（约 8500 万吨）；天然气主干管道里程达到 12 万公里以上，LNG 接收能力达 7640 万吨/年；电力发电装机容量增加到约 20 亿千瓦，其中非化石能源发电装机容量增加到 8.43 亿千瓦。

第一节 "十二五"能源投资与建设分析

2011～2014 年，中国能源工业投资完成额累计 11 万亿元，年均增长 7.8%，2014 年能源工业投资总额为 3.15 万亿元，较 2010 年增加近 1 万亿元。"十二五"期间，能源基础设施建设得到较快发展，煤炭产能增加超过 45 亿吨，石油炼油能力由 2010 年的 5.84 亿吨/年增加至 2015 年的 7.6 亿吨/年，电力装机容量由 2010 年的 9.7 亿千瓦增加至 2015 年的 15.1 亿千瓦，2014 年天然气输气管道约 6.3 万公里，2015 年已建管道 LNG 累计接收能力达 4080 万吨/年。

一、能源工业投资额与增速

"十二五"期间，中国能源工业投资完成额稳定增长，2011～2014 年累计投资完成额达 11 万亿元。其中，2014 年中国能源工业投资完成额（不含农户）达 3.15 万亿元，占同期全社会固定资产投资完成额（不含农户）的

6.3%，较 2010 年增加近 1 万亿元（如图 6 - 1 所示）。

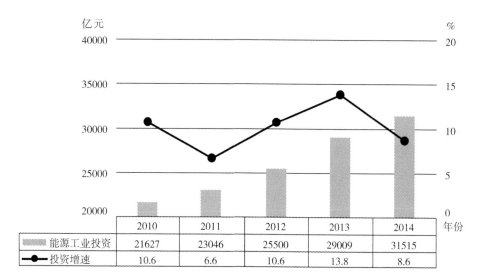

图 6 - 1　2010～2014 年中国能源工业固定资产投资完成额（不含农户）

数据来源：国家统计局《中国能源统计年鉴 2015》。

　　分行业看，2011～2014 年电力、蒸汽、热水生产和供应业投资完成额逐年增长，且占比稳定在 50% 以上，2014 年占比达 55%；煤炭采选业投资完成额增速及占比逐年下降，2013～2014 年投资增速连续两年负增长；石油和天然气开采业、石油加工及炼焦业占比分别稳定在 13%、10% 左右（如表 6 - 1 所示）。

表 6 - 1　2011～2014 年能源工业分行业投资构成及增长率

单位:%

年份 行业	2011		2012		2013		2014	
	占比	增长率	占比	增长率	占比	增长率	占比	增长率
煤炭采选业	21.3	29.7	21.1	9.4	18.0	-2.9	14.9	-10.1
石油和天然气开采业	13.1	3.2	12.1	1.8	13.2	24.2	12.5	3.3
电力、蒸汽、热水生产和供应业	50.4	-2.6	50.8	11.6	50.8	13.7	55.3	18.4
石油加工及炼焦业	9.8	11.5	9.8	10.2	10.5	21.5	10.2	5.6
煤气生产和供应业	5.4	29.1	6.3	28.9	7.6	37.7	7.1	1.4

数据来源：国家统计局《中国能源统计年鉴 2015》。

　　分地区看，因资源禀赋及政策差异，各地区能源工业投资完成额（不含农户）差异较大，中国能源工业投资主要集中于能源资源丰富的地区。2011～2014年，内蒙古、山西、新疆、陕西、山东、四川六省（自治区）能源工业累计投资完成额（不含农户）超过5000亿元，居全国前六位，六省（自治区）能源工业累计投资总额（不含农户）占全国能源工业累计投资总额（不含农户）的40.4%；北京、上海、海南、西藏能源工业累计投资完成额低于1000亿元，位列全国后四位（如表6-2所示）。

表6-2　2010～2014年分地区能源工业投资完成额（不含农户）

单位：亿元

年份 地区	2010	2011	2012	2013	2014	2011～2014年 投资累计
北　京	134	141	192	230	258	821
天　津	546	431	447	591	596	2064
河　北	882	963	1051	1202	1296	4512
山　西	1521	1919	2113	2098	2313	8443
内蒙古	2093	1903	1827	2331	2887	8948
辽　宁	1191	960	1059	1094	970	4082
吉　林	774	616	739	663	758	2775
黑龙江	1014	983	1113	991	835	3922
上　海	199	145	160	143	165	612
江　苏	479	598	840	908	1019	3365
浙　江	430	529	623	756	881	2789
安　徽	527	481	624	606	614	2325
福　建	637	630	728	877	946	3181
江　西	281	331	298	350	368	1347
山　东	972	1133	1275	1559	2047	6014
河　南	773	827	785	868	764	3244
湖　北	512	518	491	511	510	2031
湖　南	496	601	607	677	774	2659
广　东	966	891	999	1147	1310	4348
广　西	368	421	473	560	560	2013
海　南	61	101	124	127	167	520

续表

年份 地区	2010	2011	2012	2013	2014	2011～2014 年 投资累计
重　庆	316	343	483	575	680	2081
四　川	1050	1315	1427	1429	1574	5746
贵　州	467	704	513	586	584	2387
云　南	832	891	1086	1184	1073	4234
西　藏	53	64	90	167	229	550
陕　西	1043	1235	1343	1786	1676	6041
甘　肃	667	638	851	1094	1138	3721
青　海	141	232	295	397	429	1353
宁　夏	351	414	422	439	606	1881
新　疆	988	1233	1491	2101	2603	7429

数据来源：国家统计局《中国能源统计年鉴 2015》。

二、能源资源

截至 2014 年底，煤炭基础储量近 2400 亿吨，截至 2015 年底，石油、天然气剩余技术可采储量分别为 35 亿吨、5.2 万亿立方米，较 2010 年分别增加 3.3 亿吨、1.4 万亿立方米。"十二五"期间，中国页岩气勘查获得重大突破，2014 年页岩气首次探获地质储量 254.6 亿立方米，2015 年中国页岩气勘查新增探明地质储量 4373.79 亿立方米，新增探明技术可采储量 1093.45 亿立方米。截至 2015 年底，中国页岩气剩余技术可采储量 1303.4 亿立方米（如表 6-3 所示）。

表 6-3　2010～2015 年化石能源资源储量

年份 品种	2010	2011	2012	2013	2014	2015	2015 年 采储比
煤炭（亿吨）	2793.9	2157.9	2298.9	2362.9	2399.9	—	61.9 *
石油（亿吨）	31.7	32.4	33.3	33.7	34.3	35.0	16.3

续表

年份 品种	2010	2011	2012	2013	2014	2015	2015 年 采储比
天然气（亿立方米）	37793.2	40206.4	43789.9	46428.8	49451.8	51939.4	38.6
页岩气（亿立方米）	—	—	—	—	254.6	1303.4	29.2

注：①本表中的煤炭储量为基础储量，石油、天然气、页岩气为剩余技术可采储量；②煤炭采储比 = 年末煤炭基础储量/年原煤产量；③＊表示为 2014 年煤炭采储比。

数据来源：2010～2014 年数据来自国家统计局历年《中国统计年鉴》，2015 年数据来自国土资源部 2015 年我国主要矿产新增储量和节约与综合利用新闻发布会。

三、能源设施

能源基础设施包括能源生产、能源加工转换和能源储运等方面。能源资源利用方面，截至 2014 年，石油、天然气新增生产能力分别为 2717 万吨/年、157 亿立方米/年，截至 2015 年，中国煤炭开采能力为 43.5 亿吨/年，水电、核电、风电、太阳能发展总装机容量为 51652 万千瓦。加工转换方面，2015 年中国炼油能力达 7.6 亿吨/年，火电装机容量达 9.9 亿千瓦。运输能力方面，截至 2014 年底，35 千伏以上输电线路长度为 162.85 万千米，35 千伏以上变压器容量为 52.7 亿千伏安，天然气输气管道长度约 6.3 万公里，2015 年新建成输气干线、支干线合计 2700 公里；截至 2015 年底，中国石油管道里程达 4.18 万公里，已建管道 LNG 累计接收能力达 4080 万吨/年，在建能力达 2460 万吨/年。存储能力方面，截至 2015 年底，中国战略石油储备 2610 万吨，商业石油储备 4299 万吨，抽水蓄能装机容量为 2271 万千瓦，已建地下储气库的工作气能力总计 159 亿立方米，2014 年中国城市 LNG 储备站存储能力达 33.33 万立方米。

第二节 "十三五"能源投资与建设展望

"十三五"期间，为满足"立足国内"战略及提高能源安全保障能力的要求，中国的能源生产、加工转换和储运能力建设方面都将得到稳步提升，但在优化能源消费及供应结构与去产能的背景下，中国能源工业投资将向非煤能源尤其是天然气及非化石能源倾斜。生产能力方面,在"去产能"及"停审批"的背景下,预计2020年中国煤炭产能将达到50亿吨/年,产能利用率将长期维持低位;水电、核电、风电、太阳能发展总装机容量达8.43亿千瓦。加工转换能力方面,预计到2020年中国炼油能力将突破8亿吨/年;火电装机容量将达11.6亿千瓦。运输及存储能力方面,《中华人民共和国国民经济和社会发展第十三个五年规划纲要》中明确要统筹推进煤电油气多种能源输送方式发展,加强能源储备和调峰设施建设,加快构建多能互补、外通内畅、安全可靠的现代能源储运网络。预计到2020年,天然气主干管道里程将达12万公里以上,LNG接收能力将达7640万吨/年;石油储备能力将提升至6.25万桶,约为90天石油净进口量,储气库工作期能力将达183亿立方米,城市LNG储备设施存储能力将达64万立方米(如表6-4所示)。

表6-4 2020年中国能源基础设施概况

品种 ＼ 指标	生产能力	加工转换能力	运输能力	存储能力
煤炭	50亿吨/年	—	—	—
石油	—	炼油能力突破8亿吨/年	—	6.25万桶(约8500万吨)
天然气	—	—	天然气主干管道里程达到12万公里以上;LNG接收能力达7640万吨/年	储气库工作气能力将达183亿立方米;城市LNG储备设施存储能力将达64万立方米
电力	水电、核电、风电、太阳能发展总装机容量8.43亿千瓦	火电装机容量11.6亿千瓦	—	抽水蓄能装机容量达4500万千瓦

第七章　煤炭投资与建设

中国煤炭采选业固定资产投资 2012 年达到 5370 亿元，此后连续三年下降。随着"十一五"期间和"十二五"前两年大规模煤炭投资陆续投产，"十二五"煤炭产能大规模扩张，产能过剩严重。在"停审批"和"去产能"的政策背景下，预计到 2020 年中国煤炭产能将达到 50 亿吨/年。

第一节　"十二五"煤炭投资与建设分析

"十二五"期间，中国煤炭采选业固定资产投资额年均增长 45 亿元，年均增速 1.2%，2015 年煤炭采选业固定资产投资总额 4008 亿元。截至 2015 年底，全国煤炭查明资源量约 1.6 亿吨，煤炭产能约 43.5 亿吨/年。

一、煤炭采选业固定资产投资

（一）煤炭采选业固定资产投资与增速

"十二五"期间中国煤炭采选业固定资产投资先增后减，投资额由 2010 年的 3785 亿元增加到 2012 年的 5370 亿元。此后，随着煤炭产能逐步释放，煤炭市场供大于求，煤炭价格持续下跌，煤炭采选业固定资产投资连续三年下降至 2015 年的 4008 亿元（如图 7-1 所示）。从增速上看，"十二五"期间中国煤炭采选业固定资产投资额年均增长率为 1.2%，较"十一五"期间年均增速下降 26.3%。

（二）分地区煤炭采选业固定资产投资

分地区看，中国煤炭采选业固定资产投资存在明显的地区差异（如图 7-2 所示）。2014 年山西、内蒙古、陕西三个省（自治区）煤炭采选业固定资产投资额分别为 1078 亿元、864 亿元和 462 亿元，分别占全国煤炭采选业固定资产投资总额的 23%、18.4% 和 9.9%，合计占比达到 51.3%。

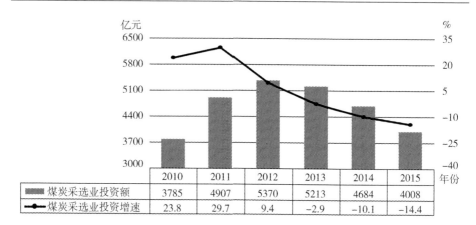

	2010	2011	2012	2013	2014	2015
煤炭采选业投资额	3785	4907	5370	5213	4684	4008
煤炭采选业投资增速	23.8	29.7	9.4	−2.9	−10.1	−14.4

图7-1 "十二五"期间中国煤炭采选业投资及增速

数据来源：2010~2014年数据来自国家统计局《中国能源统计年鉴2015》；2015年数据来自国家统计局网站，http://www.stats.gov.cn.

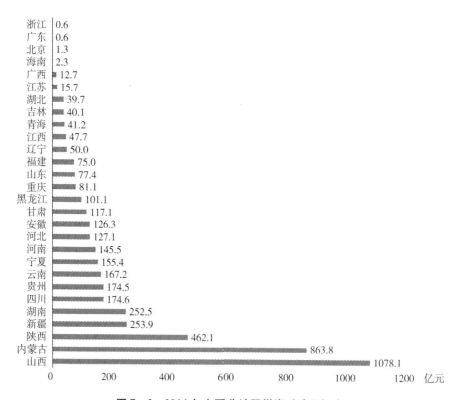

图7-2 2014年中国分地区煤炭采选业投资

数据来源：国家统计局《中国能源统计年鉴2015》。

分区域看，"十二五"期间，东部地区和中部地区煤炭采选业固定资产投资比重逐年下降，煤炭采选业固定资产投资西移趋势明显（如图7-3所示）。东、中部地区煤炭采选业固定资产投资比重分别由2010年的8.5%和48.1%下降至2014年的7.5%和39.1%；西部地区煤炭采选业固定资产投资比重由2010年的43.5%逐年上升至2014年的53.5%。

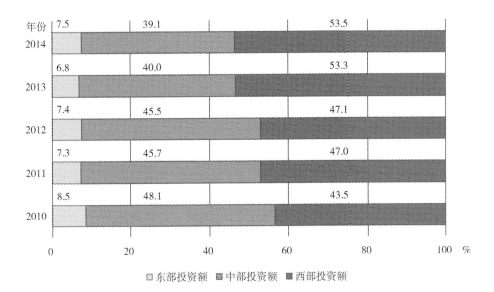

图7-3　2010～2014年中国分区域煤炭采选业投资占比

数据来源：根据国家统计局《中国能源统计年鉴2015》中分地区煤炭采选业固定资产投资数据计算得到。

二、煤炭资源勘探

2014年中国煤炭查明资源量为15317亿吨，比2010年增长14.2%；全国煤炭基础储量为2400亿吨，占查明资源量的15.7%，储采比为62。

从世界范围看，根据英国石油公司BP的统计数据，截至2014年底，全球煤炭探明储量为8915亿吨。美国、俄罗斯、中国位列前三名，占全球煤炭探明储量的比重分别为26.6%、17.6%和12.8%（如表7-1所示）。

表 7 - 1　2014 年煤炭探明储量国际比较

指标 国家/地区	无烟煤 和烟煤 （百万吨）	次烟煤 和褐煤 （百万吨）	总储量 （百万吨）	占比 （%）	储采比
世界	403199	488332	891531	100.0	110
OECD	155494	229321	384815	43.2	191
非 OECD	247705	259011	506716	56.8	83
美国	108501	128794	237295	26.6	262
俄罗斯	49088	107922	157010	17.6	441
中国①	62200	52300	114500	12.8	30
澳大利亚	37100	39300	76400	8.6	155
印度	56100	4500	60600	6.8	94
欧盟	4883	51199	56082	6.3	111
德国	48	40500	40548	4.5	218
乌克兰	15351	18522	33873	3.8	*
哈萨克斯坦	21500	12100	33600	3.8	309
南非	30156	—	30156	3.4	116
印度尼西亚	—	28017	28017	3.1	61
土耳其	322	8380	8702	1.0	125

注：①煤炭的"探明储量"是指通过地质与工程信息以合理的确定性表明，在现有的经济与作业条件下，将来可从已知储层采出的煤炭储量，即基础储量中的剩余经济可采储量；②储采比表明尚存的可采储量，如按照当前实际或计划开采水平开采，尚可开采多少年。* 代表超过 500 年。

数据来源：《BP 世界能源统计 2015》（BP Statistical Review of World Energy 2015）。

分地区看，中国煤炭资源地区分布差异显著。截至 2014 年底，煤炭查明资源量超过 3000 亿吨的地区有 2 个，超过 1000 亿吨的地区有 4 个，达到 100 亿吨以上的地区有 14 个。其中，内蒙古、新疆、山西、陕西四个省（自治区）煤炭查明资源量最高，分别为 4062 亿吨、3678 亿吨、2690 亿吨和 1643 亿吨（如图 7 - 4 所示），占全国煤炭查明资源量的比重分别为 26.5%、24%、17.6% 和 10.7%，四省（自治区）煤炭查明资源量占全国煤炭查明资源总量的 78.8%。但目前内蒙古和新疆的部分煤田或因为发现较晚，仍处于勘查阶段；或由于位置偏远，开采可行性与经济性较差，部分资源仍无法利

---

① BP 统计数据对中国煤炭资源剩余可采储量存在明显的低估。

用。因此，煤炭基础储量最高的省为山西，基础储量达到 921 亿吨，占全国的 38.4%，内蒙古、新疆、陕西的基础储量分别为 490 亿吨、158 亿吨和 95 亿吨，占全国的比重分别为 20.4%、6.6% 和 4%。

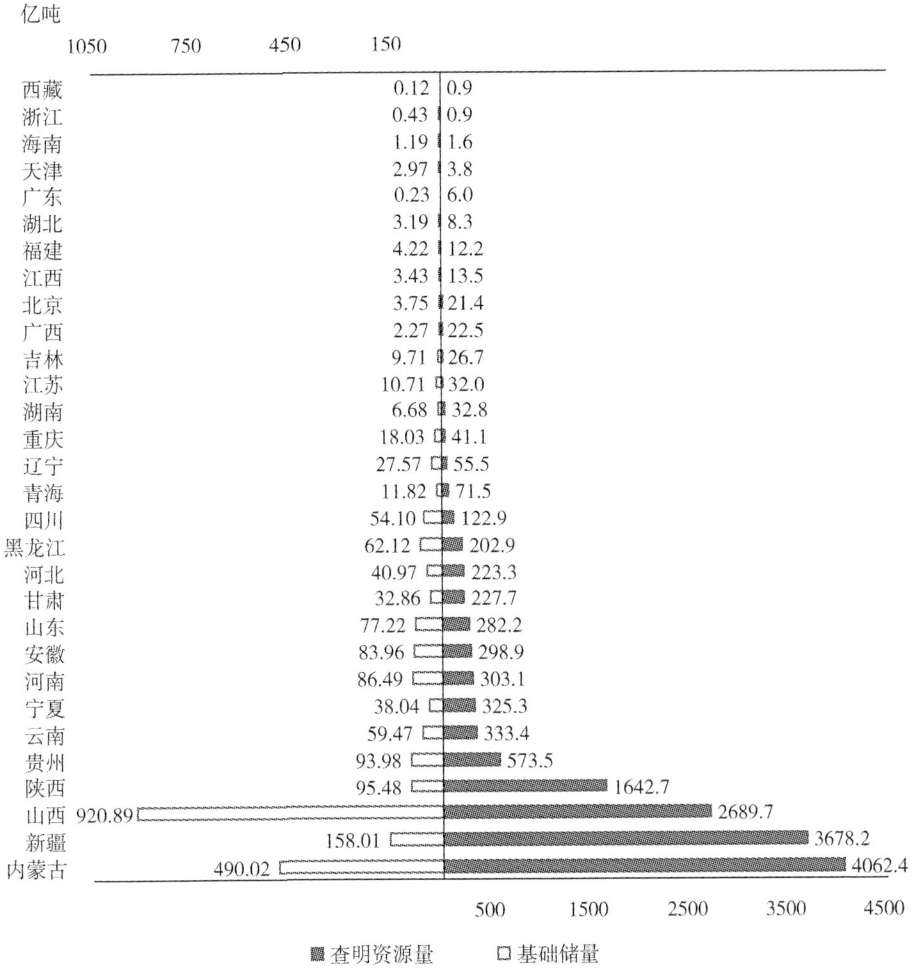
亿吨
1050
750
450
150
西藏 0.12 0.9
浙江 0.43 0.9
海南 1.19 1.6
天津 2.97 3.8
广东 0.23 6.0
湖北 3.19 8.3
福建 4.22 12.2
江西 3.43 13.5
北京 3.75 21.4
广西 2.27 22.5
吉林 9.71 26.7
江苏 10.71 32.0
湖南 6.68 32.8
重庆 18.03 41.1
辽宁 27.57 55.5
青海 11.82 71.5
四川 54.10 122.9
黑龙江 62.12 202.9
河北 40.97 223.3
甘肃 32.86 227.7
山东 77.22 282.2
安徽 83.96 298.9
河南 86.49 303.1
宁夏 38.04 325.3
云南 59.47 333.4
贵州 93.98 573.5
陕西 95.48 1642.7
山西 920.89 2689.7
新疆 158.01 3678.2
内蒙古 490.02 4062.4
500
1500
2500
3500
4500
查明资源量
基础储量

图 7-4　2014 年中国分省区煤炭查明资源量与基础储量

数据来源：煤炭查明资源量数据来自国土资源部《2014 年全国矿产资源储量通报》；基础储量数据来自国家统计局《中国统计年鉴 2015》。

三、煤炭开采能力建设

"十二五"前四年，中国煤矿开采累计新增生产能力约 18.9 亿吨，年均新增 3.8 亿吨（如图 7 - 5 所示）。根据国家能源局的公告，2014 年底中国煤炭产能约为 45 亿吨/年。按照国家发改委核定的 2005 年煤矿产能、国家统计局公布的累计新增煤矿产能和国家能源局公布的淘汰产能累加进行计算，2015 年末中国煤矿产能应该在 43.5 亿吨/年。其中，国家发改委核定的 2005 年中国煤矿生产能力为 24.3 亿吨/年；根据国家统计局数据，2006 ~ 2015 年累计新增煤矿产能 30.3 亿吨/年；根据国家能源局数据，2006 ~ 2014 年累计淘汰煤炭产能大约 11.1 亿吨/年。因此，按历年累加计算中国 2015 年末煤炭核定生产能力为 43.5 亿吨/年。

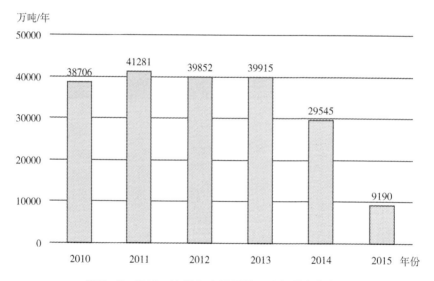

图 7 - 5 2010 ~ 2015 年中国原煤开采新增生产能力

数据来源：2010 ~ 2014 年数据来自国家统计局《中国统计年鉴 2015》，2015 年数据来自中国煤炭工业协会。

"十二五"期间，煤炭产业结构不断优化。全国煤矿数量减少，大型煤矿比重增加。根据中国煤炭工业协会的数据[①]，截至 2015 年底，全国煤矿数量约 1.08 万处，其中，年产 120 万吨以上的大型煤矿 1050 处，比 2010 年增

---

① 根据相关新闻资料整理。

加 400 处，产量比重由 58% 提高到 68%；年产 30 万吨以下的小型煤矿 7000 多处，比 2010 年减少 4000 多处，产量比重由 21.6% 下降到 10% 左右。

在煤炭产能扩张的同时，大型煤炭企业保持较快发展，产业集中度不断提高。根据中国煤炭工业协会的数据[①]，2015 年全国共有 52 家煤炭企业产量在 1000 万吨以上，2014 年产量为 28 万吨，占全国总产量的 72.4%。其中，神华集团、大同煤业、山东能源、陕西煤业化工、中煤集团、兖矿集团、山西焦煤、冀中能源、河南能源 9 家企业产量超亿吨，总产量 15 亿吨，占全国的 38.8%；产量在 0.5 亿 ~ 1 亿吨的企业有潞安矿业、开滦集团、阳泉煤业、晋能集团、平庄煤业、淮南矿业、晋城无烟煤矿业 7 家，2014 年合计产量约 5 亿吨，占全国总产量的 12.6% 左右；另外有 36 家煤炭企业产量在 1000 万 ~ 5000 万吨，2014 年合计产量约 8 万吨，占全国总产量的比重为 21%。

第二节　"十三五"煤炭投资与建设展望

根据 2016 年 2 月国务院印发的《关于煤炭行业化解过剩产能实现脱困发展的意见》确定的目标，"十三五"期间，在淘汰落后煤炭产能的基础上，再退出产能 5 亿吨左右、减量重组 5 亿吨左右，较大幅度压缩煤炭产能，适度减少煤矿数量，以使煤炭行业过剩产能得到有效化解。另外，严格控制新增产能，加快淘汰落后产能和其他不符合产业政策的产能，有序退出过剩产能。除了大幅度压缩已有煤炭产能，还要求严格控制新增产能，从 2016 年起，3 年内原则上停止审批新建煤矿项目、新增产能的技术改造项目和产能核增项目；确需新建煤矿的，一律实行减量置换。

"十三五"期间，煤炭需求下降，生产能力持续过剩，预计到 2020 年煤炭产能将增加到 50 亿吨/年。

---

① 根据中国煤炭工业协会于 2015 年 9 月 14 日发布的《关于发布 2015 中国煤炭企业营业收入 10 亿元以上和煤炭产量千万吨以上企业名单的通知》相关数据计算得到。

第八章　石油投资与建设

"十二五"期间，中国石油探明地质储量稳定增长，石油新增探明地质储量连续8年超过10亿吨；油气开采业投资增速明显放缓，年均增长3.2%；炼油能力不断提高，年均增加3500万吨/年；石油管网基本实现全面覆盖，建成石油管道4.18万公里；石油储备能力初具规模，形成石油储备能力4.95亿桶。展望"十三五"，中国将进一步加强国内石油资源勘探开发，提高石油剩余经济储采比为14～15；着力增强石油供应能力，建设大庆、辽河、塔里木、渤海等9个千万吨级大油田；巩固炼油中心地位，炼油能力将突破8亿吨/年；加强石油战略通道建设，逐步形成覆盖全国主要油田、炼化企业、储备基地和成品油消费市场，资源灵活调配的石油运输系统；完善储备应急体系，石油储备能力将提高至6.25亿桶。

第一节　"十二五"石油投资与建设分析

"十二五"期间，中国进一步推进石油领域各项投资与建设。截至2014年底，中国石油剩余经济储采比为11.9，2014年新增生产能力为2717万吨/年；截至2015年底，中国炼油能力达7.6亿吨/年，已建成石油管道4.18万公里，已建成石油储备能力近5亿桶。

一、石油资源勘探

"十二五"以来，中国继续加强石油矿产资源勘查，石油新增探明地质储量连续8年超过10亿吨。截至2014年底，全国石油地质资源量为1085亿吨，累计探明地质储量361亿吨，可采资源量268亿吨，剩余技术可采储量34.3亿吨，剩余经济可采储量25.2亿吨，石油剩余经济储采比为11.9（如图8-1所示）。

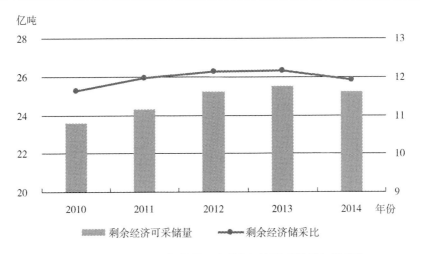

图 8 - 1　2010 ~ 2014 年中国石油剩余经济可采储量与储采比

注：除了 2014 年外，其余年份石油剩余经济可采储量包括凝析油储量；储采比由当年石油剩余经济可采储量与当年原油产量计算得出。

数据来源：国土资源部历年《全国油气矿产储量通报》。

从世界范围看，根据 BP 的统计数据，2014 年世界石油剩余经济可采储量为 1.7 万亿桶，其中 OPEC 国家储量 1.2 万亿桶，占比 71.6%；排名前五位的国家分别是委内瑞拉（2983 亿桶）、沙特阿拉伯（2670 亿桶）、加拿大（1729 亿桶）、伊朗（1578 亿桶）和伊拉克（1500 亿桶）；中国石油剩余经济可采储量 185 亿桶，仅占世界总储量的 1.1%，为世界排名第一的委内瑞拉石油剩余经济可采储量的 6%（如表 8 - 1 所示）。

表 8 - 1　石油剩余经济可采储量国际比较

国家/地区	石油剩余经济可采储量		占世界比重（%）	储采比	人均石油剩余经济可采储量
	（亿桶）	（亿吨）			（桶/人）
世界	17001	2319.3	100.0	52.5	234
OPEC	12165	1659.6	71.6	91.1	2689
非 OPEC	4836	659.8	28.4	25.4	71
委内瑞拉	2983	407.0	17.5	*	9720
沙特阿拉伯	2670	364.3	15.7	63.6	8645
加拿大	1729	235.9	10.2	*	4865

国家/地区	石油剩余 经济可采储量		占世界比重 （%）	储采比	人均石油剩余 经济可采储量
	（亿桶）	（亿吨）			（桶/人）
伊朗	1578	215.3	9.3	*	2019
伊拉克	1500	204.6	8.8	*	4309
俄罗斯	1032	140.7	6.1	26.1	717
科威特	1015	138.5	6.0	89.0	27044
阿联酋	978	133.4	5.8	72.2	10764
美国	485	66.1	2.9	11.4	152
利比亚	484	66.0	2.8	*	7727
尼日利亚	371	50.6	2.2	43.0	209
哈萨克斯坦	300	40.9	1.8	48.3	1735
卡塔尔	257	35.1	1.5	35.5	11834
中国	185	25.2	1.1	11.9	14
巴西	162	22.0	1.0	18.9	78

注：本表数据为 2014 年数据；每吨按 7.33 桶折算；＊表示大于 100 年；人均石油剩余经济可采储量＝石油剩余经济可采储量/年中人口，其中年中人口数据来自世界银行。

数据来源：《BP 世界能源统计 2015》（BP Statistical Review of World Energy 2015）。

分地区看，中国石油剩余可采储量主要分布在北方地区，其中西北和东北地区占据很大比例。2014 年中国石油剩余技术可采储量排名前 5 位的分别是新疆、黑龙江、渤海、陕西和山东，这 5 个地区的石油剩余技术可采储量占全国的 62.6%。其中，新疆石油剩余技术可采储量超过 5.3 亿吨，黑龙江剩余技术可采储量超过了 4.5 亿吨。排名后 5 位的分别是四川、云南、广东、广西和安徽，合计仅占全国的 0.1%。其中，四川、云南和广东石油剩余技术可采储量均在 15 万吨以下。2014 年中国石油剩余经济可采储量排名前 5 位的分别是新疆、渤海、黑龙江、陕西和山东，5 地区合计占全国的 63.8%。其中，新疆、渤海和黑龙江剩余经济可采储量均超过 3.5 亿吨。排名后 5 位的分别是四川、云南、广东、广西和安徽，5 地区合计占全国比例不足 0.06%（如表 8-2 所示）。

表8-2　分地区石油剩余可采储量

地　区	剩余技术可采储量 （万吨）	剩余技术 储采比	剩余经济可采储量 （万吨）	剩余经济 储采比
全　国	334786	15.8	251988	11.9
天　津	2757	0.9	1615	0.5
河　北	26573	44.9	22589	38.1
内蒙古	8354	388.9	5925	275.8
辽　宁	15730	15.4	9499	9.3
吉　林	18122	27.3	13360	20.1
黑龙江	45374	11.3	37242	9.3
江　苏	2964	516.3	1941	338.2
安　徽	253	1.2	154	0.7
山　东	32514	12.0	19624	7.2
河　南	4858	10.3	2336	5.0
湖　北	1285	16.3	570	7.2
广　东	14	0.0	13	0.0
广　西	132	2.2	16	0.3
海　南	296	10.4	260	9.1
四　川	9	0.5	−50	−2.6
云　南	12	—	12	—
陕　西	36301	9.6	26875	7.1
甘　肃	21878	307.3	15899	223.3
青　海	7522	34.2	4417	20.1
宁　夏	2181	274.6	1770	223.0
新　疆	53184	18.5	38526	13.4
渤　海	42288	—	38532	—
东　海	504	—	498	—
南　海	11681	—	10365	—

注：本表数据为2014年数据；石油不包括凝析油；储采比＝储量/产量。

数据来源：国土资源部《2014年全国油气矿产储量通报》。

二、石油开采能力建设

"十二五"期间,中国油气开采业投资年均增长 3.2%,较"十一五"期间年均增速(14.9%)明显放缓。其中,受低迷的油价影响,2015 年油气开采业投资 3425 亿元,同比减少 5.7%,自 21 世纪以来首次出现下滑(如图 8 - 2 所示)。

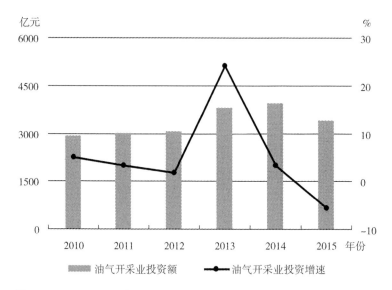

图 8 - 2 2010 ~ 2015 年中国石油和天然气开采业固定资产投资额与增速

数据来源:2014 年数据来自国家统计局《中国能源统计年鉴 2015》;2015 年数据来自国家统计局《2015 年全国固定资产投资(不含农户)增长 10%》。

中国原油开采施工规模在 2011 年达到纪录高位(4168 万吨/年),随后逐年下降,2014 年施工规模在 2994 万吨/年,较 2010 年减少 26.3%。中国原油开采新增生产能力在 2010 年达到纪录高位(3553 万吨/年),"十二五"期间有所下降,2014 年新增生产能力 2717 万吨/年,较 2010 年减少 23.5%(如图 8 - 3 所示)。

三、石油炼化加工能力建设

"十二五"期间,中国炼油能力逐年增加,2015 年底中国炼油能力达 7.6 亿吨/年,5 年累计增加 1.8 亿吨/年,年均增加 3500 万吨/年。从增速上

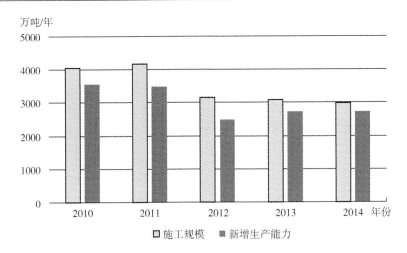

图 8 – 3　2010～2014 年中国原油开采施工规模与新增生产能力

注：原油指天然原油，不包含凝析油。

数据来源：国家统计局 http：//data. stats. gov. cn/.

看，"十二五"期间，中国炼油能力年均增速 5.4%，较"十一五"年均增速下降 3.6 个百分点。受油品升级及产能过剩影响，国家加快淘汰石油炼化落后产能，2015 年炼油能力仅增长 0.3%（如图 8 – 4 所示）。2015 年全国原油加工量为 5.2 亿吨，炼厂开工率仅为 68%，炼油能力过剩明显。

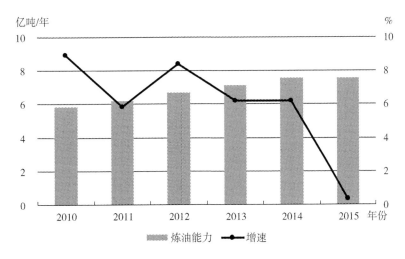

图 8 – 4　2010～2015 年中国炼油能力

数据来源：中国石化经济技术研究院。

从世界范围看，根据英国石油公司（BP）的统计数据，2014年全球炼油能力达9651万桶/日（约48亿吨/年）。其中，OECD国家炼油能力达4358万桶/日，非OECD国家炼油能力达5293万桶/日。2014年中国炼油能力达1410万桶/日，占世界炼油能力的14.6%，仅居美国之后，与欧盟炼油能力（1422万桶/日）相当，为排名世界第一的美国炼油能力（1779万桶/日）的79%，是排名世界第三位的俄罗斯炼油能力（634万桶/日）的2.2倍，是排名世界第五位的日本炼油能力（375万桶/日）的3.8倍（如图8-5所示）。

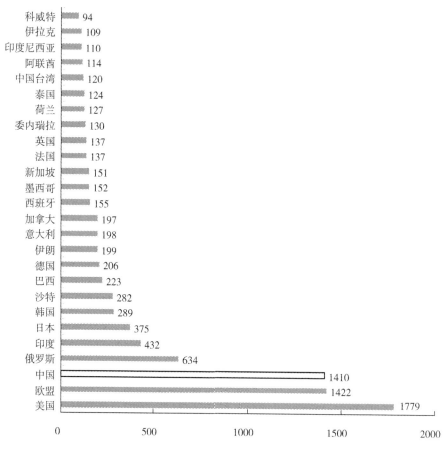

图8-5 2014年炼油能力国际比较（万桶/天）

数据来源：《BP世界能源统计2015》（BP Statistical Review of World Energy 2015）。

分公司看，2015年中国石化和中国石油两大集团炼油能力合计占全国炼油能力的 64.1%，中海油及其余炼油企业合计炼油能力占全国炼油能力的 35.9%（如图 8-6 所示）。

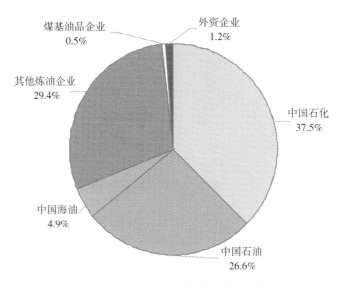

图 8-6　2015 年中国分公司炼油结构

数据来源：中国石油集团经济技术研究院《2015 年国内外油气行业发展报告》。

分地区看，中国炼油能力主要集中在华北、华南和东北地区，2015 年这三大地区分别占全国炼油能力的 34.2%、16.5% 和 15.9%，合计占比 66.6%（如图 8-7 所示），形成了以东部为主，中、西部为辅的梯级分布。"十二五"期间，华北地区炼油能力占比有所上升，2015 年华北地区炼油能力占比较 2010 年上升了 6.6 个百分点；华南地区炼油能力占比比较稳定，一直维持在 16.5% 上下；东北地区炼油能力占比逐步下降，2015 年东北地区炼油能力占比较 2010 年下降了 4.2 个百分点。

四、石油运输能力建设

截至 2015 年底，中国管道输油（气）里程约为 10.95 万公里，其中，已建成原油管道 2.07 万公里，成品油管道 2.11 万公里（如图 8-8 所示），全国石油管网基本实现全面覆盖，在区域间形成优势互补协调发展的新格局。

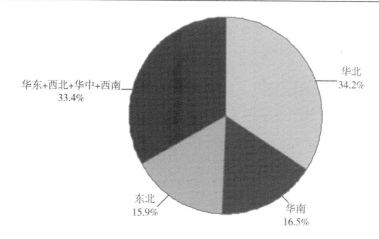

图 8 - 7　2015 年中国分地区炼油结构

注：华北指京、津、冀、晋、豫、鲁；华南指粤、闽、琼、桂；东北指辽、吉、黑、蒙；华东指沪、浙、苏；西北指新、甘、青、陕、宁；华中指湘、皖、赣、鄂；西南指滇、川、渝、贵。

数据来源：中国石油集团经济技术研究院《2015 年国内外油气行业发展报告》。

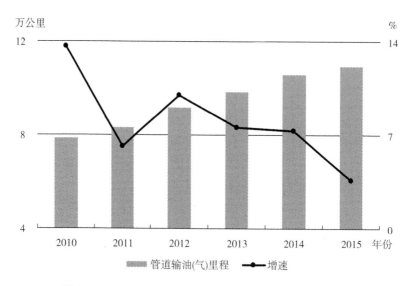

图 8 - 8　2010 ~ 2015 年中国管道输油（气）里程与增速

数据来源：2010 ~ 2014 年数据来自国家统计局《中国统计年鉴 2015》；2015 年数据为预计数。

五、石油储备能力建设

"十二五"期间，中国战略石油储备和商业石油储备稳步推进，已经形成较大的规模。截至 2015 年底，中国已经建成 34 个石油储备基地，约 4.95 亿桶石油储备能力，相当于 75 天石油净进口量。其中，建成战略石油储备基地 8 个，储备能力达 1.8 亿桶；建成商业石油储备基地 26 个，储备能力达 3.15 亿桶（如表 8-3 所示）。

表 8-3　中国建成石油储备能力

储备基地/库容		总储备能力	战略储备能力	商业储备能力
储备基地	（个）	34	8	26
储备库容	（亿桶）	4.95	1.80	3.15
	（万立方米）	7870	2860	5010
	（万吨）	6909	2610	4299

注：本表数据为截至 2015 年底数据；1 桶按 0.159 立方米折算；每吨按 7.33 桶折算；总储备能力 = 战略储备能力 + 商业储备能力。

数据来源：储备基地个数与万立方米库容数据来自中石油经济技术研究院《2015 年国内外油气行业发展报告》；万吨战略储备数据来自国家统计局；其余数据根据相关系数计算得到。

第二节　"十三五"石油投资与建设展望

展望"十三五"，为践行"立足国内"战略，中国将进一步加强国内石油资源勘探开发，着力增强石油供应能力，巩固炼油中心地位，加强石油战略通道建设，完善储备应急体系。

石油资源勘探方面，东部地区对石油储量的增长贡献逐年下降，中西部和海域逐年上升，预计"十三五"期间年均新增探明储量 12.6 亿吨，到 2020 年石油剩余经济储采比提高到 14 ~ 15。石油开采方面，"十三五"期间中国将坚持陆上和海上并重，巩固老油田，开发新油田，突破海上油田，大力支持低品位资源开发，建设大庆、辽河、新疆、塔里木、胜利、长庆、渤海、南海、延长 9 个千万吨级大油田，稳步提高国内石油产量。石油炼化加工方面，随着石油体制改革的深入，原油进口使用权及原油非国营贸易进口资质的放开，且当前原油价格低迷，中国淘汰落后炼化产能的同时地方炼厂改建扩能的积极性很高，加之前期规划项目逐步投产，预计2020年全国炼油能力将突破8亿吨/年，炼油能力过剩将成为常态。石油运输方面，"十三五"期间中国将加强石油战略进口通道、国内陆路战略通道、上产油田外输通道、沿海炼化基地至内陆市场腹地成品油管线、跨区成品油长输调运管线等管道建设，逐步形成覆盖全国主要油田、炼化企业、储备基地和成品油消费市场，资源灵活调配的石油运输系统。石油储备方面，"十三五"期间中国将继续扩大石油储备规模，逐步建成国家石油储备三期工程，预计到2020年中国石油储备能力将提高至6.25亿桶（约8500万吨），约为90天石油净进口量，石油储备应急体系基本建成。

第九章 天然气投资与建设

"十二五"期间天然气投资与建设的力度较大，年均新增生产能力为223亿立方米/年；管道里程年均增加4000千米；期间新增LNG接收能力合计为5680万吨/年；期间投产的储气库工作气能力合计为123亿立方米，已投产的城市LNG储备设施的储存能力约为24万立方米LNG。"十三五"期间，天然气管道里程预计增加5.4万千米；LNG接收能力预计新增不少于3560万吨/年；新增储气能力预计可达60亿立方米；城市LNG储存能力预计新增至少40万立方米LNG。

第一节 "十二五"天然气投资与建设分析

"十二五"期间，中国天然气投资与建设稳步推进，截至2014年底，剩余技术可采储量为4.9万亿立方米，比2010年增加1.1万亿立方米。截至2015年，天然气干线、支干线管道长度约6.6万千米，年输气能力约为2300亿立方米；LNG接收能力为4080万吨/年，储气库的工作气能力为123亿立方米，城市LNG储备站的储气能力为24万立方米。

一、天然气资源勘探

截至2014年底，中国天然气剩余技术可采储量为4.9万亿立方米，比2010年增加1.1万亿立方米，储采比为38；截至2013年底的剩余经济可采储量为3.4万亿立方米，比2010年增加7000亿立方米，储采比为29（如表9-1所示）。

表9-1 2010~2014年中国天然气剩余可采储量

单位：万亿立方米

指标 年份	剩余技术 可采储量	剩余技术储 采比（年）	剩余经济 可采储量	剩余经济储 采比（年）	天然气 产量
2010	3.8	39.5	2.7	28.5	958
2011	4.0	38.2	2.9	28.2	1053
2012	4.4	39.6	3.1	28.9	1106
2013	4.6	38.4	3.4	29.0	1209
2014	4.9	38.0	—	—	1302

数据来源：剩余技术可采储量数据来源于国家统计局网站，剩余经济可采储量数据来源于国土资源部历年《全国油气矿产储量通报》或《全国矿产资源储量通报》。储采比由储量与产量计算得出，产量数据来源于《中国能源统计年鉴2014》、《中国能源统计年鉴2015》。2014年剩余经济可采储量来自国家能源局发展规划司、国家电网公司发展策划部、国网能源研究院《能源数据手册2015》。

从世界范围看，根据BP统计数据，2014年全球天然气剩余经济可采储量为187.1万亿立方米。排名前五的国家依次是伊朗（34万亿立方米）、俄罗斯（32.6万亿立方米）、卡塔尔（24.5万亿立方米）、土库曼斯坦（17.5万亿立方米）和美国（9.8万亿立方米），五个国家剩余经济可采储量合计为118.4万亿立方米，占全球总储量的63.3%（如表9-2所示）。中国天然气剩余可采储量占世界总储量的1.8%，居全球第13位；中国天然气剩余可采储量仅为伊朗的10.3%、俄罗斯的10.7%。

表9-2 天然气剩余可采储量的国际比较

单位：万亿立方米

年份 国家/地区	2010	2011	2012	2013	2014	2014占比 （%）
世界	176.4	185.8	185.4	186.5	187.1	100.0
OECD	18.7	19.5	18.7	19.4	19.5	10.4
非OECD	157.7	166.3	166.7	167.0	167.6	89.6
伊朗	33.1	33.6	33.8	34.0	34.0	18.2
俄罗斯	31.5	31.8	32.0	32.3	32.6	17.4
卡塔尔	25.0	25.0	24.9	24.7	24.5	13.1
土库曼斯坦	10.2	17.5	17.5	17.5	17.5	9.3

续表

年份 国家/地区	2010	2011	2012	2013	2014	2014 占比 （%）
美国	8.6	9.5	8.7	9.6	9.8	5.2
沙特阿拉伯	7.9	8.0	8.1	8.2	8.2	4.4
阿联酋	6.1	6.1	6.1	6.1	6.1	3.3
委内瑞拉	5.5	5.5	5.6	5.6	5.6	3.0
尼日利亚	5.1	5.2	5.1	5.1	5.1	2.7
阿尔及利亚	4.5	4.5	4.5	4.5	4.5	2.4
澳大利亚	3.7	3.7	3.7	3.7	3.7	2.0
伊拉克	3.2	3.6	3.6	3.6	3.6	1.9
中国	2.8	3.0	3.2	3.5	3.5	1.8
印度尼西亚	3.0	3.0	2.9	2.9	2.9	1.5
加拿大	2.0	1.9	2.0	2.0	2.0	1.1
挪威	2.0	2.1	2.1	2.0	1.9	1.0
埃及	2.2	2.2	2.0	1.8	1.8	1.0
科威特	1.8	1.8	1.8	1.8	1.8	1.0

数据来源：《BP 世界能源统计 2015》（BP Statistical Review of World Energy 2015）。

分地区看，中国天然气资源主要集中在青海、黑龙江、南海、重庆、陕西、内蒙古、新疆、四川。截至 2013 年底，这八个省（市、自治区）累计探明经济可采储量均超过 1000 亿立方米，合计占全国累计探明经济可采总储量的 89.5%。其中，四川累计探明经济可采储量最多，为 11647.3 亿立方米；第二是新疆，为 10199.9 亿立方米，第三是内蒙古，为 6000.6 亿立方米（如图 9 - 1 所示）。

天然气可分为常规天然气和非常规天然气。气层气是常规天然气的主要种类。分地区看，中国气层气剩余经济可采储量主要集中在四川、新疆、陕西、内蒙古、南海、重庆、青海、东海。截至 2014 年底，这 8 个地区剩余经济可采储量均超过 1000 亿立方米，合计占全国气层气剩余经济可采总储量的 95.2%。其中，四川气层气剩余经济可采储量最多，为 8690 亿立方米；第二是新疆，为 7855 亿立方米；第三是陕西，为 5694 亿立方米（如表 9 - 3 所示）。

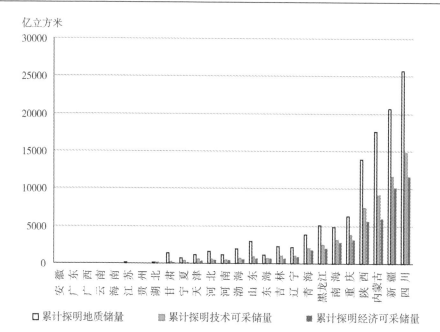

图9-1 2013年中国分区天然气累计探明储量

数据来源：国土资源部《全国油气矿产储量通报2013》。

表9-3 2014年分地区气层气探明储量

单位：亿立方米

指标 地区	累计探明地质储量			剩余技术可采储量	剩余经济可采储量
	合计	已开发	未开发		
全 国	104516	57925	46592	47221	35074
四 川	25709	10394	15315	11716	8690
新 疆	18427	10332	8095	9336	7855
陕 西	16192	10532	5660	7754	5694
内蒙古	18024	13018	4916	8076	4990
南 海	5353	2124	3228	2446	2245
重 庆	6461	3687	2774	2457	1697
青 海	3611	3095	516	1436	1197
东 海	2118	178	1939	1090	1027
黑龙江	2627	812	1815	1141	733
吉 林	1702	948	753	621	405

续表

指标 地区	累计探明地质储量			剩余技术可采储量	剩余经济可采储量
	合计	已开发	未开发		
渤 海	663	483	180	265	209
宁 夏	552	2	550	253	140
河 北	374	299	75	121	57
山 西	157	0	157	76	44
天 津	641	321	320	229	36
辽 宁	723	673	51	44	30
山 东	584	428	157	110	16
江 苏	30	18	12	14	11
贵 州	45	45	0	6	3
云 南	9	9	0	1	1
广 东	0	0	0	0	0
甘 肃	0	0	0	0	0
广 西	7	7	0	1	0
河 南	458	378	80	28	−1
海 南	50	50	0	0	−4

数据来源：国土资源部《2014年全国油气矿产储量通报》。

分公司看，截至2014年底，中国石油的气层气剩余经济可采储量最多，为2.5万亿立方米，占全国气层气剩余经济可采储量的72%；其次是中国石化，气层气剩余经济可采储量为6572亿立方米，占全国的18.7%。中国海油的气层气剩余经济可采储量为3445亿立方米，占全国的9.8%（如表9-4所示）。

表9-4 2014年分公司气层气探明储量

单位：亿立方米

指标 地区	累计探明地质储量			剩余技术可采储量	剩余经济可采储量
	合计	已开发	未开发		
全 国	104516	57925	46592	47221	35074
中国石油	74897	44722	30176	34339	25411
中国石化	21877	9679	12198	9346	6572

续表

指标 地区	累计探明地质储量			剩余技术可采储量	剩余经济可采储量
	合计	已开发	未开发		
中国海油	7984	2647	5337	3760	3445
地 方	1715	917	799	810	623

数据来源：国土资源部《2014年全国油气矿产储量通报》。

煤层气是非常规天然气的一种。分地区看，山西的煤层气资源最丰富，截至2014年底，剩余经济可采储量为2315亿立方米，占全国煤层气剩余经济可采储量的92%；其次是陕西，煤层气剩余经济可采储量为179亿立方米，占全国的7%。从所属盆地看，沁水盆地的剩余经济可采储量最多，为1885亿立方米，占全国的75%；其次是鄂尔多斯盆地，剩余经济可采储量为609亿立方米，占全国的24%（如表9-5所示）。

表9-5 2014年分地区煤层气探明储量

单位：亿立方米

指标 地区	累计探明地质储量			剩余技术可采储量	剩余经济可采储量
	合计	已开发	未开发		
全 国	6266	1020	5247	3079	2523
按所属行政区划分					
辽 宁	59	52	7	21	14
山 西	5704	967	4736	2814	2315
安 徽	32	0	32	16	15
陕 西	472	0	472	229	179
按所属盆地划分					
渤海湾盆地	52	52	0	18	12
阜新盆地	7	0	7	3	2
鄂尔多斯盆地	1490	131	1359	741	609
沁水盆地	4686	837	3849	2302	1885
南华北盆地	32	0	32	16	15

数据来源：国土资源部《2014年全国油气矿产储量通报》。

分公司看，截至2014年底，中国石油的煤层气剩余经济可采储量最多，为1555亿立方米，占全国气层气剩余经济可采储量的61.6%；其次是中联公司，煤层气的剩余经济可采储量为 774 亿立方米，占全国的 30.7%。中国石化的煤层气剩余经济可采储量为 89 亿立方米，占全国的 3.5%（如表 9 - 6 所示）。

表 9 - 6 2014 年分公司煤层气探明储量

单位：亿立方米

地区 \ 指标	累计探明地质储量			剩余技术可采储量	剩余经济可采储量
	合计	已开发	未开发		
全 国	6266	1020	5247	3079	2523
中国石油	3868	301	3567	1899	1555
中国石化	208	131	77	105	89
中联公司	1698	344	1354	866	774
地 方	493	243	249	210	106

数据来源：国土资源部《2014 年全国油气矿产储量通报》。

二、天然气开采能力建设

2014 年，中国天然气开采新增生产能力为 157 亿立方米/年。2011 ~ 2014 年的年均新增生产能力为 223 亿立方米/年，是"十一五"期间年均新增生产能力（92 亿立方米/年）的 2.4 倍（如表 9 - 7 所示）。

表 9 - 7 天然气开采新增生产能力

单位：亿立方米/年

年份 \ 指标	建设规模	施工规模	新开工规模	新增生产能力
2006	—	120	107	76
2007	—	289	237	113
2008	144	139	72	61
2009	46	30	24	20
2010	664	587	477	189
2011	507	464	386	315
2012	459	362	275	274

续表

年份 \ 指标	建设规模	施工规模	新开工规模	新增生产能力
2013	617	280	142	146
2014	456	321	225	157

数据来源：国家统计局网站。

三、天然气管道建设

截至 2014 年底，中国已建成天然气干线、支干线管道为 6.3 万千米，年输气能力超过 1700 亿立方米/年（如表 9 - 8 所示）；2015 年新建成输气干线、支干线合计约为 2700 千米，新增输气能力约为 600 亿立方米/年（如表 9 - 9 所示）。"十一五"末，中国已建天然气管道总里程 4.5 万千米，总输气能力超过 1300 亿立方米/年。"十二五"期间，管道里程增加 2.1 万千米，增至 6.6 万千米；年输气能力共增加 1000 亿立方米/年，扩大到 2300 亿立方米/年。

表 9 - 8 截至 2014 年中国主要天然气管道建设情况

管道	所属公司	起点	终点	长度（千米）	输气能力（亿立方米/年）	投运时间
已建长输管道						
崖港线	中海油	南海崖 13 - 1	香港、海南	778	34	1996.06
陕京线	中石油	陕西靖边	北京	911	33	1997.09
涩宁兰线	中石油	涩北 1 号	兰州	930	34	2001.09
涩宁兰复线	中石油	涩北 1 号	兰州	921	35.5	2009.11
忠武线	中石油	重庆忠县	武汉	1364	70	2004.12
西气东输	中石油	新疆轮南	上海	3836	170	2004.12
陕京二线	中石油	陕西榆林	北京	983	170	2005.07
安济线	中石化	河北安平	济南	250	30	2005.09
长呼线	内蒙古天然气股份有限公司	长庆靖边	呼和浩特	286	7	2009.01
永唐秦线	中石油	河北永清	秦皇岛	320	90	2009.06

续表

管道	所属公司	起点	终点	长度（千米）	输气能力（亿立方米/年）	投运时间
平昌—普光输气管道	中石化	平昌	普光	79	110	2009.07
长长吉	中石油	吉林长岭	吉林石化	221	23	2009.12
川气东送线	中石化	四川普光气田	上海	1702	120	2010.03
榆济线	中石化	陕西榆林	济南	964	30	2010.12
陕京三线	中石油	陕西榆林	北京	894	150	2010.12
西二线	中石油	新疆霍尔果斯	广州	9242	300	2011.06
秦沈线	中石油	秦皇岛	沈阳	404	86	2011.06
江如线	中石油	江苏江都	江苏如东	222	100	2011.06
大沈线	中石油	大连	沈阳	423	84	2011.09
长呼复线	内蒙古天然气股份有限公司	陕西靖边	呼和浩特	518	80	2012.10
伊霍线	中石油	新疆伊宁	霍尔果斯	64	300	2013.06
中缅线	中石油	云南瑞丽	广西贵港	1727	100	2013.10
阜沈线	大唐国际	阜新	沈阳	125	40	2013.10
克古线	大唐国际	内蒙古克什克腾旗	北京密云古北口	359	40	2013.11
长宁地区页岩气试采干线	中石油	宁201－H1井集气站	双河集输末站	95.6	15	2014.05
西三线西段	中石油	霍尔果斯	中卫	2445	300	2014.08
已建联络管道						
靖榆线	中石油	陕西靖边	陕西榆林	113	155	2005.11
冀宁线	中石油	河北安平	江苏仪征	1474	56.3	2006.06
淮武线	中石油	河南淮阳	武汉	444	22	2006.12
兰银线	中石油	兰州	银川	460	19	2007.06
中贵线	中石油	中卫	贵阳	1613	150	2013.10

注：靖榆线连通陕京一线和二线，冀宁线连通西气东输和陕京线，淮武线连通西气东输和忠武线，兰银线连通西气东输和涩宁兰线。中贵线在中卫与西气东输一线、二线对接，在四川与川渝管网对接，在贵阳与中缅管道对接。

数据来源：中石油经济技术研究院《2014年国内外油气行业发展报告》。

表9-9 2015年中国天然气主干线、支干线及联络线建设情况

管道	所属公司	起点	终点	长度（千米）	输气能力（亿立方米/年）	状态
重庆涪陵—王场	中石化	涪陵白涛	石柱王场	136.5	70	已建
西气东输三线东段	中石油	江西吉安	福建福州	817	300	已建
泰青威管道	中石油	山东泰安	山东威海	1067	86	已建
济南—青岛二线	中石化	山东济南	山东青岛	359	50	已建
哈沈输气管道	中石油	长春分输清管站	辽宁沈阳	365	90	已建
西气东输三线中段	中石油	宁夏中卫	江西吉安	2016	300	在建
西气东输四线	中石油	新疆伊宁	宁夏中卫	2454	300	在建
陕京四线	中石油	陕西靖边	北京高丽营	1273	300	在建
中俄天然气东线	中石油	黑龙江黑河	上海	3968	380	在建
鄂安沧管道	中石化	陕西榆林	河北沧州	2422	300	在建
新粤浙管道	中石化	新疆伊宁	广东韶关	8280	300	在建

数据来源：中石油经济技术研究院《2015年国内外油气行业发展报告》。

四、LNG 接收站建设

截至 2015 年底，中国的 LNG 接收站项目总数为 11 个，两期设计能力总和为 6610 万吨/年，其中在南方港口的项目占多数。最早建设并投产的 LNG 接收站项目是中海油在深圳大鹏湾的广州大鹏 LNG 项目，两期设计能力合计 1050 万吨/年（如表 9-10 所示）。

表 9 – 10　截至 2015 年底中国已投产的 LNG 接收站项目

项目名称	所在位置	所属公司	设计能力（万吨/年）		投产时间	
			一期	两期合计	一期	二期
广州大鹏 LNG	广东深圳大鹏湾	中海油	370	680	2006.06	2011
福建莆田 LNG	福建莆田湄洲湾	中海油	260	630	2008.04	2013
上海洋山 LNG	上海洋山深水港	中海油	300	600	2009.10	—
江苏如东 LNG	江苏如东洋口港	中石油	350	650	2011.06	2016
辽宁大连 LNG	辽宁大连大孤山半岛	中石油	300	600	2011.07	2017
浙江宁波 LNG	浙江宁波白峰镇中宅	中海油	300	600	2012.12	2016
珠海金湾 LNG	广东珠海高栏港	中海油	350	700	2013.10	—
河北曹妃甸 LNG	唐山市唐海县曹妃甸港区	中石油	350	650	2013.12	—
天津浮式 LNG	天津港南疆港区	中海油	220	600	2013.12	2016
海南洋浦 LNG	洋浦经济开发区	中海油	300	600	2014.08	—
山东青岛 LNG	青岛胶南董家口	中石化	300	300	2014.11	—
合计				6610		

数据来源：中石油经济技术研究院《2014 年国内外油气行业发展报告》、《2015 年国内外油气行业发展报告》。

上述 11 个 LNG 接收站项目中，截至 2015 年底，一期设计能力已经全部投产，广州大鹏与福建莆田的 LNG 接收站二期也已投产：中国的 LNG 累计接收能力为 4080 万吨/年（折合 563 亿立方米/年）。"十二五"期间新增接收能力总和是"十一五"期间的 3.4 倍。2013 年是中国 LNG 新增接收能力最多的一年，单年新增接收能力 1290 万吨/年（折合 178 亿立方米/年）（如表 9 – 11 所示）。

表 9 – 11　2006 ~ 2015 年中国的 LNG 接收能力

指标　　年份	新增接收能力		累计接收能力	
	万吨/年	亿立方米/年	万吨/年	亿立方米/年
2006	370	51	370	51
2007	0	0	370	51
2008	260	36	630	87

续表

指标 年份	新增接收能力		累计接收能力	
	万吨/年	亿立方米/年	万吨/年	亿立方米/年
2009	300	41	930	128
2010	0	0	930	128
2011	960	132	1890	261
2012	300	41	2190	302
2013	1290	178	3480	480
2014	600	83	4080	563
2015	0	0	4080	563

注：1 万吨 LNG = 0.138 亿立方米。

数据来源：中石油经济技术研究院《2014 年国内外油气行业发展报告》、《2015 年国内外油气行业发展报告》。

为了适应天然气进口量不断提高的需求，中国在规划和建设新的 LNG 接收站项目。截至 2015 年底，中国在建及规划的 LNG 接收站项目有 12 个，一期设计能力总计 3560 万吨/年（如表 9 – 12 所示）。

表 9 – 12　截至 2015 年底中国在建及规划 LNG 接收站项目

项目名称	所在位置	所属公司	一期设计能力 （万吨/年）	预计投产年份	状态
广东迭福 LNG	深圳市大鹏新区迭福片区	中海油	400	2015	在建
广西北海 LNG	北海市铁山港区	中石化	300	2015	基本完工
广东粤东 LNG	粤东揭阳惠来县	中海油	200	2015	基本完工
天津南港 LNG	滨海新区南港工业区	中石化	300	2016	在建
浙江舟山 LNG	舟山经济开发区	新奥	300	2017	在建
江苏滨海 LNG	盐城滨海港区	中海油	260	2017	拿到路条
浙江温州 LNG	温州市洞头县小门岛东北部	中石化	300	2017	拿到路条
福建漳州 LNG	龙海市隆教乡兴古湾	中海油	300	2017	拿到路条
江苏连云港 LNG	连云港徐圩港区	中石化	300	2017	拿到路条
广东粤西 LNG	茂名博贺新港区	中海油	300	2017	拿到路条
山东烟台 LNG	烟台芝罘区港西港区	中海油	300	—	前期

项目名称	所在位置	所属公司	一期设计能力（万吨/年）	预计投产年份	状态
深圳 LNG	深圳大鹏湾东北岸迭福片区	中石油	300	—	前期
合计			3560		

数据来源：中石油经济技术研究院《2014 年国内外油气行业发展报告》、《2015 年国内外油气行业发展报告》。

五、地下储气库建设与城市 LNG 储备站

中国的天然气储存设施主要包括地下储气库和城市 LNG 储备站。截至 2015 年底，中国已建地下储气库的工作气能力总计为 159 亿立方米，在建储气库的工作气能力总计 8.18 亿立方米，另有四个储气库正在规划中，总计工作气能力 57.88 亿立方米。中石油在新疆的呼图壁储气库工作气能力最大，为 45 亿立方米（如表 9 - 13 所示）。

表 9 - 13 截至 2015 年底中国主要地下储气库建设情况

储气库	所属公司	地点	类型	工作气能力（亿立方米）	最大注入率（万立方米/日）	投产时间
已建储气库						
萨中东 2 - 1（停用）	中石油	大庆	枯竭	0.17	—	1969
喇嘛甸	中石油	大庆	枯竭	1.00	—	1975
大张坨	中石油	大港	枯竭	6.00	320	1999 年起陆续投产
板 876	中石油	大港	枯竭	2.17	100	
板中北	中石油	大港	枯竭	10.97	300	
板中南	中石油	大港	枯竭	4.70	225	
板 808	中石油	大港	枯竭	4.17	360	
板 828	中石油	大港	枯竭	2.57	360	
金坛	中石油	江苏	盐穴	1.80	—	2007
京 51	中石油	华北	枯竭	1.20	—	2010
京 58	中石油	华北	枯竭	3.90	—	
永 22	中石油	华北	枯竭	3.00	—	

续表

储气库	所属公司	地点	类型	工作气能力（亿立方米）	最大注入率（万立方米/日）	投产时间
刘庄	中石油	江苏	枯竭	2.45	—	2011
文96	中石化	中原	枯竭	2.95	—	2012.09
双6	中石油	辽河	枯竭	16.00	—	2013.01
呼图壁	中石油	新疆	枯竭	45.00	1123	2013.07
相国寺	中石油	重庆	枯竭	23.00	1380	2013.06
苏桥储气库群一期	中石油	华北	枯竭	23.00	1300	2013.06
板南	中石油	大港	枯竭	5.00	240	2013.10
已建合计				159.05		
在建储气库						
云应	中石油	湖北	盐穴	6.00		2015
港华金坛	港华燃气	江苏	盐穴	2.18	—	2016
川气东送金坛一期二期	中石化	江苏	盐穴	—	—	—
在建合计				8.18		
开展前期工作储气库						
文23	中石化	中原	枯竭	39.00	—	—
兴9	中石油	华北	枯竭	7.03	—	—
淮安	中石油	江苏	盐穴	6.42	—	—
长春	中石油	吉林	枯竭	5.43	—	—
规划合计				57.88		

注：苏桥储气库群一期包括苏1、苏20、苏4、苏49、顾辛庄五座储气库。

数据来源：中石油经济技术研究院《2014年国内外油气行业发展报告》、《2015年国内外油气行业发展报告》。

　　城市 LNG 储备站方面，截至 2014 年底，中国已建成 15 处 LNG 储备设施，能够储存 33.33 万立方米 LNG，在建三个项目，储气能力合计 29 万立方米 LNG，另有两个规划中的项目，储气能力合计 12 万立方米 LNG。申能公司在上海的五号沟 LNG 储备站是中国最大的储备站，已建储气能力为 10 万立方米 LNG，在建的二期扩建项目的储气能力为 20 万立方米 LNG（如表 9 - 14 所示）。

表 9 - 14　截至 2014 年底中国部分城市 LNG 储备建设情况

项目名称	所在位置	所属公司	储气能力 （万立方米 LNG）	状态	投产时间
福建石狮 LNG 储备站	福建石狮	泉州燃气	0.02	已建	2007
五号沟 LNG 储备站	上海	申能	10.00	已建	2008
西安 LNG 应急气源站	陕西西安	西安秦华	0.35	已建	2009
西部 LNG 应急气源站	浙江杭州	杭州市燃气集团	0.50	已建	2011
江北 LNG 储备站	湖南邵阳	—	0.60	已建	2011
次渠 LNG 储备站	北京	北京燃气	0.06	已建	2012
长沙新奥燃气星沙储配站	湖南长沙	新奥燃气	2.00	已建	2012
常州 LNG（应急）储备气化站	江苏常州	港华燃气	0.09	已建	2012
深南 LNG 储备库	海南海口	中海油	4.00	已建	2013
武汉 LNG 储备库	湖北武汉	—	2.00	已建	2013
成都 LNG 应急调峰储备库一期	四川成都彭州市	成都城建	1.00	已建	2014
杨凌 LNG 应急储备调峰项目	陕西杨凌示范区	陕西燃气集团	6.00	已建	2014
威海 LNG 应急气源储备站	山东威海	港华燃气	0.09	已建	2014
杭州滨江 LNG 应急气源站	浙江杭州	杭州市燃气集团	6.50	已建	2014
"天然气储备联盟"项目	江西丰城	江西 5 家公司投资	0.12	已建	2014
已建合计			33.33		
东部 LNG 应急气源站	浙江杭州	杭州市燃气集团	1.00	在建	2015
五号沟 LNG 储备二期扩建	上海	申能	20.00	在建	2016

续表

项目名称	所在位置	所属公司	储气能力（万立方米 LNG）	状态	投产时间
深圳天然气储备与调峰库项目	广东深圳	深圳燃气集团	8.00	在建	2016
在建合计			29.00		
西安 LNG 应急储备调峰项目	陕西西安	陕西液化天然气投资发展有限公司	10.00	备案	待定
湖南新能源储备基地	湖南衡阳	中海油	2.00	前期	待定
规划合计			12.00		

数据来源：中石油经济技术研究院《2013 年国内外油气行业发展报告》、《2014 年国内外油气行业发展报告》。

第二节 "十三五"天然气投资与建设展望

根据 2014 年国务院办公厅印发的《能源发展战略行动计划（2014～2020年)》确定的目标，按照陆地与海域并举、常规与非常规并重的原则，加快常规天然气增储上产，尽快突破非常规天然气发展瓶颈，促进天然气储量产量快速增长。

常规天然气方面，以四川盆地、鄂尔多斯盆地、塔里木盆地和南海为重点，加强西部低品位、东部深层、海域深水三大领域科技攻关，加大勘探开发力度，力争获得大突破、大发现，努力建设 8 个年产量百亿立方米级以上的大型天然气生产基地。到 2020 年，累计新增常规天然气探明地质储量 5.5万亿立方米。

页岩气和煤层气方面。加强页岩气地质调查研究，加快"工厂化"、"成套化"技术研发和应用，探索形成先进适用的页岩气勘探开发技术模式和商业模式，培育自主创新和装备制造能力。着力提高四川长宁—威远、重庆涪陵、云南昭通、陕西延安等国家级示范区储量和产量规模，同时争取在湘鄂、云贵和苏皖等地区实现突破。以沁水盆地、鄂尔多斯盆地东缘为重点，加大支持力度，加快煤层气勘探开采步伐。

天然气水合物方面。加大天然气水合物勘探开发技术攻关力度，培育具有自主知识产权的核心技术，积极推进试采工程。

LNG 接收能力方面，2015 年中国的 LNG 接收能力为 4080 万吨/年；"十三五"期间新增接收能力 3560 万吨/年，预计 2020 年将达到 7640 万吨/年。

天然气储备能力建设方面。加快天然气储气库建设，鼓励发展企业商业储备，支持天然气生产企业参与调峰，提高储气规模和应急调峰能力。2015 年储气库的工作气能力为 123 亿立方米，"十三五"新增储气能力预计可达 60 亿立方米，到 2020 年储气库工作气能力将达 183 亿立方米。2015 年城市 LNG 储备设施的储存能力约为 24 万立方米 LNG；"十三五"将新增 40 万立方米 LNG，到 2020 年将达到 64 万立方米 LNG。

天然气管网及储气设施建设方面。按照西气东输、北气南下、海气登陆的供气格局，加快天然气管道及储气设施建设，形成进口通道、主要生产区和消费区相连接的全国天然气主干管网。截至 2015 年底，中国已建成天然气干线、支干线管道约 6.6 万千米；"十三五"将增加 5.4 万千米，到 2020 年，天然气主干管道里程达到 12 万千米以上。

第十章　电力投资与建设

　　"十二五"期间，中国电力投资与建设规模保持快速增长，尤其是核电、风电、太阳能等新能源与可再生能源的投资与建设规模不断扩大。"十三五"期间，能源革命要求新能源和可再生能源快速发展。预计到 2020 年，中国发电装机容量达到 20 亿千瓦左右。其中，火电、水电、核电、风电、太阳能发电装机规模分别达到 11.6 亿千瓦、3.5 亿千瓦、5800 万千瓦、2 亿千瓦和 1 亿千瓦左右。

第一节　"十二五"电力投资与建设分析

　　"十二五"期间，电力工程累计完成投资 39234 亿元，年均增长 3.2%；发电装机容量累计增加 5.4 亿千瓦，年均增长 9.3%。2015 年发电装机容量 15.1 亿千瓦，人均发电装机容量 1.1 千瓦。分电源看，2015 年中国水电、火电、核电、风电、太阳能发电投资占比分别为 19.1%、34.1%、13.7%、28.3%、4.7%；2015 年中国水电、火电、核电、风电、太阳能发电装机容量分别达到 31937 万千瓦、99021 万千瓦、2717 万千瓦、12830 万千瓦、4158 万千瓦。

一、电力投资

　　"十二五"期间，电力工程累计完成投资 39234 亿元，年均增长 3.2%。电源投资在电力工程投资中的比重由 2010 年的 53.5% 下降到 2015 年的 47.1%；电网投资比重由 2010 年的 46.5% 提高到 2015 年的 52.9%。2013 年全国电力工程建设完成投资 7728 亿元，其中电源投资 3872 亿元，占 50.1%；电网投资 3856 亿元，占 49.9%，电源与电网投资基本平衡。2014 年，电网投资额 4119 亿元，电源投资额 3686 亿元，电网投资额超过电源投资额。

2015 年，电网投资额 4603 亿元，电源投资额 4091 亿元，差距进一步拉大（如表 10 - 1 所示）。

表 10 - 1　2010 ~ 2015 年中国电力工程建设完成投资

年份	电力工程（亿元）	电源		电网	
		绝对额（亿元）	占比（%）	绝对额（亿元）	占比（%）
2010	7417	3969	53.5	3448	46.5
2011	7614	3927	51.6	3687	48.4
2012	7393	3732	50.5	3661	49.5
2013	7728	3872	50.1	3856	49.9
2014	7805	3686	47.2	4119	52.8
2015	8694	4091	47.1	4603	52.9

数据来源：2010 ~ 2013 年数据来自中国电力企业联合会历年《电力工业统计资料汇编》；2014 ~ 2015 年数据来自中国电力企业联合会《2015 年全国电力工业统计快报》。

在电源投资中，火电、水电等传统发电的电源投资比重趋于降低，而风电、太阳能发电等清洁能源的电源投资比重则不断提高。2015 年火电投资 1396 亿元，占电源投资总额的比重为 34.1%，较 2010 年下降 1.8 个百分点；水电投资 782 亿元，占比 19.1%，较 2010 年下降 1.5 个百分点；核电投资 560 亿元，占比 13.7%，较 2010 年下降 2.6 个百分点；风电投资 1159 亿元，占比 28.3%，较 2010 年增长 2.2 个百分点；太阳能发电及其他发电 193 亿元，占比 4.7%，较 2010 年增长 3.7 个百分点（如图 10 - 1 所示）。

二、电源建设

（一）发电装机容量

"十二五"期间，中国发电装机容量累计增加 5.4 亿千瓦，由 2010 年的 9.7 亿千瓦增加到 2015 年的 15.1 亿千瓦，年均增加 1.1 亿千瓦。2014 年中国人均发电装机容量超过 1.0 千瓦，截至 2015 年底，中国人均发电装机容量为 1.1 千瓦（如图 10 - 2 所示）。

从世界范围看，中国发电装机规模全球第一，但人均发电装机容量与其他国家尤其是发达国家差距较大。根据 IEA 统计数据，2013 年美国发电装机容量 10.7 亿千瓦，英国 0.9 亿千瓦，德国 1.9 亿千瓦，日本 3.0 亿千瓦。而同时期中国发电装机容量为 12.6 亿千瓦，是美国的 1.2 倍、英国的 14 倍、

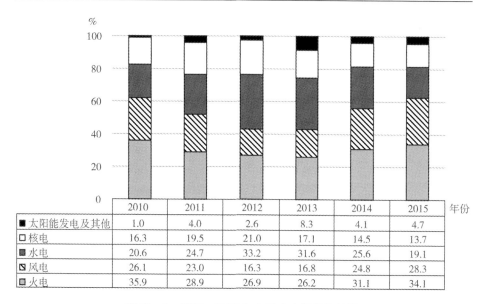

	2010	2011	2012	2013	2014	2015
■ 太阳能发电及其他	1.0	4.0	2.6	8.3	4.1	4.7
□ 核电	16.3	19.5	21.0	17.1	14.5	13.7
▦ 水电	20.6	24.7	33.2	31.6	25.6	19.1
▨ 风电	26.1	23.0	16.3	16.8	24.8	28.3
▨ 火电	35.9	28.9	26.9	26.2	31.1	34.1

图 10 - 1　2010 ~ 2015 年中国分电源投资结构

数据来源：2010 ~ 2013 年数据来自中国电力企业联合会历年《电力工业统计资料汇编》；2014 ~
2015 年数据来自中国电力企业联合会《2015 年全国电力工业统计快报》。

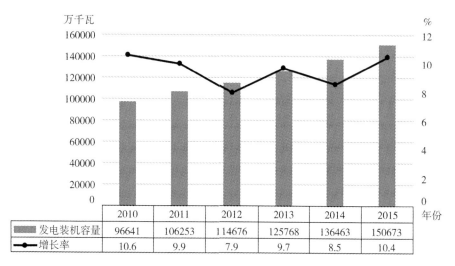

	2010	2011	2012	2013	2014	2015
▦ 发电装机容量	96641	106253	114676	125768	136463	150673
● 增长率	10.6	9.9	7.9	9.7	8.5	10.4

图 10 - 2　"十二五"期间中国发电装机容量及增速

数据来源：2010 ~ 2013 年数据来自中国电力企业联合会历年《电力工业统计资料汇编》
（2010 ~ 2013）；2014 ~ 2015 年数据来自中国电力企业联合会《2015 年全国电力工业统计快报》。

德国的 6.6 倍、日本的 4.2 倍。从人均水平来看，2013 年美国人均发电装机容量为 3.4 千瓦，英国 1.4 千瓦，德国 2.3 千瓦，日本 2.4 千瓦。而同时期中国人均发电装机容量为 0.9 千瓦，是美国的 26%、英国的 64%、德国的 39%、日本的 38%（如表 10 - 2 所示）。

表 10 - 2　发电装机容量国际比较（2013 年）

国家/地区	发电装机容量（亿千瓦）	人均发电装机容量（千瓦/人）
世界	—	—
中国	12.6	0.9
美国	10.7	3.4
日本	3.0	2.4
德国	1.9	2.3
加拿大	1.3	3.8
法国	1.3	2.0
意大利	1.3	2.1
巴西	1.2	0.6
西班牙	1.1	2.3
英国	0.9	1.4
韩国	0.9	1.8
澳大利亚	0.6	2.8
南非	0.5	0.9

数据来源：中国数据来自中国电力企业联合会《电力工业统计资料汇编 2014》；OECD 国家数据来自 IEA，Electricity Information 2015；其他非 OECD 国家数据来自 United Nations，2013 Energy Statistics Yearbook。

（二）分电源发电装机容量与结构

分电源看，"十二五"期间，中国发电装机仍然以水电和火电为主，但风电、太阳能发电等清洁能源的发电装机快速增加。2010 年中国水电、火电、核电、风电、太阳能的发电装机容量分别为 21606 万千瓦、70967 万千瓦、1082 万千瓦、2958 万千瓦、26 万千瓦，到 2015 年中国水电、火电、核电、风电、太阳能发电装机容量分别达到 31937 万千瓦、99021 万千瓦、2717 万千瓦、12830 万千瓦、4158 万千瓦（如表 10 - 3 所示）。

表 10 - 3　2010～2015 年中国分电源发电装机容量

单位：万千瓦

品种 年份	水电	火电	核电	风电	太阳能发电
2010	21606	70967	1082	2958	26
2011	23298	76834	1257	4623	222
2012	24947	81968	1257	6142	341
2013	28044	87009	1466	7652	1589
2014	30444	91819	2008	9686	2486
2015	31937	99021	2717	12830	4158

数据来源：2010～2013 年数据来自中国电力企业联合会历年《电力工业统计资料汇编》；2014～
2015 年数据来自中国电力企业联合会《2015 年全国电力工业统计快报》。

　　从发电装机结构看，火电、水电的装机比重均呈下降趋势，其中火电的下降幅度最大；核电、风电以及太阳能发电装机比重均呈上升趋势，其中风电的上升幅度最大。火电、水电装机容量占总装机容量的比重分别从 2010 年的 73.4% 和 22.4% 下降到 2015 年的 65.7% 和 21.2%；核电、风电、太阳能发电的装机比重分别从 2010 年的 1.1%、3.1%、0 上升到 2015 年的 1.8%、8.5%、2.8%（如图 10 - 3 所示）。非化石能源装机比重由 2010 年的 26.7% 提高到 2015 年的 34.3%。

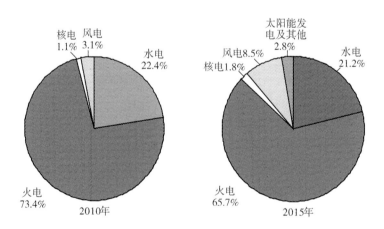

图 10 - 3　2010、2015 年中国分电源发电装机结构

数据来源：2010 年数据来自中国电力企业联合会《电力工业统计资料汇编》(2010)；2015 年数据来自中国电力企业联合会《2015 年全国电力工业统计快报》。

从世界范围看，中国火电装机比重偏高，非化石能源发电装机比重较低，尤其是核电。根据联合国和 IEA 统计数据，2012 年世界火电装机容量占总装机容量的比重为 68.1%，2013 年加拿大、法国、意大利火电装机容量占总装机容量比重分别为 26.1%、20.9%、59.9%。中国 2013 年火电装机容量占总装机容量的比重为 69.2%，比 2012 年世界平均水平高 1.1 个百分点，比 2013 年加拿大、法国、意大利分别高 43.1 个百分点、48.3 个百分点、9.3 个百分点（如表 10 - 4 所示）。

2012 年世界核电装机容量占总装机容量的比重为 7%，2013 年美国、加拿大、法国核电装机容量占总装机容量比重分别为 9.3%、10.1%、48.5%。中国 2013 年核电装机容量占总装机容量的比重为 1.2%，比 2012 年世界平均水平低 5.8 个百分点，比 2013 年美国、加拿大、法国分别低 8.1 个百分点、8.9 个百分点、47.3 个百分点（如表 10 - 4 所示）。

表 10 - 4　分电源发电装机结构国际比较

单位:%

国家/地区	水电	火电	核电	地热、风能、太阳能发电
世界	18.9	68.1	7.0	6.0
中国	22.3	69.2	1.2	7.4
美国	9.5	73.9	9.3	7.2
印度	15.2	82.9	1.8	0.0
俄罗斯	21.3	67.8	10.9	0.0
加拿大	57.0	26.1	10.1	6.8
法国	19.6	20.9	48.5	11.0
意大利	17.6	59.9	0.0	22.5
巴西	69.7	27.1	1.7	1.6
澳大利亚	12.6	77.3	0.0	10.1
南非	1.6	94.1	4.2	0.1

注：世界、巴西、南非、印度为 2012 年数据，其他国家为 2013 年数据。

数据来源：中国数据来自中国电力企业联合会《电力工业统计资料汇编 2013》；OECD 国家数据来自 IEA，Electricity Information 2015；其他非 OECD 国家数据来自 United Nations，2012 Energy Statistics Yearbook.

（三）分地区发电装机容量与结构

分地区看，2014 年发电装机容量前 6 位的地区分别是内蒙古（9273 万千瓦）、广东（9163万千瓦）、江苏（8611万千瓦）、山东（7971万千瓦）、四川（7874万千瓦）、浙江（7412万千瓦）。低于1000万千瓦的地区有2个，分别是西藏（144万千瓦）和海南（504万千瓦）（如表10-5所示）。

表10-5　分地区发电装机容量

单位：万千瓦

年份 地区	2010	2011	2012	2013	2014	2014占比 （%）
内蒙古	6460	7506	7840	8485	9273	6.8
广 东	7113	7624	7810	8598	9163	6.7
江 苏	6470	7004	7544	8241	8611	6.3
山 东	6248	6805	7315	7718	7971	5.8
四 川	4327	4787	5459	6862	7874	5.7
浙 江	5721	6063	6164	6478	7412	5.4
云 南	3605	4047	4825	5979	7078	5.2
山 西	4429	4987	5455	5767	6304	4.6
河 南	5057	5324	5765	6052	6196	4.5
湖 北	4906	5314	5787	5896	6213	4.5
河 北	4215	4450	4868	5220	5544	4.0
新 疆	1607	2138	2952	4254	5464	4.0
贵 州	3409	3901	4010	4476	4669	3.4
安 徽	2933	3179	3532	3933	4322	3.2
福 建	3473	3717	3885	4201	4449	3.2
辽 宁	3228	3400	3807	3966	4192	3.1
甘 肃	2075	2745	2916	3489	4191	3.1
湖 南	2912	3112	3297	3364	3567	2.6
广 西	2533	2707	3037	3140	3215	2.3
陕 西	2358	2460	2494	2590	2866	2.1
吉 林	2035	2305	2399	2518	2560	1.9
黑龙江	1965	2087	2173	2393	2499	1.8

续表

年份 地区	2010	2011	2012	2013	2014	2014 占比 （％）
宁　夏	1374	1848	1972	2231	2424	1.8
上　海	1858	1966	2146	2162	2184	1.6
江　西	1706	1806	1947	1999	2078	1.5
重　庆	1167	1296	1340	1509	1774	1.3
青　海	1262	1422	1470	1710	1829	1.3
天　津	1094	1097	1134	1137	1357	1.0
北　京	631	634	731	792	1090	0.8
海　南	392	423	502	497	504	0.4
西　藏	78	97	102	110	144	0.1

数据来源：中国电力企业联合会历年《电力工业统计资料汇编》。

从电源结构来看，大部分地区以火电为主，其中上海、天津超过95%；2014年水电装机比重超过50%的地区有四川、云南、青海、西藏、湖北和广西；核电分布于广东、浙江、福建、辽宁、江苏等沿海地区；风电装机占总装机比重较高的地区是甘肃和内蒙古，均超过20%；太阳能发电装机比重超过10%的地区有青海和甘肃（如表10-6所示）。

表10-6　2014年分地区分电源发电装机结构

单位：%

地　区	水电	火电	核电	风电	太阳能发电	其他
北　京	9.3	89.0	—	1.4	0.2	0.1
天　津	0.1	97.5	—	2.1	0.3	—
河　北	3.3	77.3		17.4	2.1	
山　西	3.9	88.3	—	7.2	0.7	—
内蒙古	1.9	72.4		22.6	3.1	
辽　宁	7.0	73.6	4.8	14.5	0.2	
吉　林	14.7	69.1	—	15.9	0.2	
黑龙江	3.9	78.0	—	18.2	—	
上　海	—	97.9		1.7	0.4	
江　苏	1.3	89.7	2.5	3.5	3.0	—

续表

地 区	水电	火电	核电	风电	太阳能发电	其他
浙 江	13.4	77.5	7.4	1.0	0.7	—
安 徽	6.7	90.5	—	1.9	0.9	—
福 建	29.0	59.9	7.3	3.6	0.2	—
江 西	23.3	74.0	—	1.8	1.0	—
山 东	1.4	90.4	—	7.8	0.4	0.1
河 南	6.4	92.6	—	0.7	0.3	—
湖 北	58.4	40.3	—	1.2	0.1	—
湖 南	42.3	55.6	—	2.0	0.1	—
广 东	14.4	74.9	7.9	2.2	0.6	—
广 西	50.6	48.9	—	0.4	0.1	—
海 南	16.5	74.6	—	6.2	2.8	—
重 庆	36.8	62.7	—	0.6	—	—
四 川	79.9	19.6	—	0.4	0.1	—
贵 州	41.9	53.2	—	5.0	—	—
云 南	75.7	19.8	—	4.1	0.4	—
西 藏	60.4	27.8	—	0.7	9.0	1.9
陕 西	8.8	87.2	—	2.9	1.1	—
甘 肃	19.4	44.1	—	24.1	12.3	0.1
青 海	62.5	13.2	—	1.7	22.5	—
宁 夏	1.8	73.8	—	17.2	7.2	—
新 疆	10.5	69.4	—	14.2	6.0	—

数据来源：中国电力企业联合会《电力工业统计资料汇编2014》。

三、电网建设

2010 年中国 35 千伏及以上输电线路长度为 1344485 千米、变压器容量 365095 万千伏安，2014 年已分别达到 1628472 千米、526685 万千伏安，输电线路长度较 2010 年增长 21%，变压器容量增长 44%。其中，特高压（±800 千伏、1000 千伏）输电线路长度总计由 2010 年的 3973 千米增加到 2014 年的 13243 千米；特高压（±800 千伏、1000 千伏）变压器容量总计由 2010 年的 3269 万千伏安增加到 2014 年的 8880 万千伏安（如表 10 - 7、表 10 - 8 所示）。

表 10-7　2010~2014 年 35 千伏及以上输电线路长度

单位：千米

年份	合计	1000千伏	±800千伏	750千伏	±660千伏	500千伏	±500千伏	±400千伏	330千伏	220千伏	110千伏(含66千伏)	35千伏
2010	1344485	639	3334	6685	1095	135180	8081	—	20338	277988	458477	432668
2011	1418873	639	3334	10005	1400	140263	9174	1051	22267	295978	491322	443440
2012	1489108	639	5466	10088	1400	146250	9145	1051	22701	318217	517983	456168
2013	1554236	1936	6904	12666	1400	146166	10653	1031	24065	339075	545815	464525
2014	1628472	3111	10132	13881	1336	152107	11875	1640	25146	358377	566571	484296

数据来源：中国电力企业联合会历年《电力统计资料汇编》。

表 10-8　2010~2014 年 35 千伏及以上变压器容量

单位：万千伏安

年份	合计	1000千伏	±800千伏	750千伏	±660千伏	500千伏	±500千伏	±400千伏	330千伏	220千伏	110千伏(含66千伏)	35千伏
2010	365095	600	2669	3870	79	69843	—	—	6590	118705	125231	37508
2011	407508	1800	2669	5110	946	76098	6011	71	7291	130531	137769	39212
2012	445899	1800	4360	5320	946	69056	21569	141	7714	144228	149231	41534
2013	483427	3900	4654	6500	948	90112	7637	141	8575	155699	161661	43600
2014	526685	5700	3180	8090	—	100011	14230	141	10493	167342	171588	45909

数据来源：中国电力企业联合会历年《电力统计资料汇编》。

第二节 "十三五"电力投资与建设展望

"十三五"期间,能源革命要求新能源和可再生能源快速发展,发电装机规模的主要增长空间来自核电、风电和太阳能发电。根据 2014 年 6 月国务院办公厅印发的《能源发展战略行动计划(2014~2020 年)》确定的目标,到 2020 年,核电装机容量达到 5800 万千瓦,在建容量达到 3000 万千瓦以上;力争常规水电装机达到 3.5 亿千瓦左右;风电装机达到 2 亿千瓦;光伏装机达到 1 亿千瓦左右;地热能利用规模达到 5000 万吨标准煤。火电方面,中国目前煤电在建规模和获得环评审批或已提交申请的装机规模已分别高达 1.6 亿千瓦和 2.8 亿千瓦,如果到 2020 年全部顺利投产,煤电装机规模可能将达到约 11.5 亿千瓦,但"十三五"期间中国电力需求增速放缓,电力供需形势持续宽松,且在大气污染防治及应对气候变化压力影响下,部分火电装机尤其是煤电装机可能提前退役或被气电装机代替,增长空间较小。预计到 2020 年,煤电装机容量约为 10.4 亿千瓦,火电装机容量约为 11.6 亿千瓦,中国发电装机总规模将达到 20 亿千瓦时左右。从结构上看,火电装机占比由 2015 年的 65.7% 降至 2020 年的 57.9%,水电装机占比由 2015 年的 21.2% 降至 2020 年的 19%,核电装机占比由 2015 年的 1.8% 升至 2020 年的 2.6%,风电装机占比由 2015 年的 8.5% 升至 2020 年的 12.5%,太阳能装机占比由 2015 年的 2.8% 升至 2020 年的 8.0%(如表 10-9 所示)。

表 10-9 2015 年、2020 年分电源发电装机结构

	2015 年		2020 年	
	规模(亿千瓦)	占比(%)	规模(亿千瓦)	占比(%)
火电	9.9	65.7	11.6	57.9
水电	3.2	21.2	3.8	19.0
核电	0.27	1.8	0.53	2.6
风电	1.3	8.5	2.5	12.5
太阳能	0.42	2.8	1.6	8.0

数据来源:2015 年数据来自中国电力企业联合会《2015 年全国电力工业统计快报》;2020 年数据为预测数据。

第十一章　非化石能源投资与建设

"十二五"期间，中国核电累计完成投资 3301 亿元，总装机容量累计增加 1561 万千瓦；水电累计完成投资 5158 亿元，总装机容量累计增加 10331 万千瓦；风电累计完成投资 5271 亿元，总装机容量累计增加近 1 亿千瓦；太阳能发电累计完成投资 921 亿元，总装机容量累计增加近 4000 万千瓦。截至 2015 年底，核电装机容量为 2643 万千瓦；水电装机容量为 2.9 亿千瓦；风电装机容量为 12830 万千瓦；太阳能发电装机容量为 4318 万千瓦。截至 2014 年底，生物质发电累计核准装机容量达 1423 万千瓦。预计到 2020 年，核电、水电、风电、太阳能发电装机容量将分别达到 5300 万千瓦、3.85 亿千瓦、2 亿千瓦、1 亿千瓦，地热能利用规模将达到 5000 万吨标准煤，生物质发电装机将达到 1500 万千瓦。

第一节　核电投资与建设

"十二五"期间，中国核电完成投资额 3301 亿元，装机容量累计增加 1561 万千瓦。中国核电厂主要集中在广东、浙江、福建三省，2015 年核电装机容量为 2643 万千瓦，排名全球第四。中国核电的发展空间较大，"十三五"期间将继续推进核电事业的建设，到 2020 年核电运行装机容量达到 5800 万千瓦。

一、"十二五"核电投资与建设分析

"十二五"期间，中国核电完成投资额总计 3301 亿元，是"十一五"期间投资额（1819 亿元）的 1.8 倍。从完成投资额的增长率看，"十二五"前期的投资增长较快，2013 年、2014 年两年连续出现负增长，2015 年有所回升，增长率为 5.1%（如图 11-1 所示）。

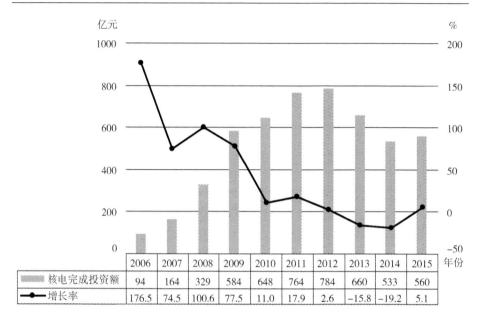

	2006	2007	2008	2009	2010	2011	2012	2013	2014	2015
核电完成投资额	94	164	329	584	648	764	784	660	533	560
增长率	176.5	74.5	100.6	77.5	11.0	17.9	2.6	-15.8	-19.2	5.1

图 11-1 2006~2015 年中国核电完成投资额与增长率

数据来源：2014 年以前数据来自中国电力企业联合会历年《电力工业统计资料汇编》；2014~
2015 年数据来自中国电力企业联合会《2015 年全国电力工业统计快报》。

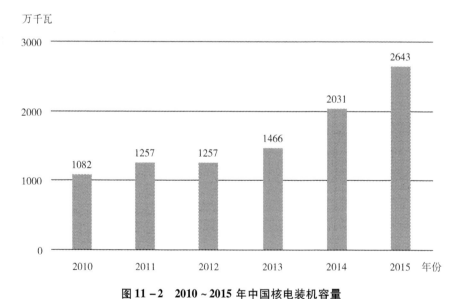

图 11-2 2010~2015 年中国核电装机容量

数据来源：2010~2013 年数据来自中国电力企业联合会历年《电力工业统计资料汇编》；2014~
2015 年数据来自中国核能行业协会。

截至 2015 年底，中国核电装机容量为 2643 万千瓦。"十二五"期间，中国核电装机容量累计增加 1561 万千瓦。2015 年，方家山 2 号机组、阳江 2 号机组、宁德 3 号机组、红沿河 3 号机组、福清 2 号机组、海南昌江 1 号机组正式投入商业运行，6 台核电机组的装机容量共计 612 万千瓦，占"十二五"累计增量的 39%（如图 11 – 2 所示）。

从全球范围看，截至 2015 年底，核电装机容量排名前五位国家的依次为美国（9899 万千瓦）、法国（6313 万千瓦）、日本（4048 万千瓦）、中国（2684.9 万千瓦）、俄罗斯（2605.3 万千瓦），上述五国核电装机容量占全球的 66.8%（如表 11 – 1 所示）。

表 11 – 1　2015 年核电装机容量国际比较

单位：万千瓦

国家	装机容量	占比（%）
美国	9899	25.9
法国	6313	16.5
日本	4048	10.6
中国	2684.9	7.0
俄罗斯	2605.3	6.8
韩国	2167.7	5.7
加拿大	1355.3	3.5
乌克兰	1310.7	3.4
德国	1072.8	2.8
英国	888.3	2.3
全球	38254.7	100

注：上表中的装机容量为净容量，其中，中国的核电装机容量包括台湾地区。

数据来源：World Nuclear Association.

分地区看，截至 2015 年投入商业运行的 28 台核电机组集中分布在广东（829.2 万千瓦）、浙江（656.4 万千瓦）、福建（544.5 万千瓦）、辽宁（335.6 万千瓦）、江苏（212 万千瓦）、海南（65 万千瓦）；广东、浙江、福建三省核电装机容量约占全国的 77%（如表 11 – 2 所示）。

表 11-2 2015 年分地区核电装机容量

单位：万千瓦

所在地区	核电厂/机组		装机容量	分省合计	分省占比（%）
广东深圳	大亚湾核电厂	1 号机组	98.4	829.2	31.4
		2 号机组	98.4		
	岭澳核电厂	1 号机组	99		
		2 号机组	99		
		3 号机组	108.6		
		4 号机组	108.6		
广东阳江	阳江核电厂	1 号机组	108.6		
		2 号机组	108.6		
浙江嘉兴	秦山核电厂		31	656.4	24.8
	秦山第二核电厂	1 号机组	65		
		2 号机组	65		
		3 号机组	66		
		4 号机组	66		
	秦山第三核电厂	1 号机组	72.8		
		2 号机组	72.8		
	方家山核电厂	1 号机组	108.9		
		2 号机组	108.9		
福建宁德	宁德核电厂	1 号机组	108.9	544.5	20.6
		2 号机组	108.9		
		3 号机组	108.9		
福建福清	福清核电厂	1 号机组	108.9		
		2 号机组	108.9		
辽宁大连	红沿河核电厂	1 号机组	111.879	335.637	12.7
		2 号机组	111.879		
		3 号机组	111.879		
江苏连云港	田湾核电厂	1 号机组	106	212	8.0
		2 号机组	106		
海南昌江	昌江核电厂	1 号机组	65	65	2.5
合计			2642.737		

注：上表中的装机容量为额定装机容量。

数据来源：中国核能行业协会《2015 年 1~12 月全国核电运行情况》。

二、"十三五"核电投资与建设展望

截至 2015 年底，中国核电装机容量为 2643 万千瓦。虽然总量上来讲较高，但是核电装机容量占电力总装机的比重仅为 1.75%。与核电大国相比，仍有较大差距。根据世界核能协会（World Nuclear Association）的数据，中国的铀资源与美国相当，约占全球的 4%[1]，但中国的核电装机容量仅为美国的 1/4。因此，中国的核电有较大的发展空间。根据《中华人民共和国国民经济和社会发展第十三个五年规划纲要》对核电相关建设的要求包括：建成三门、海阳 AP1000 项目；建设福建福清、广西防城港"华龙一号"示范工程；开工建设山东荣成 CAP1400 示范工程；开工建设一批沿海新的核电项目，加快建设田湾核电三期工程；积极开展内陆核电项目前期工作；加快论证并推动大型商用后处理厂建设；核电运行装机容量达到 5800 万千瓦，在建达到 3000 万千瓦以上；加强核燃料保障体系建设。核电技术方面，要求提升第三代核电装备制造能力、加快推进第四代核电技术研发应用。

核电替代化石燃料发电，在环境保护方面有着重大意义。但发展核电面临着诸多限制。首先，第三代核电技术的经济性，尤其是在经济增长与能源消费增长减速、化石燃料价格低位徘徊的环境下，相对传统火电的综合优势在下降。其次，日本福岛核电站的事故增加了民众对核电安全性的担忧。

为继续推进核电事业的发展，2014 年国务院办公厅印发的《能源发展战略行动计划（2014～2020 年)》确定了安全发展核电的目标。在采用国际最高安全标准、确保安全的前提下，适时在东部沿海地区启动新的核电项目建设，研究论证内陆核电建设。积极推进核电基础理论研究、核安全技术研究开发设计和工程建设，完善核燃料循环体系。积极推进核电"走出去"。加强核电科普和核安全知识宣传。

中国"十三五"期间的核电发展目标是，到 2020 年，核电装机容量达到 5800 万千瓦。根据世界核能协会（World Nuclear Association）统计，2016 年中国在建核电机组装机容量共计约 2400 万千瓦。因此，预计 2020 年核电装机容量能达到 5300 万千瓦。

---

[1]　http://www.world - nuclear.org/information - library/nuclear - fuel - cycle/uranium - resources/supply - of - uranium.aspx.

第二节　水电投资与建设

"十二五"期间，中国水电投资完成额累计 5158 亿元，水电总装机容量累计增加 10331 万千瓦。截至 2015 年底，水电投资完成额 782 亿元，水电装机容量为 2.9 亿千瓦。预计到 2020 年，中国常规水电装机规模达到 3.4 亿千瓦，抽水蓄能电站装机容量达到 4500 万千瓦，水电总装机容量达到 3.85 亿千瓦左右。

一、"十二五"水电投资与建设分析

（一）水电投资完成额

"十二五"期间，中国水电投资完成额呈先增后减态势，由 2010 年的 819 亿元增加至 2012 年的 1239 亿元，随后逐年下降且后期下降幅度较大，2015 年水电投资完成额 782 亿元（如图 11-3 所示）。"十二五"期间，中国水电投资完成额累计 5158 亿元，年均完成投资 1031.6 亿元。

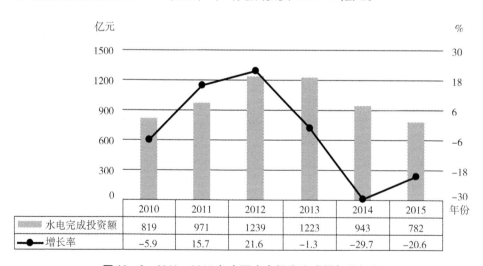

	2010	2011	2012	2013	2014	2015
水电完成投资额	819	971	1239	1223	943	782
增长率	-5.9	15.7	21.6	-1.3	-29.7	-20.6

图 11-3　2010~2015 年中国水电投资完成额与增长率

数据来源：2014 年以前数据来自中国电力企业联合会历年《电力工业统计资料汇编》；2014~2015 年数据来自中国电力企业联合会《2015 年全国电力工业统计快报》。

根据《水电发展"十二五"规划》的规划目标，"十二五"期间水电建设计划投资 8000 亿元，其中大中型水电 6200 亿元，小型水电 1200 亿元，抽水蓄能电站 600 亿元。"十二五"期间，中国水电投资完成额累计 5158 亿元，比规划目标少近 3000 亿元。

（二）水电装机容量与增速

"十二五"期间，中国水电总装机容量累计增加 10331 万千瓦（如图 11 - 4 所示），由 2010 的 21606 万千瓦增加至 2015 年的 31937 万千瓦，年均增长 8.2%。其中，常规水电装机容量①由 2010 年的 19913 万千瓦增加至 2015 年的 29666 万千瓦，年均增长 8.3%；抽水蓄能装机容量由 2010 年的 1693 万千瓦增加至 2015 年的 2271 万千瓦，年均增长 6%，2015 年抽水蓄能装机比重占水电总装机比重约为 7.1%。

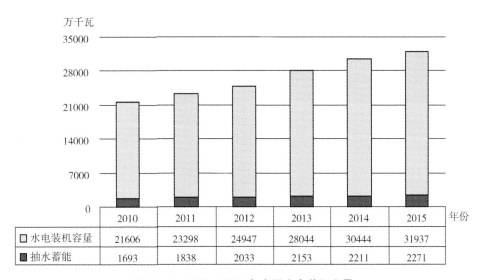

图 11 - 4　2010 ～ 2015 年中国水电装机容量

数据来源：2000 ～ 2013 年数据来自中国电力企业联合会历年《电力工业统计资料汇编》；2014 ～ 2015 年数据来自中国电力企业联合会《2015 年全国电力工业统计快报》。

"十二五"期间，水电装机容量占总装机容量的比重总体保持下降态势，由 2010 年的 22.4% 下降至 2015 年的 21.2%，且其占非化石能源装机容量比重逐年下降，由 2010 年的 84.2% 下降至 2015 年的 61.8%。根据《水电发展

---

①　常规水电装机容量 = 水电总装机容量 - 抽水蓄能装机容量。

"十二五"规划》的规划目标，截至 2015 年底，水电装机容量 2.9 亿千瓦，中国超额完成"十二五"规划目标。

从世界范围看，中国水电装机规模居全球第一。根据国际水电协会（International Hydropower Association）数据显示，截至 2015 年底，世界水电装机容量达 12.12 亿千瓦，其中美国、巴西、加拿大、印度、俄罗斯的水电装机容量分别为 10176 万千瓦、9165 万千瓦、7774 万千瓦、5149 万千瓦、5062 万千瓦。2015 年中国水电装机容量为 31937 万千瓦，占全球水电装机容量的比重达 26.4%，分别为美国、巴西、加拿大、印度、俄罗斯的 3.1 倍、3.5 倍、4.1 倍、6.2 倍、6.3 倍（如表 11 - 3 所示）。

表 11 - 3　2015 年水电装机容量国际比较

单位：万千瓦

国家/地区	装机容量	占比（%）
世界	121200	100
中国	31937	26.4
美国	10176	8.4
巴西	9165	7.6
加拿大	7774	6.4
印度	5149	4.2
俄罗斯	5062	4.2
日本	4991	4.1
挪威	3057	2.5
法国	2540	2.1
意大利	2188	1.8
西班牙	1856	1.5
瑞典	1642	1.4
瑞士	1564	1.3
委内瑞拉	1539	1.3
墨西哥	1244	1.0

数据来源：国际水电协会（International Hydropower Associate）Hydropower Status Report 2016.

分地区看，中国水电装机容量主要分布在水利资源丰富的地区。2014 年，水电装机容量排名前五的地区包括四川（6293 万千瓦）、云南（5361 万千瓦）、湖北（3627 万千瓦）、贵州（1955 万千瓦）、广西（1626 万千瓦），五省（自治区）水电装机总容量占全国水电装机总容量的比重达 61.8%；水电装机容量排名末三位的省（市、自治区）为天津（1 万千瓦）、宁夏（43 万千瓦）、海南（83 万千瓦）。"十二五"期间，四川、云南两省水电装机容量发展迅速，分别为 2010 年的 2 倍、2.2 倍（如表 11 - 4 所示）。

表 11 - 4 2010～2014 年分地区水电装机容量

单位：万千瓦

地区＼年份	2010	2011	2012	2013	2014	2014 占比（%）
北 京	105	105	102	101	101	0.3
天 津	1	1	1	1	1	0.003
河 北	179	179	179	181	182	0.6
山 西	182	243	243	243	244	0.8
内蒙古	85	85	108	108	177	0.6
辽 宁	147	147	272	273	293	1
吉 林	427	433	442	445	377	1.2
黑龙江	94	96	97	97	97	0.3
江 苏	114	114	114	114	114	0.4
浙 江	969	971	984	986	995	3.3
安 徽	169	200	278	282	288	0.9
福 建	1111	1125	1140	1285	1288	4.2
江 西	404	411	420	457	484	1.6
山 东	107	107	108	108	108	0.4
河 南	365	395	395	395	396	1.3
湖 北	3085	3386	3595	3616	3627	11.9
湖 南	1299	1337	1372	1401	1510	5
广 东	1260	1302	1306	1319	1323	4.3
广 西	1494	1526	1536	1582	1626	5.3
海 南	75	81	81	83	83	0.3
重 庆	488	598	611	642	652	2.1
四 川	3070	3342	3964	5266	6293	20.6
贵 州	1655	1866	1728	1908	1955	6.4

续表

年份\地区	2010	2011	2012	2013	2014	2014 占比（%）
云　南	2435	2842	3306	4409	5361	17.6
西　藏	44	54	54	58	87	0.3
陕　西	221	232	250	251	253	0.8
甘　肃	611	655	730	755	814	2.7
青　海	1068	1096	1101	1118	1143	3.7
宁　夏	43	43	43	43	43	0.1
新　疆	299	327	385	517	573	1.9

数据来源：中国电力企业联合会历年《电力工业统计资料汇编》。

二、"十三五"水电投资与建设展望

中国水能资源理论蕴藏量、技术可开发量和经济可开发量均居世界首位。中国正积极推进能源革命，构建清洁低碳、安全高效的现代能源体系，大力发展水电成为调整能源结构的重要手段，根据《能源发展战略行动计划（2014～2020年）》确定的目标，到2020年，力争常规水电装机达到3.5亿千瓦左右。但因中国电力消费增速下滑，水电消纳问题、生态环境保护矛盾、移民搬迁问题等因素的影响，水电开发利用存在不确定因素。

根据中国水力资源的区域分布特点和开发现状，预计未来中国西部地区大型水电基地建设将取得长足发展。具体项目包括乌江、南盘江红水河水电能源基地；金沙江、澜沧江、雅砻江、大渡河大型水电能源基地；黄河上游、雅鲁藏布江中游水电能源基地以及怒江中下游大型水电能源基地和藏东南"西电东送"接续能源基地的建设等。

预计到2020年，中国常规水电装机规模将达到3.4亿千瓦，抽水蓄能电站装机容量达到4500万千瓦，水电总装机容量达到3.85亿千瓦左右，2015～2020年均增加1300万千瓦左右。受风电、太阳能发电等新能源装机快速发展影响，预计到2020年水电装机容量占总装机容量的比重较2015年（21.2%）小幅下降至19%。

第三节　风电投资与建设

"十二五"期间，风电年均完成投资额1054亿元，风电装机容量年均增长34%。中国2014年风电装机容量为11461万千瓦，居全球第一。分地区看，2014年风电装机容量超过1000万千瓦的有内蒙古（2100万千瓦）和甘肃（1008万千瓦）。预计到2020年，风电装机将达到2亿千瓦。

一、"十二五"风电投资与建设分析

（一）风电投资

"十二五"期间，风电累计完成投资5271亿元，由2010年的1038亿元增加到2015年的1159亿元，年均完成投资额1054亿元。从增速上看，"十二五"开局两年风电投资负增长，到2013年开始反弹，增长率转负为正，之后2014、2015年两年分别大幅增长40.8%、26.7%（如图11-5所示）。

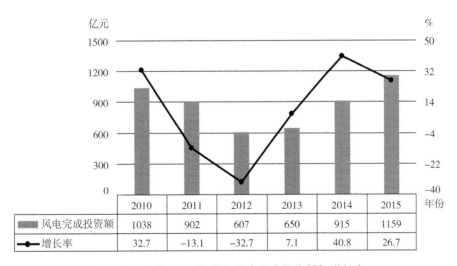

	2010	2011	2012	2013	2014	2015
风电完成投资额	1038	902	607	650	915	1159
增长率	32.7	-13.1	-32.7	7.1	40.8	26.7

图11-5　"十二五"期间风电完成投资额与增长率

数据来源：2010~2013年数据来自中国电力企业联合会历年《电力工业统计资料汇编》；2014~2015年数据来自中国电力企业联合会《2015年全国电力工业统计快报》。

（二）风电装机量

"十二五"期间，中国风电装机容量累计增加近 1 亿千瓦，由 2010 年的 2958 万千瓦增加到 2015 年的 12830 万千瓦，年均增长 34%（如图 11 – 6 所示）。

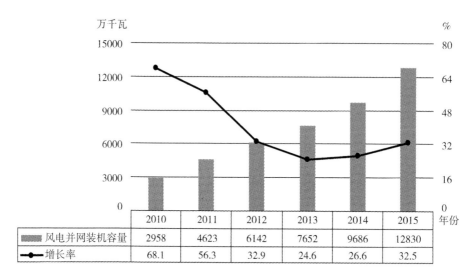

	2010	2011	2012	2013	2014	2015	年份
风电并网装机容量	2958	4623	6142	7652	9686	12830	
增长率	68.1	56.3	32.9	24.6	26.6	32.5	

图 11 – 6　"十二五"期间风电装机容量与增长率

数据来源：2010～2013 年数据来自中国电力企业联合会历年《电力工业统计资料汇编》；2014～2015 年数据来自中国电力企业联合会《2015 年全国电力工业统计快报》。

从世界范围看，中国风电装机规模居全球第一。根据 BP 统计数据，2014 年全球风电装机容量 37296 万千瓦，美国、英国、德国风电装机容量分别为 6615 万千瓦、1281 万千瓦、4050 万千瓦。中国 2014 年风电装机容量为 11461 万千瓦，占世界风电装机总量的 30.7%，是美国的 1.7 倍、英国的 8.9 倍、德国的 2.8 倍（如表 11 – 5 所示）。

表 11 – 5　风电装机容量国际比较

单位：万千瓦

年份 国家/地区	2010	2011	2012	2013	2014	2014 占比 （%）
世界	19787	23913	28424	32094	37296	100.0
中国	4478	6241	7537	9141	11461	30.7

续表

年份 国家/地区	2010	2011	2012	2013	2014	2014 占比 （%）
美国	4027	4708	6021	6129	6615	17.7
德国	2719	2907	3132	3740	4050	10.9
西班牙	1985	2124	2236	2290	2299	6.2
印度	1307	1618	1842	2015	2247	6.0
英国	538	649	887	1121	1281	3.4
加拿大	401	528	621	781	968	2.6
法国	596	684	759	812	914	2.5
意大利	579	673	800	845	856	2.3
巴西	93	143	251	345	623	1.7
瑞典	214	290	375	447	552	1.5
丹麦	381	393	414	475	478	1.3
葡萄牙	384	421	436	456	468	1.3
澳大利亚	208	248	283	349	406	1.1
波兰	123	167	255	344	389	1.0
土耳其	132	173	226	276	376	1.0

数据来源：BP Statistical Review of World Energy 2015.

分地区看，2014 年风电装机容量超过 1000 万千瓦的有内蒙古（2100 万千瓦）和甘肃（1008 万千瓦）；风电装机低于 100 万千瓦的省（市、自治区）有 15 个，包括重庆、广西、北京、青海、四川等（如表 11 - 6 所示）。

表 11 - 6　分地区风电发电装机容量

单位：万千瓦

年份 地区	2010	2011	2012	2013	2014	2014 占比 （%）
内蒙古	973	1457	1693	1854	2100	21.7
甘　肃	139	555	597	703	1008	10.4
河　北	372	447	675	825	963	10
新　疆	136	188	292	521	774	8
山　东	138	246	382	500	622	6.4

续表

年份 地区	2010	2011	2012	2013	2014	2014 占比（％）
辽 宁	308	402	476	563	608	6.3
山 西	37	90	198	316	455	4.7
黑龙江	191	255	323	392	454	4.7
宁 夏	51	117	236	302	418	4.3
吉 林	221	285	330	377	408	4.2
江 苏	137	158	193	256	302	3.1
云 南	34	67	131	165	287	3
贵 州	—	4	96	135	233	2.4
广 东	62	74	139	174	204	2.1
福 建	55	82	113	146	159	1.6
陕 西	—	10	15	59	84	0.9
浙 江	25	32	40	45	73	0.8
安 徽	—	20	30	49	82	0.8
湖 北	6	10	17	35	77	0.8
湖 南	4	11	19	34	70	0.7
河 南	5	11	15	27	44	0.5
上 海	14	21	27	32	37	0.4
江 西	8	13	20	30	37	0.4
天 津	3	13	23	23	29	0.3
海 南	21	25	30	30	31	0.3
四 川	—	2	2	11	29	0.3
青 海	—	2	2	10	32	0.3
北 京	11	15	15	15	15	0.2
广 西	—	5	10	12	12	0.1
重 庆	5	5	5	10	10	0.1

数据来源：中国电力企业联合会历年《电力工业统计资料汇编》。

二、"十三五"风电投资与建设展望

2014 年国务院办公厅印发的《能源发展战略行动计划（2014～2020年)》指出，"十三五"期间要重点规划建设酒泉、内蒙古西部、内蒙古东部、冀北、吉林、黑龙江、山东、哈密、江苏 9 个大型现代风电基地以及配套送出工程。以南方和中东部地区为重点，大力发展分散风电，稳步发展海上风电。到 2020 年，风电装机达到 2 亿千瓦。

根据目前中国风电项目的核准及建设情况，考虑到特高压外送通道的不确定性，至 2020 年风电发展目标确保为 2 亿千瓦，力争实现 2.5 亿千瓦。预计到 2020 年，三北地区风电累计可开发规模为 2.42 亿千瓦，受消纳空间约束和电价因素的影响，优化开发容量，至 2020 年合理规模为 1.4 亿~1.76 亿千瓦。"十三五"末期，内陆地区风电累计可开发规模为 8135 万千瓦，至 2020 年合理规模为 0.5 亿~0.74 亿千瓦。海上风电重点布局在辽宁、河北、天津、山东、江苏、上海、浙江、福建、广东和海南等省（市）；沿海地区多位于电力负荷中心，电网支撑条件也较好，具有较强的消纳能力；随着海上风电电价政策的落实和风机及施工装备的逐步成熟，海上风电总体外部环境较好。"十三五"期间，影响海上风电开发的主要因素是产业基础薄弱、投资环境不稳定、管理复杂交叉等问题，预计到 2020 年，海上风电新增开发规模为 1151 万千瓦，累计装机容量为 1200 万千瓦。

第四节　太阳能发电投资与建设

"十二五"期间，中国太阳能发电完成投资额 921 亿元。2015 年中国成为全球光伏发电装机容量最大的国家，光伏装机 4318 万千瓦，其中分布式装机仅占 14%，集中在浙江、江苏；光伏电站装机主要分布在甘肃、青海、新疆。中国人均光伏发电装机容量只有 32 瓦，仅为德国人均水平（491 瓦/人）的 6.5%。"十三五"期间，中国将大力推进太阳能发电项目的建设，到 2020 年实现光伏装机 1 亿千瓦；同时，全面推进光伏发电、光热发电以及其他太阳能热利用技术的应用。

一、"十二五"太阳能发电投资与建设分析

"十二五"期间，中国累计完成太阳能发电投资额 921 亿元；投资增长波动较大，2013 年完成投资额比 2012 年骤增 2.3 倍，2012 年、2014 年出现负增长（如图 11 - 7 所示）。

截至 2015 年底，中国光伏发电装机容量为 4318 万千瓦。2013 ~ 2015 年新增装机容量均超过 1000 万千瓦，2013 年新增 1095 万千瓦，2014 年新增

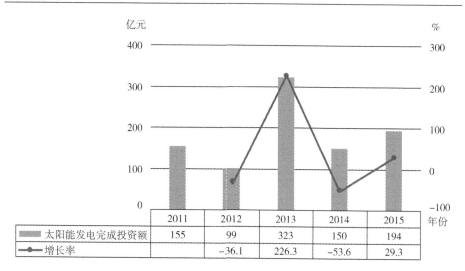

	2011	2012	2013	2014	2015
太阳能发电完成投资额	155	99	323	150	194
增长率		−36.1	226.3	−53.6	29.3

图 11 − 7　2011 ~ 2015 年中国太阳能发电完成投资额与增长率

数据来源：2014 年以前数据来自中国电力企业联合会历年《电力工业统计资料汇编》；2014 ~ 2015 年数据来自中国电力企业联合会《2015 年全国电力工业统计快报》。

1060 万千瓦，2015 年新增 1513 万千瓦，三年累计新增占"十二五"末期总装机容量的 85%（如图 11 − 8 所示）。

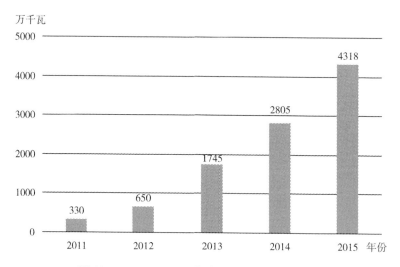

图 11 − 8　2011 ~ 2015 年中国光伏发电装机容量

数据来源：2011 年数据来自 BP Statistical Review of World Energy 2015；2012 ~ 2015 年的数据来自国家能源局。

从全球范围看，2015年中国光伏发电装机容量超过德国，占全球光伏发电装机容量的19%，排名世界第一；紧随其后的是德国，装机容量占全球的17.5%；日本占15%、美国占11%、意大利占8%。排名前五的国家光伏发电装机容量合计占全球的71%（如表11-7所示）。

表11-7 2011~2015年光伏发电装机容量国际比较

单位：万千瓦

年份 国家	2011	2012	2013	2014	2015	2015占比 （%）
中国	330	650	1745	2805	4318	19.01
德国	2540	3300	3630	3820	3970	17.48
日本	491	663	1360	2330	3441	15.15
美国	396	733	1208	1828	2562	11.28
意大利	1281	1645	1807	1846	1892	8.33
英国	99	175	278	523	880	3.87
法国	297	409	473	566	660	2.91
西班牙	490	522	533	536	540	2.38
澳大利亚	138	242	323	414	510	2.25
印度	48	118	232	306	500	2.20
世界	7130	10156	14015	18040	22710	100

数据来源：2011~2014年数据来自BP Statistical Review of World Energy 2015；2015年数据来自IEA，2015 Snapshot of Global Photovoltaic Markets；中国部分，2012~2015年的数据来自国家能源局。

分地区看，中国的光伏发电装机容量主要分布在甘肃（610万千瓦）、新疆（566万千瓦）、青海（564万千瓦）、内蒙古（489万千瓦）、江苏（422万千瓦）、宁夏（309万千瓦）、河北（239万千瓦），7个地区装机容量合计占全国的74%。2015年中国光伏电站装机容量3712万千瓦，其中甘肃、青海、新疆的光伏电站装机容量均超过500万千瓦，合计占全国光伏电站装机容量的47%；分布式光伏发电的装机容量为606万千瓦，主要集中在浙江（121万千瓦）、江苏（119万千瓦）、广东（57万千瓦），合计占全国分布式光伏发电装机容量的49.9%（如表11-8所示）。

表 11 - 8 2015 年分地区光伏发电装机容量

单位：万千瓦

省（区、市）	累计装机容量			新增装机容量	
		占比（%）	其中：光伏电站		其中：光伏电站
总计	4318	100	3712	1513	1374
甘肃	610	14.13	606	93	89
新疆	566	13.11	562	210	210
青海	564	13.06	564	151	151
内蒙古	489	11.32	471	187	187
江苏	422	9.77	304	165	132
宁夏	309	7.16	306	92	90
河北	239	5.53	212	89	89
浙江	164	3.80	42	90	39
山东	133	3.08	89	73	67
安徽	121	2.80	89	71	63
陕西	117	2.71	112	62	60
山西	113	2.62	111	69	68
云南	65	1.51	63	30	30
广东	63	1.46	7	11	5
湖北	49	1.13	43	35	35
江西	43	1.00	17	4	4
河南	41	0.95	14	18	7
四川	36	0.83	33	30	28
湖南	29	0.67	0	0	0
海南	24	0.56	19	5	5
上海	21	0.49	2	4	0
西藏	17	0.39	17	2	2
北京	16	0.37	2	2	2
辽宁	16	0.37	7	6	3
福建	15	0.35	3	3	3
天津	12	0.28	3	3	0
广西	12	0.28	5	3	3
吉林	7	0.16	6	1	0

续表

省（区、市）	累计装机容量			新增装机容量	
	占比（%）	其中：光伏电站			其中：光伏电站
贵州	3	0.07	3	3	3
黑龙江	2	0.05	1	1	0
重庆	0	0.00	0	0	0

注：本表增加了占比的数据，以及将新疆和新疆兵团的数据合并至新疆的数据中。新疆兵团2015年新增79万千瓦（光伏电站装机容量），截至2015年累计装机容量160万千瓦（光伏电站装机容量）。

数据来源：国家能源局。

二、"十三五"太阳能发电投资与建设展望

2015年中国光伏发电装机容量居世界第一，但人均装机容量只有32瓦，远比德国人均水平（491瓦／人）低。2016年国家发展改革委、国务院扶贫办、国家能源局、国家开发银行、中国农业发展银行联合发布《关于实施光伏发电扶贫工作的意见》，决定在全国具备光伏建设条件的贫困地区实施光伏扶贫工程。光伏发电扶贫工作不仅能够改善贫困地区的能源消费结构、提高居民收入，还能增加人均光伏装机容量。

中国太阳能资源丰富，平均每年照到的太阳能能量相当于17000亿吨标准煤；同时，可利用的沙漠土地资源（按照2%的利用率估算）和城市建筑面积（按照20%的利用率估算）可安装14亿千瓦的发电能力①。随着光伏成本不断降低，太阳能资源的利用率将逐渐提高。2014年国务院办公厅印发《能源发展战略行动计划（2014～2020年）》，要求加快发展太阳能发电。分布式光伏发电方面，要求加快建设分布式光伏发电应用示范区，鼓励大型公共建筑及公用设施、工业园区等建设屋顶分布式光伏发电。2015年，在中国光伏发电装机容量4318万千瓦中，集中式光伏发电（即光伏电站）装机容量占86%，分布式光伏发电装机容量占14%。要实现2020年光伏装机1亿千瓦的目标，若分布式光伏装机占30%，则"十三五"期间，分布式光伏装机需要新增2400万千瓦，光伏电站则需要新增3300万千瓦。光热发电方面，西班牙和美国已经初步实现光热发电技术的商业化运行，中国在"十三五"期间将稳步实施太阳能热发电示范工程。2015年国家能源局发布关于组织太

---

① 国家可再生能源中心《中国可再生能源产业发展报告2015》。

阳能热发电示范项目建设的通知（国能新能〔2015〕355号），决定组织一批示范项目建设，形成国内光热设备制造产业链；培育若干具备全面工程建设能力的系统集成商，以适应后续太阳能热发电发展的需要。另外，光热利用领域，"十三五"期间也将不断扩大应用范围，包括太阳能热水、太阳房、太阳灶等成熟技术，以及中高温太阳能供热制冷技术等逐渐成熟的技术。

第五节　地热能投资与建设

"十二五"期间，中国地热能资源的开发利用已经形成一定规模，主要体现在地热能供暖、制冷、温泉洗浴等方面，但地热发电仍有很大发展空间。根据2014年国务院印发的《能源发展战略行动计划（2014～2020年）》提出的主要任务，"十三五"期间，积极发展地热能，推动地热能清洁高效利用，推广地热供热，开展地热发电示范工程。预计到2020年，地热能利用规模将达到5000万吨标准煤。

一、"十二五"地热能投资与建设分析

（一）地热资源开发利用

在直接利用的地热能中，中国地源热泵开发利用地热能占比58%，地热供暖占比19%，温泉洗浴占比18%。

浅层地热能供暖、制冷方面，目前全国31个省（市、自治区）均有开发浅层地热能的地源热泵系统工程，应用浅层地热能资源进行供暖和制冷的地源热泵项目在中国已经超过7000个，项目多集中在华北和东北地区。北京、天津、河北、辽宁、河南、山东等华北和东北南部地区省（市）的浅层地热能利用合计占全国的80%。截至2015年底，中国地源热泵供暖制冷面积达到3.92亿平方米。中国地源热泵年增长率远远高于世界上其他国家的增长速度。

中深层地热主要用于地热供暖、温泉洗浴以及温室大棚和水产养殖。截至2015年底，中国中深层地热供暖面积达到1.02亿平方米；温泉洗浴和医疗保健总装机量达250.8万千瓦，开发利用地热能量为3.2万亿千焦/年；温室大棚和水产养殖的地热能装机容量分别为15.4万千瓦和21.7万千瓦，开发利用地热能量为1797亿千焦/年和2395亿千焦/年。

中国干热岩研究尚处于起步阶段，目前已开始干热岩选址研究并开展少量现场钻探，以学习国外经验为主。中国地质调查局已在福建漳州启动干热岩钻井工程。

地热发电方面，目前中国地热发电装机容量为 2.7 万千瓦，地热年发电量为 1.55 亿千瓦时/年，在 24 个具有地热发电的国家中排名第 18 位。

（二）地热资源产业发展状况

地热资源勘察评价产业是地热能开发利用的基础保障，"十二五"以来，国土资源部加大地热资源调查勘探力度，投入 4.3 亿元资金，开展包括各省市自治区地热资源调查评价和重点地区的勘探工作。目前，中国已初步建立地热资源潜力评价、新项目优化评估和选区评价的方法与技术。

目前，浅层地热开发利用方面，全国范围内浅层地热工程数量已超过 24000 个。80% 的项目集中在中国华北和东北南部地区，包括北京、河北、河南、山东、辽宁和天津，江苏、上海、浙江等地。全国共有 324 个与地源热泵有关的可再生能源建筑利用示范项目，其示范工程总面积达 3322 万平方米。

二、"十三五"地热能投资与建设展望

中国地热资源丰富，储量巨大，有很大发展空间。根据国土资源部 2015 年的统计数据，中国浅层地热能资源量为 95 亿吨标准煤，实现减排二氧化碳 5 亿吨；中深层地热资源量为 13700 亿吨标准煤，高温地热资源发电潜力为 846.6 万千瓦；干热岩地热能资源量为 860 万亿吨标准煤，现正处于研发阶段。

从世界范围看，全球 5000 米以内地热资源量约为 4900 万亿吨标准煤，中国的地热资源量占比约 1/6。

浅层地热能资源方面，中国 31 个省市自治区 200 米以浅热容量为 2.34×10^{16} 千焦/摄氏度。地下水热泵系统夏季换热功率为 7.52×10^7 千瓦，冬季换热功率为 3.41×10^7 千瓦；地埋管热泵系统夏季换热功率为 8.49×10^8 千瓦，冬季换热功率为 5.69×10^8 千瓦。中国 31 个省市自治区地下水热泵系统夏季可制冷面积为 1.00×10^9 平方米，冬季可供暖面积为 6.23×10^8 平方米；地埋管热泵系统夏季可制冷面积为 9.09×10^9 平方米，冬季可供暖面积为 1.13×10^{10} 平方米。

中深层地热能资源方面，其资源分布具有明显的规律性和地带性，主要分布于东部地区、东南沿海、台湾、环鄂尔多斯断陷盆地、藏南、川西和滇

西等地区。按构造成因划分，中深层地热资源可以分成沉积盆地型地热资源和隆起山地型地热资源。按温度划分，中深层地热资源可以分成中低温地热资源和高温地热资源（如表11-9所示）。

表11-9　中深层地热资源储量、发电潜力及主要分布地区

资源类型	指标	资源量（千焦）	折合标准煤（亿吨）	发电潜力（千瓦）	主要分布地区
中低温地热资源	沉积盆地型	3.66×10^{16}	1250	—	华北平原、河淮盆地、苏北平原、江汉平原、松辽盆地、四川盆地、环鄂尔多斯断陷盆地
	隆起山地型	3.46×10^{15}	118	—	东南沿海、胶辽半岛、天山北麓等地区
	合计	4.01×10^{16}	1370	1.5×10^{6}	—
高温地热资源	沉积盆地型	—	—	7.3×10^{5}	江西、陕西
	隆起山地型	—	—	7.7×10^{6}	西藏、四川、云南、江西、广东、新疆、吉林、福建、广西
	合计	—	—	8.5×10^{6}	—

数据来源：中国地质调查局。

中国大陆 $3.0 \sim 10.0$ km 深处干热岩资源总计为 2.52×10^{22} 千焦，合85.6万亿吨标准煤，如果能提取其中的2%，则相当于2014年中国能源年消耗的4040倍；位于深度 $3.5 \sim 7.5$ 千米，温度介于150℃～250℃的干热岩储量巨大，约为 6.3×10^{21} 千焦，即使仅其2%的储量得到开发，也将获得 1.26×10^{20} 千焦的热能，相当于2014年中国能源消费总量的1006倍。

按照2014年国务院印发的《能源发展战略行动计划（2014～2020年）》提出的目标，到2020年，地热能利用规模达到5000万吨标准煤。在国家大力推进能源革命的背景下，应加快地热代煤的发展。

据此，"十三五"期间地热产业的具体发展目标为，新增地热供暖（制冷）面积11亿平方米，新增地热发电装机容量200万千瓦，至2020年，地热能开发利用实现年替代7000万吨标准煤以上，地热能利用占一次能源消费总量的比重达到约 1.5%，减排二氧化碳 1.77 亿吨。同时形成较为完善的地热能开发利用管理体系和政策体系，形成地热产业关键和核心技术系列，形成比较完备的地热能开发利用设备研发、制造和服务、标准体系、监测体系。着手开展增强型地热系统试验工作，开展干热岩示范基地建设。

在地热资源潜力勘察与选区评价方面，在全国地热资源开发利用现状普查的基础上，查明中国主要地热区（田）及浅层地热能开发区地质条件、热储特征、地热资源的质量和数量，并对其开采技术经济条件做出评价，为合理开发利用提供依据。

中深层地热供暖建设方面，实现规模化、集约化发展，在"取热不取水"的指导原则下，探索传统供暖区域的清洁化能源供暖替代。中深层地热发电方面，要启动中深层地热发电工作。在西藏、川西等高温地热资源区开展高温地热发电；在东部华北、江苏、福建、广东等地区大力发展中低温地热发电工作。建立、完善扶持地热发电的机制，政府相关部门要帮助企业解决诸如地热发电上网、电价补贴等现实问题。

浅层地热能利用方面，优先在中国南方经济发达、非传统集中供暖、夏季制冷需求强烈的地区开展。在重视传统城市区浅层地热能利用的同时，要重视新型城镇地区市场对浅层地热能供暖/制冷的需求。

第六节　生物质能投资与建设分析

截至 2014 年底，生物质发电累计核准装机容量达 1423 万千瓦，其中累计并网装机容量约为 950 万千瓦。农林生物质直燃发电核准项目的容量约为 840 万千瓦，约占核准总容量的 59%；并网装机容量增长速度有所放缓，约 500 万千瓦。预计到 2020 年，中国生物质发电装机将达到 1500 万千瓦。

一、"十二五"生物质能投资与建设分析

中国生物质资源主要来自农业废弃物、林业剩余物、畜禽粪便和城市垃圾。目前，每年可作为能源利用的生物质资源总量约 4.6 亿吨标准煤，实际利用量为 3500 万吨标准煤，利用率仅为 7.6%。生物质发电方向多元化，主要包括农林生物质直燃发电、生活垃圾焚烧发电、沼气发电、蔗渣发电等。

从生物质发电投资看，2014 年生物质发电项目总投资额约为 140 亿元。

其中，农林生物质发电项目的单位千瓦投资为 9000 元左右，垃圾焚烧发电单位千瓦的投资成本约为 18000 元，沼气发电的单位千瓦投资成本约为 13000 元。

从装机容量看，2014 年生物质发电累计核准装机容量达 1423 万千瓦，其中累计并网装机容量约为 950 万千瓦。农林生物质直燃发电核准项目的容量约为 840 万千瓦，约占核准总容量的 59%；并网装机容量增长速度有所放缓，约 500 万千瓦。分地区看，华东地区农林剩余物直燃并网发电装机容量达 200.7 万千瓦，占农林剩余物直燃并网总装机的比重最大，为 40%；其次是华中地区、东北地区、华北地区、西南地区和西北地区，占比分别为 26.2%、18.4%、11.2%、3.1% 和 1.1%。垃圾焚烧发电项目并网装机容量约为 424 万千瓦。分地区看，华东地区占比最高，为 57.8%；其次是华中地区、华北地区、西南地区、东北地区和西北地区，占比分别为 18%、11.6%、8.8%、2.9% 和 0.9%。热点联产总装机规模已超过 170 万千瓦，垃圾填埋沼气发电和工农业有机废弃物沼气发电也有近 40 万千瓦的规模。

二、"十三五"生物质能投资与建设展望

生物质能未来发展多元化，生物质发电是主要方向。生物质发电方面，生物质直燃发电技术已经成熟，随着其他生物质技术的成熟和发展，农林生物质原料将逐步达到商业化水平的生物液态燃料和生物质供热技术扩散。预计到 2020 年，中国生物质发电装机将达到 1500 万千瓦。

生物液体燃料主要产品生物乙醇、生物柴油和生物航空煤油的发展在"十三五"期间具有不确定性。如乐观估计各类生物液体燃料应用在 2020 年前后出现重大技术突破，则 2020 年中国可实现生物乙醇产量 400 万吨，生物柴油 160 万吨，生物航空煤油 40 万吨，全部液体燃料合计 700 万吨标准煤。

生物质燃气包括以养殖场废弃物、工业废弃物为原料生产的沼气，及以农林剩余物为原料生产的生物热解气。如得到合理开发利用，到 2020 年，预计禽畜养殖场及工业沼气总量可达到 230 亿立方米、生物质热解气可达到 100 亿立方米，全部燃气折合约 2000 万吨标准煤，约可替代 150 亿立方米天然气。

生物质供热主要有生物质热电联产和生物质锅炉供热两种技术类型，原料可以采用成型颗粒等。乐观估计生物质供热的开发潜力在 2020 年约为 3300 万吨标准煤。

第三篇　能源生产

第十二章 综合能源生产

随着能源消费增速的逐年下降，中国一次能源生产总量增速由"十一五"期间的6.4%下降为"十二五"期间的3%。考虑到经济增速放缓、资源环境约束增强等因素影响，"十三五"期间中国一次能源生产增速将继续放缓，预计年均增速为2.1%，到2020年一次能源生产总量达41亿吨标准煤左右，可满足中国87%的能源需求。

第一节 "十二五"综合能源生产分析

"十二五"期间，中国能源生产增速逐年放缓，由2010年的9.1%下降至2015年的0.04%。2015年一次能源生产总量为36.2亿吨标准煤，人均能源生产量为2.64吨标准煤/人，能源自给率为84.2%。2015年中国原煤、原油、天然气和非化石能源生产比重分别为72.1%、8.5%、4.9%、14.5%。

一、一次能源生产总量与增速

中国一次能源生产总量（如图12-1所示）由2010年的31.2亿吨标准煤增长到2015年的36.2亿吨标准煤，5年间增加了5亿吨标准煤，年均增长3%，较"十一五"年均增速低3.4个百分点。日均能源生产量由2010年的855万吨标准煤增加至2015年的992万吨标准煤，累计涨幅为16%。人均能源生产量由2010年的2.33吨标准煤/人增加至2015年的2.64吨标准煤/人，累计增长13.3%。"十二五"期间，中国能源自给率持续下滑，2015年自给率为84.2%，较2010年下降2.3个百分点。

从国际上看，根据IEA的统计数据，2013年世界一次能源生产总量为194.2亿吨标准煤。作为世界第一能源生产大国的中国一次能源生产总量为

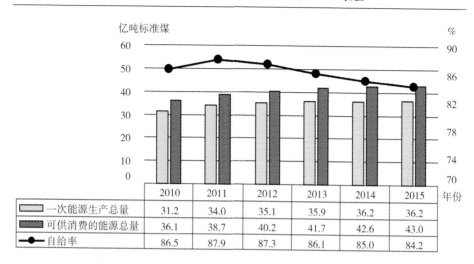

图 12 – 1　2010～2015 年中国一次能源生产总量与自给率

　　注：自给率 = 一次能源生产量/一次能源供应量，2015 年自给率 = 一次能源生产量/能源消费总量。

　　数据来源：2010～2014 年数据来自国家统计局《中国统计年鉴 2015》，2015 年数据来自国家统计局《2015 年国民经济和社会发展统计公报》、《能源革命谱新篇 节能降耗见成效——十八大以来我国能源发展状况》。

36.7 亿吨标准煤，[①] 占世界一次能源生产总量的比重为 18.9%，占比较 2010 年下降 1.6 个百分点；美国一次能源生产总量为 26.9 亿吨标准煤，占世界一次能源生产总量的比重为 13.8%，居世界第二位；俄罗斯一次能源生产总量为 19.1 亿吨标准煤，居世界第三位（如表 12 – 1 所示）。

表 12 – 1　2013 年一次能源生产量国际比较

指标 国家/地区	生产总量 （万吨标准煤）	占比 （%）	日均产量 （万吨标准煤/日）	人均产量 （吨标准煤/人）	自给率 （%）
世界	1942015	100.0	5321	2.71	100.4
OECD	568146	29.3	1557	4.50	75.0
非 OECD	1373870	70.7	3764	2.32	121.9
中国	366525	18.9	1004	2.70	85.3

　　① 国家统计局发布的 2013 年中国一次能源生产总量为 35.9 亿吨标准煤，小于 IEA 的统计数据。主要原因是 IEA 的统计范围除了包括煤炭、石油、天然气、核电、水电和其他可再生能源等商品能源之外，还包括农村生物燃料等非商品能源。

指标 国家/地区	生产总量 （万吨标准煤）	占比 （%）	日均产量 （万吨标准煤/日）	人均产量 （吨标准煤/人）	自给率 （%）
美国	268719	13.8	736	8.49	86.0
俄罗斯	191458	9.9	525	13.34	183.4
欧盟	113315	5.8	310	2.24	48.8
沙特阿拉伯	87783	4.5	241	29.07	319.7
印度	74763	3.8	205	0.58	67.5
印度尼西亚	65712	3.4	180	2.62	215.3
加拿大	62152	3.2	170	17.68	171.8
澳大利亚	49129	2.5	135	21.24	266.3
伊朗	42705	2.2	117	5.54	130.9
尼日利亚	36523	1.9	100	2.11	191.4
巴西	36132	1.9	99	1.77	86.1
卡塔尔	31997	1.6	88	152.27	557.5
墨西哥	30929	1.6	85	2.50	113.2

注：①人均量根据年中人口数计算；②占比为占世界一次能源生产总量的比重；③IEA 的统计范围除了包括煤炭、石油、天然气、核电、水电和其他可再生能源等商品能源之外，还包括农村生物燃料等非商品能源；④标准量折算采用电热当量计算法，自给率 = 一次能源生产总量/一次能源供应总量。

数据来源：生产总量数据来自 IEA，World Energy Balances（2015 edition），人口数据来自世界银行。

二、一次能源生产结构

一次能源生产结构方面，2015 年原煤占一次能源生产的比重为 72.1%，较 2010 年下降 4.1 个百分点，石油比重为 8.5%，较 2010 年下降 0.8 个百分点，天然气与非化石能源比重分别为 4.9% 与 14.5%，较 2010 年分别提高 0.8 与 4.1 个百分点。"十二五"期间，煤炭生产比重的持续降低和清洁能源生产比重的不断提高，表明中国能源生产结构正朝着清洁低碳的目标不断前进（如图 12 - 2 所示）。

从国际范围看，中国一次能源生产结构煤炭比重偏高，清洁能源比重偏低。根据 IEA 统计数据，2013 年原煤、原油、天然气、非化石能源占世界一次能源生产总量的比重分别为 29.1%、31%、21.4%、18.5%；OECD 国家

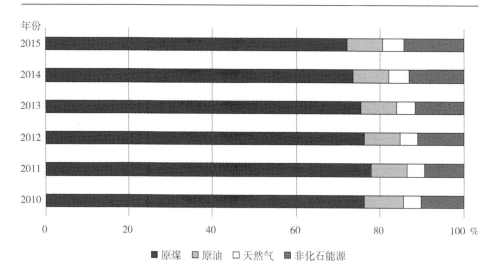

图 12 - 2　2010 ~ 2015 年中国一次能源生产结构

数据来源：2010 ~ 2014 年数据来自国家统计局《中国能源统计年鉴2015》，2015 年数据来自国家统计局《能源革命谱新篇 节能降耗见成效——十八大以来我国能源发展状况》。

原煤、原油、天然气、非化石能源生产占比分别为 24% 、25% 、25.7% 、25.4% ；中国原煤产量占比高达 73.8% ，比重较世界平均水平、OECD 国家及美国分别高 44.7、49.8 及 48.4 个百分点，天然气及非化石能源占比分别仅为 3.9% 及 13.9% ，清洁能源生产量尤其是天然气生产量占比远低于世界平均及发达国家水平（如表 12 - 2 所示）。

表 12 - 2　2013 年一次能源生产结构国际比较

单位:%

国家/地区 \ 品种	原煤	原油	天然气	核电	水电	其他
世界	29.1	31.0	21.4	4.8	2.4	11.3
OECD	24.0	25.0	25.7	12.9	3.1	9.4
非 OECD	31.3	33.5	19.6	1.4	2.1	12.1
中国	73.8	8.2	3.9	1.1	3.0	9.8
美国	25.4	25.3	30.1	11.4	1.2	6.6
俄罗斯	13.7	39.1	42.0	3.4	1.2	0.6
欧盟	19.7	9.0	16.6	28.8	4.0	21.8

续表

国家/地区＼品种	原煤	原油	天然气	核电	水电	其他
沙特阿拉伯	0.0	89.1	10.9	0.0	0.0	0.0
印度	45.5	8.2	5.5	1.7	2.3	36.7
印度尼西亚	61.1	9.2	13.7	0.0	0.3	15.7
加拿大	8.1	44.9	30.0	6.2	7.7	3.2
澳大利亚	76.7	5.8	15.2	0.0	0.5	1.8
巴西	1.3	43.5	7.1	1.5	13.3	33.3
卡塔尔	0.0	35.2	64.8	0.0	0.0	0.0
墨西哥	3.5	69.3	18.7	1.4	1.1	6.0
南非	87.5	0.1	0.6	2.2	0.1	9.5
法国	0.1	0.7	0.2	81.0	4.4	13.4

数据来源：根据 IEA，World Energy Balances（2015 edition）相关数据计算得到。

三、分地区能源生产

分地区看，由于地区资源禀赋的差异，中国能源生产主要集中在西部地区。2014 年内蒙古、山西、陕西的一次能源生产量分别为 7.6 亿吨、6.7 亿吨、4.9 亿吨标准煤，占全国的比重分别为 20.4%、17.9%、13%，合计比重达 51.3%[①]（如图 12 - 3 所示）。一次能源生产量超过 1 亿吨标准煤的省份包括内蒙古、山西、陕西、新疆、四川、贵州、山东、河南、黑龙江、云南，一次能源生产总量排名后五位的省份分别为上海（63 万吨标准煤）、海南（136 万吨标准煤）、北京（411 万吨标准煤）、浙江（1850 万吨标准煤）、江西（2436 万吨标准煤）。"十二五"期间，四川、云南、湖北的水电发展迅速，成为中国重要清洁能源供应基地。

从一次能源生产结构看，原煤在中国大部分省区的一次能源生产中占主导地位。2014 年煤炭生产占比超过 50% 的省份达 17 个，较 2010 年减少 3 个；超过 90% 的省份有 4 个，较 2010 年减少 2 个，其中山西、安徽两省超过 95%。以原油为主要能源生产品种的省市有天津、黑龙江，占比分别达

---

① 2014 年分地区一次能源生产量加总为 37.4 亿吨标准煤，较全国一次能源生产（36.2 亿吨标准煤）高 1.2 亿吨标准煤。为计算准确，分地区占比均使用分地区一次能源产量之和作为总量进行计算。

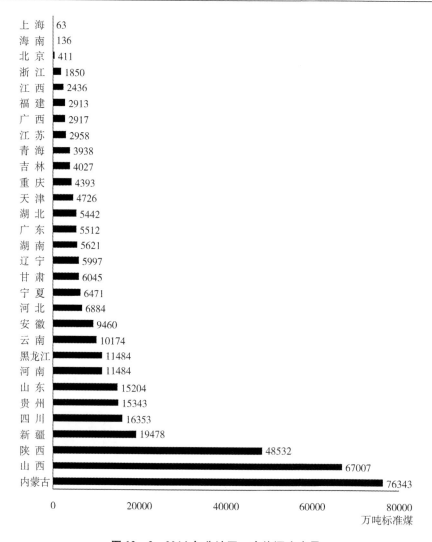

图 12 - 3　2014 年分地区一次能源生产量

注：各一次能源生产标准量根据国家统计局《中国能源统计年鉴 2015》相应品种折标系数与各地区一次能源生产量实物量计算所得，标准量折算采用发电煤耗计算法，发电煤耗折算系数为 300 克标准煤/千瓦时。

数据来源：根据国家统计局《中国能源统计年鉴 2015》相关数据计算得到。

93%、49.8%。天然气等清洁能源占比超过 50% 的省市包括上海、浙江、福建、湖北、广东等 10 个省市地区（如表 12 - 3 所示）。

表 12－3　2014 年中国分地区一次能源生产结构

单位:%

地区 ＼ 品种	原煤	原油	天然气	电力	其他能源
北　京	79.6	0.0	0.0	7.1	13.3
天　津	0.0	93.0	6.0	0.4	0.7
河　北	76.2	12.3	3.4	8.1	0.0
山　西	98.9	0.0	0.6	0.5	0.0
内蒙古	93.0	0.4	4.9	1.7	0.0
辽　宁	59.6	24.3	1.8	13.3	1.0
吉　林	55.0	23.6	7.4	10.8	3.3
黑龙江	43.9	49.8	4.1	2.2	0.0
上　海	0.0	17.6	44.8	37.6	0.0
江　苏	48.8	10.0	0.2	30.2	10.8
浙　江	0.0	0.0	0.0	88.6	11.4
安　徽	96.7	0.0	0.0	1.8	1.5
福　建	39.0	0.0	0.0	61.0	0.0
江　西	82.5	0.0	0.2	17.3	0.0
山　东	69.0	25.5	0.4	2.1	2.9
河　南	89.7	5.9	0.6	3.1	0.9
湖　北	13.9	2.1	0.4	78.3	5.4
湖　南	70.6	0.0	0.0	29.4	0.0
广　东	0.0	32.3	20.2	47.5	0.0
广　西	15.1	2.9	0.1	65.0	17.0
海　南	0.0	19.9	17.6	62.5	0.0
重　庆	63.1	0.0	14.5	16.6	5.7
四　川	33.5	0.2	20.6	45.7	0.0
贵　州	86.2	0.0	0.1	13.7	0.0
云　南	33.3	0.0	0.0	63.6	3.1
陕　西	76.9	11.1	11.2	0.8	0.0
甘　肃	56.2	18.2	0.3	25.3	0.0
青　海	33.3	8.0	23.3	35.5	0.0
宁　夏	94.5	0.2	0.0	5.3	0.0

续表

品种 地区	原煤	原油	天然气	电力	其他能源
新 疆	53.2	21.1	20.3	5.1	0.3

注：各一次能源生产标准量根据《中国能源统计年鉴2015》相应品种折标系数与各地区一次能源生产量实物量计算所得，标准量折算采用发电煤耗计算法，发电煤耗折算系数为300克标准煤/千瓦时。

数据来源：根据国家统计局《中国能源统计年鉴2015》相关数据计算得到。

第二节 "十三五"综合能源生产展望

"十三五"时期是中国全面建设小康社会的决胜阶段，也是进入后工业化发展阶段的关键时期，需要充足优质的能源供应做保障，随着中国能源消费的增长，中国能源生产也将逐步增长。国务院发布的《能源发展战略行动计划（2014～2020年)》提出，坚持立足国内，将国内供应作为保障能源安全的主渠道，到2020年，基本形成比较完善的能源安全保障体系，国内一次能源生产总量达到42亿吨标准煤，能源自给能力保持在85%左右。但由于"十三五"期间，中国经济增速转入中高速增长阶段，能源需求总量已进入低速增长阶段，中国一次能源生产也将保持相应的低速增长态势，预计"十三五"期间中国一次能源生产年均增长2.1%，到2020年增长至约41亿吨标准煤，能源自给率保持在87%左右。

分品种看，中国的能源资源禀赋决定了其以煤为主的一次能源生产结构，长期以来，原煤产量占一次能源生产总量都保持在70%以上。为缓解资源环境制约、推进大气污染防治及应对国际气候变化，中国政府积极推进能源供给革命，建立多元供应体系，提高着力发展非煤能源，形成煤、油、气、核、新能源、可再生能源多轮驱动的能源供应体系。《能源发展战略行动计划（2014～2020年)》中明确要增强能源自主保障能力，推进煤炭清洁高效开发利用，稳步提高国内石油产量，大力发展天然气，积极发展能源替代。随着中国关键能源技术的发展和突破，能源生产尤其是可再生能源开发将得到质和量的双重提升。预计到2020年，原煤生产占一次能源生产的比重将下降至70%以下，原油比重为8%左右，天然气和非化石能源生产比重有所提高，特别是非化石能源，预计到2020年非化石能源生产比重将提高至18%左右。

第十三章　煤炭生产

中国煤炭生产量在 2013 年达到 39.7 亿吨，随后回落至 2015 年的 37.5 亿吨左右。随着经济步入"新常态"，煤炭行业产能过剩状况凸显。在加快淘汰煤炭行业落后生产能力，积极推进煤炭清洁、高效生产的背景下，按照国务院有关文件确定的目标，从 2016 年起，全国煤矿生产能力按照 0.84 的比例下调。预计到 2020 年，中国的煤炭生产量可能在 39 亿吨左右。

第一节　"十二五"煤炭生产分析

"十二五"期间，中国原煤生产量年均增加 6431 万吨，2015 年原煤生产量 37.5 亿吨，煤炭自给率为 94.6%；焦炭生产量年均增加 2331 万吨。从国际上看，2014 年中国煤炭生产量位居世界首位，所占比重达到 46.9%；但作为世界主要焦炭生产国之一，中国仍需进口炼焦煤满足国内生产需要，2013 年炼焦煤自给率为 89.9%。分地区看，"十二五"期间中国煤炭生产西移趋势明显。

一、原煤生产

"十二五"期间，中国原煤生产量由 2010 年的 34.3 亿吨增加到 2013 年的 39.7 亿吨，然后连续两年下降至 2015 年的 37.5 亿吨（如图 13 - 1 所示）。日均原煤生产量由 2010 年的 939 万吨/日上升至 2013 年的 1089 万吨/日，后回落至 2015 年的 1027 万吨/日。2015 年人均原煤生产量为 2.7 吨/人。"十二五"期间，原煤生产量年均增速为 1.8%，比"十一五"期间年均增速下降 5.9%。

中国自 2009 年进入煤炭净进口时代以来，煤炭自给率（原煤生产量与煤炭供应量的比值）先减后增，由 2010 年的 96.4% 下降至 2013 年的 93.5%，

2014、2015 年连续回升，2015 年中国煤炭自给率为 94.6%。

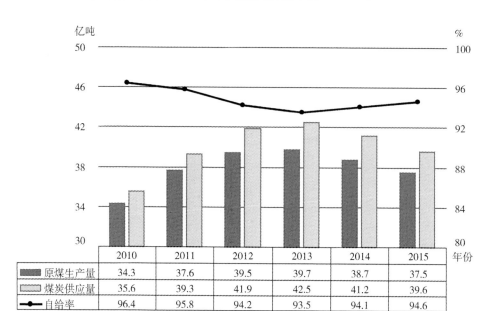

	2010	2011	2012	2013	2014	2015
原煤生产量	34.3	37.6	39.5	39.7	38.7	37.5
煤炭供应量	35.6	39.3	41.9	42.5	41.2	39.6
自给率	96.4	95.8	94.2	93.5	94.1	94.6

图 13-1 "十二五"期间中国原煤生产量、煤炭供应量与自给率

注：自给率＝原煤产量/煤炭供应量，其中 2015 年用煤炭消费量代替原煤供应量。

数据来源：2010～2014 年数据来自国家统计局《中国能源统计年鉴 2015》；2015 年数据来自国家统计局《2015 年国民经济和社会发展统计公报》。

从世界范围看，根据英国石油公司（BP）的统计数据（如表 13-1 所示），2014 年全球煤炭产量为 81.6 亿吨（约为 56.2 亿吨标准煤）。中国是世界上最大的煤炭生产国，2014 年煤炭产量为 38.7 亿吨（约为 26.4 亿吨标准煤），占全球的比重为 46.9%，是第二名美国的 3.6 倍。

表 13-1 2014 年煤炭产量国际比较

指标 国家/地区	煤炭产量 （万吨）	占比 （%）	日均煤炭产量 （万吨标准煤/日）	人均煤炭产量 （吨标准煤/人）	自给率 （%）
世界	816490	100.0	1540	0.77	101.3
OECD	204640	25.4	391	1.12	94.9
非 OECD	611850	74.6	1149	0.70	103.7
中国	387400	46.9	722	1.93	94.0

续表

指标 国家/地区	煤炭产量 （万吨）	占比 （%）	日均煤炭产量 （万吨标准煤/日）	人均煤炭产量 （吨标准煤/人）	自给率 （%）
美国	90690	12.9	199	2.28	112.0
印度尼西亚	45800	7.2	110	1.58	463.3
澳大利亚	49150	7.1	110	17.08	641.1
印度	6440	6.2	95	0.27	67.6
俄罗斯	35760	4.3	67	1.70	200.6
欧盟	53760	3.9	59	0.43	56.1
南非	26050	3.8	58	3.91	165.2
哥伦比亚	8860	1.5	23	1.72	1370.8
波兰	13710	1.4	22	4.57	160.3
哈萨克斯坦	10870	1.4	22	2.07	103.9
德国	18580	1.1	17	0.77	56.6
加拿大	6880	0.9	14	1.47	172.9
乌克兰	6090	0.8	12	0.99	95.5

注：①自给率＝煤炭生产量/煤炭供应量，计算时用消费量代替供应量；②人均煤炭产量根据2014年年中人口数进行计算。

数据来源：煤炭产量数据来自 BP Statistical Review of World Energy 2015；人口数据来自世界银行《世界发展指标》。

二、焦炭生产

"十二五"前四年，中国焦炭生产量由2010年的3.9亿吨上升至2014年的4.8亿吨，累计增加9323万吨（如图13-2所示）。日均焦炭生产量由2010年的105.9万吨/日上升至2013年的132.5万吨/日，2014年回落至131.5万吨/日。2014年人均焦炭生产量0.35吨/人。从增速上看，焦炭生产量大幅度波动：2010、2011年焦炭生产量迅速增加；2012年开始，经济步入"新常态"，钢铁、焦化行业产能过剩状况凸显，焦炭生产量增速骤降，2014年开始出现负增长。

根据国际能源署（IEA）的统计数据（如表13-2所示），2013年世界焦炭生产量为7.1亿吨，炼焦煤生产量为10.8亿吨。其中，中国的焦炭生产量为4.8亿吨，占全球的68.1%，是欧盟的11.8倍；炼焦煤生产量为6亿吨，占全球的55.8%，是第二名美国的7.7倍。在世界主要焦炭生产国中，

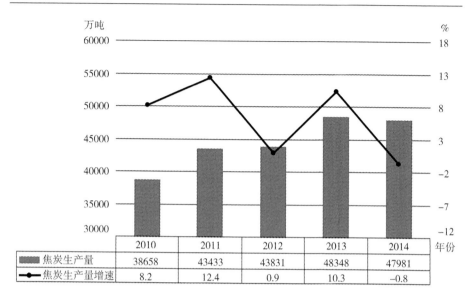

图 13 - 2 2010～2014 年中国焦炭生产量及增速

数据来源：国家统计局《中国能源统计年鉴 2015》。

大部分国家需要进口炼焦煤满足本国生产需求，其中日本、韩国、巴西、意大利等则完全依靠进口；俄罗斯、美国在满足国内生产的同时，还大量出口炼焦煤，2013 年两国的炼焦煤自给率分别为 141% 和 400%。

表 13 - 2 2013 年焦炭产量国际比较

指标 国家/地区	焦炭产量 （万吨）	占比 （%）	焦炭自给率 （%）	炼焦煤产量 （万吨）	占比 （%）	炼焦煤自给率 （%）
世界	71045.5	100.0	102.8	107677.6	100.0	101.9
OECD	12201.6	17.2	99.0	29719.8	27.6	165.6
非 OECD	58843.9	82.8	103.6	77957.8	72.4	88.8
中国	48347.8	68.1	105.5	60069.4	55.8	89.9
欧盟	4112.9	5.8	98.7	2161	2.0	35.7
日本	3957.2	5.6	97.4	0	0.0	0.0
俄罗斯	3644.4	5.1	106.9	7380.2	6.9	140.6
印度	2600.7	3.7	86.6	4963.8	4.6	53.3
乌克兰	1758.7	2.5	108.2	1966.3	1.8	81.4
韩国	1471	2.1	97.6	0	0.0	0.0

续表

指标 国家/地区	焦炭产量 （万吨）	占比 （%）	焦炭自给率 （%）	炼焦煤产量 （万吨）	占比 （%）	炼焦煤自给率 （%）
美国	1389.8	2.0	106.8	7785.7	7.2	400.4
巴西	939.3	1.3	83.0	0	0.0	0.0
波兰	936	1.3	310.1	1211.6	1.1	95.9
德国	827.3	1.2	71.8	475.6	0.4	38.1
英国	380	0.5	85.8	17.9	0.0	2.7
意大利	265.1	0.4	82.7	0	0.0	0.0

注：①焦炭产量数据为 IEA 煤炭平衡表中 Coke oven coke 和 Gas coke 两项的加总；②自给率 = 焦炭生产量/焦炭供应量。

数据来源：IEA，World Energy Statistics（2015 edition）．

三、分地区煤炭生产

（一）分地区原煤生产

受地区资源禀赋水平的影响，中国各省区煤炭生产量差异显著。2014 年内蒙古、山西、陕西、贵州、山东、新疆、河南、安徽 8 个省区原煤生产量超过 1 亿吨。其中，内蒙古、山西、陕西的原煤生产量分别为 9.9 亿吨、9.3 亿吨和 5.2 亿吨，占全国的比重分别为 25.7%、24% 和 13.5%，合计占比达到 63.2%（如图 13 – 3 所示）。

分区域看，2010 ~ 2014 年东部和中部地区原煤生产量占比逐年下降，原煤生产西移趋势明显（如图 13 – 4 所示）。其中，东部地区和中部地区原煤生产量占比分别从 2010 年的 10.9% 和 38.7% 逐年下降至 2014 年的 8% 和 36%；西部地区原煤生产量占比从 2010 年的 50.4% 逐年上升至 2014 年的 55.9%。

（二）分地区焦炭生产

受地区资源禀赋水平及其距消费地远近的影响，焦炭生产主要分布在易于获取焦煤资源、距离钢铁生产集中地区较近的地区。除西藏、海南和北京外，焦炭生产在其他省区均有分布。2014 年山西、河北、山东、陕西、内蒙古、河南、江苏、新疆、辽宁、云南、四川 11 个省区焦炭生产量超过 1000万吨，其中山西、河北、山东三个省份焦炭生产量合计达到 1.9 亿吨，合计占比达到 39.6%（如图 13 – 5 所示）。

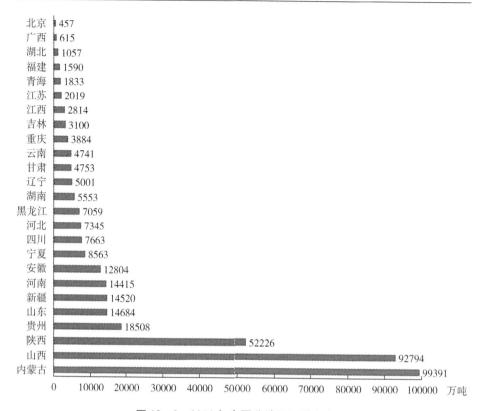

图 13 – 3　2014 年中国分地区原煤生产量

数据来源：国家统计局《中国能源统计年鉴 2015》。

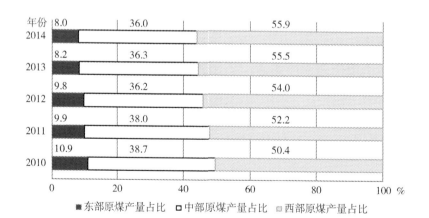

图 13 – 4　2010～2014 年中国分区域原煤生产量占比

数据来源：根据国家统计局《中国能源统计年鉴 2015》中各省区原煤生产量数据计算得到。

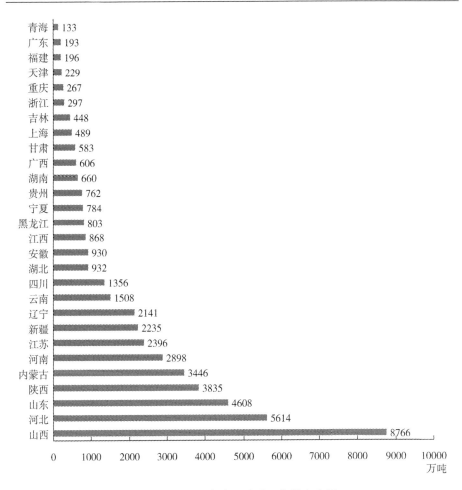

图 13 - 5　2014 年中国分地区焦炭生产量

数据来源：国家统计局《中国能源统计年鉴 2015》。

分区域看，2010～2014 年东部和中部地区焦炭生产量占比逐年下降，焦炭生产西移趋势明显（如图 13 - 6 所示）。其中，东部地区和中部地区焦炭生产量占比分别从 2010 年的 34.5% 和 40.3% 下降至 2014 年的 33.7% 和 34%；西部地区焦炭生产量占比从 2010 年的 25.3% 逐年上升至 2014 年的 32.3%。

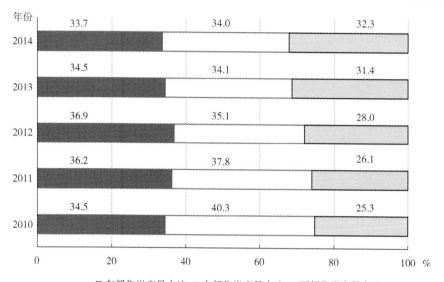

图 13-6 2010~2014 年中国分区域焦炭生产占比

数据来源：根据国家统计局《中国能源统计年鉴 2015》中分地区焦炭生产量数据计算得到。

第二节 "十三五"煤炭生产展望

展望"十三五"，中国各级政府正加快推进经济结构供给侧改革，加大力度淘汰煤炭行业过剩生产能力，严格规范煤炭生产能力管理。根据 2016 年 2 月国务院印发的《关于煤炭行业化解过剩产能实现脱困发展的意见》确定的任务，对全国所有生产煤矿按每年 276 个工作日重新确定煤矿生产能力。预计"十三五"期间，退出市场的煤矿总规模约为 7~10 亿吨/年，到 2020 年，中国的煤炭生产量约为 39 亿吨。

分地区看，晋蒙、西北等主要煤炭产地由于煤炭资源禀赋较好，生产成本明显低于中东部煤矿。东、中部地区作为主要煤炭消费地，在国内防治大气污染和国际上应对气候变化的双重压力下，煤炭需求下降，加之煤炭铁路运输能力不断增强，"十三五"期间，晋蒙、西北等地区的煤炭在中东部地区的变动成本大幅下降，中东部地区资源禀赋差、成本高、持续亏损的煤矿将退出市场，中国煤炭生产将逐步向内蒙古、陕西、宁夏和新疆等地区集中。预计 2020 年山西、内蒙古和西北地区煤炭生产量合计将达到 31 亿吨左右。

第十四章　石油生产

　　"十二五"期间中国原油生产量小幅增长，5年年均增长1.1%；成品油生产保持较快增长，但汽油、煤油、柴油生产增速分化明显。其中，汽油与煤油生产保持高速增长，5年年均增速分别为10.3%与13.7%；柴油生产年均增长放缓，5年年均增长3.8%。展望"十三五"，中国原油生产量将趋于平稳，预计2020年中国原油生产量为2.2亿吨；汽油与煤油生产保持较快增长，预计到2020年汽油与煤油生产量分别增至1.6亿吨与6000万吨。柴油生产量维持在1.8亿吨左右。

第一节　"十二五"石油生产分析

　　"十二五"期间中国原油生产量累计增加约1200万吨，2015年原油生产量为2.1亿吨，石油自给率降至39%；成品油生产量累计增加约9500万吨，2015年汽油、煤油和柴油生产量分别为1.2亿吨、3659万吨和1.8亿吨，生产柴汽比降至1.5以下。

一、原油生产

　　"十二五"期间中国原油生产总量稳中有增，2015年中国原油生产总量2.1亿吨，较2010年仅增加约1200万吨，5年年均增速1.1%，较"十一五"期间降低1.2个百分点。日均原油生产量由2010年的56万吨（约408万桶）提高到2015年的59万吨（约431万桶）。由于原油生产增速低于石油消费增速，"十二五"期间中国石油自给率逐年下降，2015年中国石油自给率降至39%，较2010年下降7个百分点（如图14-1所示）。

　　从世界范围看，根据英国石油公司（BP）的统计数据，2014年世界原油生产总量42.2亿吨，日均生产量为1156万吨（8867万桶）。其中，中国

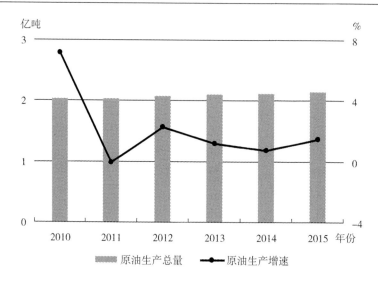

图 14 - 1　2010～2015 年中国原油生产总量与增速

数据来源：2010～2014 年数据来自国家统计局《中国能源统计年鉴 2015》；2015 年数据来自国家统计局《2015 年国民经济和社会发展统计公报》。

原油生产量 2.1 亿吨，占比 5%，排名世界第四位，为世界排名第一的沙特阿拉伯（5.4 亿吨）的 39%，为排名第二的俄罗斯（5.3 亿吨）的 40%，为排名第三的美国（5.2 亿吨）的 41%（如表 14 - 1 所示）。

表 14 - 1　原油生产量国际比较

国家/地区	生产总量（亿吨）	占比（%）	日均生产量		石油自给率（%）
			（万吨）	（万桶）	
世界	42.21	100.0	1156	8867	100.2
OPEC	17.30	41.0	474	3659	—
非 OPEC	24.91	59.0	682	5208	—
沙特阿拉伯	5.43	12.9	149	1150	382.7
俄罗斯	5.34	12.7	146	1084	360.6
美国	5.20	12.3	142	1164	62.2
中国	2.11	5.0	58	425	40.6
加拿大	2.10	5.0	57	429	203.6
伊朗	1.69	4.0	46	361	181.6
阿联酋	1.67	4.0	46	371	425.1

国家/地区	生产总量 （亿吨）	占比 （%）	日均生产量		石油自给率 （%）
			（万吨）	（万桶）	
伊拉克	1.60	3.8	44	329	—
科威特	1.51	3.6	41	312	679.5
委内瑞拉	1.39	3.3	38	272	361.8
墨西哥	1.37	3.2	38	278	160.8
巴西	1.22	2.9	33	235	85.7
尼日利亚	1.13	2.7	31	236	—
挪威	0.86	2.0	23	189	827.6
卡塔尔	0.84	2.0	23	198	823.7
安哥拉	0.83	2.0	23	171	—
哈萨克斯坦	0.81	1.9	22	170	621.8
阿尔及利亚	0.66	1.6	18	153	366.6
哥伦比亚	0.52	1.2	14	99	360.9
阿曼	0.46	1.1	13	94	—
阿塞拜疆	0.42	1.0	12	85	923.4
印度	0.42	1.0	11	89	23.2
印度尼西亚	0.41	1.0	11	85	55.8

注：本表数据为 2014 年数据；石油自给率＝原油生产总量/石油消费总量。

数据来源：《BP 世界能源统计 2015》（BP Statistical Review of World Energy 2015）。

二、成品油生产

"十二五"期间中国成品油生产量稳步增长，由 2010 年的 2.4 亿吨增加到 2015 年的 3.4 亿吨，5 年间年均增加约 1900 万吨。分品种看，汽油、煤油、柴油生产量全面增加，分别由 2010 年的 7410 万吨、1924 万吨、1.5 亿吨增加至 2015 年的 1.2 亿吨、3659 万吨、1.8 亿吨。从增速上看，"十二五"期间中国成品油生产年均增长 6.8%，与"十一五"期间年均增速（6.7%）几乎持平。汽、煤、柴油生产增速分化明显。其中，汽油生产年均增长 10.3%，较"十一五"期间年均增速提高 3.9 个百分点；煤油生产年均增长 13.7%，与"十一五"期间年均增速相当；柴油生产年均增长 3.8%，较"十一五"期间年均增速放缓 2.3 个百分点。由于汽油生产增速高于柴油生产增速，因此生产柴汽比逐年下滑，由 2010 年的 2.01 下滑至 2015 年的 1.49（如图 14-2 所示）。

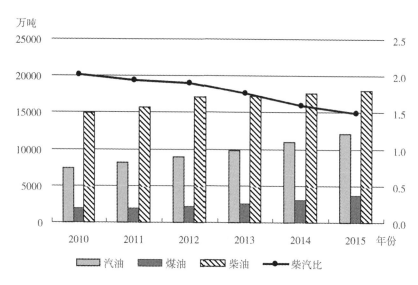

图 14-2 2010～2015 年中国成品油生产产量与生产柴汽比

注：生产柴汽比 = 柴油生产量/汽油生产量。

数据来源：2010～2014 年数据来自国家统计局《中国能源统计年鉴 2015》；2015 年数据来自国家统计局网站 http://www.stats.gov.cn/。

三、分地区石油生产

（一）分地区原油生产

中国原油生产主要集中在石油储量丰富的地区。2014 年原油生产量排名前 5 位的省（市、自治区）是黑龙江、陕西、天津、新疆和山东，5 省（市、自治区）原油生产量合计占中国原油生产总量的 77.7%。其中，黑龙江原油生产量达 4000 万吨，陕西原油生产量超过 3500 万吨，天津原油生产量超过 3000 万吨，新疆和山东原油生产量均超过 2500 万吨。原油生产量排名后 5 位的省（市、自治区）是上海、宁夏、四川、内蒙古和海南，这 5 个省（市、自治区）的原油生产量合计仅占全国的 0.4%（如图 14-3 所示）。

（二）分地区成品油生产

中国成品油生产主要集中在炼油工业基础较好的地区。

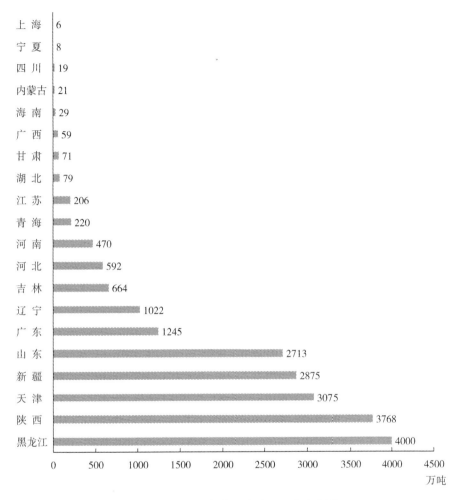

图 14-3　2014 年中国分地区原油生产量

数据来源：国家统计局《中国能源统计年鉴 2015》。

　　汽油方面，2014 年中国汽油生产量排名前 5 位的省份是山东、辽宁、广东、陕西和江苏，5 省份汽油生产量合计占中国汽油生产总量的近一半。其中，山东汽油生产量超过 2000 万吨，辽宁汽油生产量超过 1000 万吨，广东、陕西和江苏汽油生产量均超过 500 万吨。汽油生产量排名后 5 位的省（自治区）是云南、山西、青海、内蒙古和江西，5 省（自治区）汽油生产量合计仅占全国的 3.5%（如图 14-4 所示）。

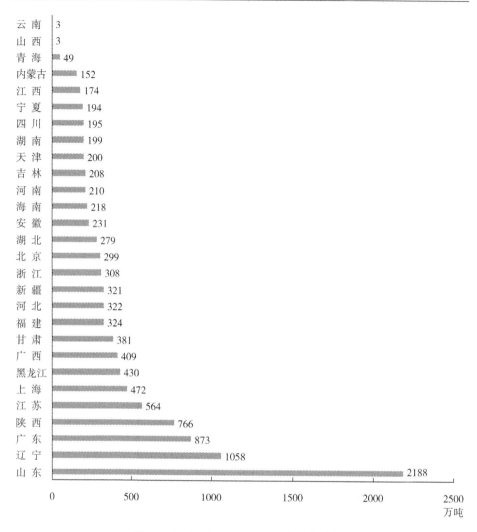

图 14 - 4　2014 年中国分地区汽油生产量

数据来源：国家统计局《中国能源统计年鉴 2015》。

　　煤油方面，2014 年中国煤油生产量排名前 5 位的省（市）是广东、辽宁、江苏、上海和浙江，5 省（市）煤油生产量合计占中国煤油生产总量的 55.6% 。其中，广东煤油生产量超过 500 万吨，辽宁煤油生产量接近 400 万吨，江苏、上海和浙江煤油生产量均超过 200 万吨。煤油生产量排名后 5 位的省（自治区）是四川、内蒙古、宁夏、吉林和河北，5 省（自治区）煤油生产量合计仅占全国的 1.3% （如图 14 - 5 所示）。

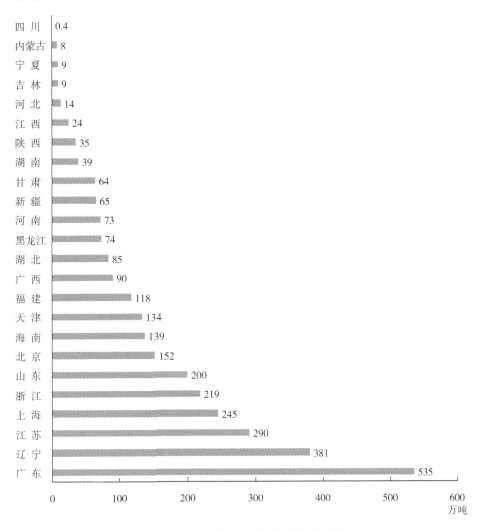

图 14 - 5　2014 年中国分地区煤油生产量

数据来源：国家统计局《中国能源统计年鉴 2015》。

柴油方面，2014 年中国柴油生产量排名前 5 位的省（自治区）是山东、辽宁、广东、新疆和陕西，5 省（自治区）柴油生产量合计占中国柴油生产总量的 52.1%。其中，山东柴油生产量超过 3000 万吨，辽宁柴油生产量超过 2000 万吨，广东柴油生产量超过 1500 万吨，新疆柴油生产量超过 1000 万吨，陕西柴油生产量近 900 万吨。柴油生产量排名后 5 位的省（自治区）是青海、江西、河南、宁夏和内蒙古，5 省（自治区）柴油生产量合计仅占全国的4.8%（如图14－6所示）。

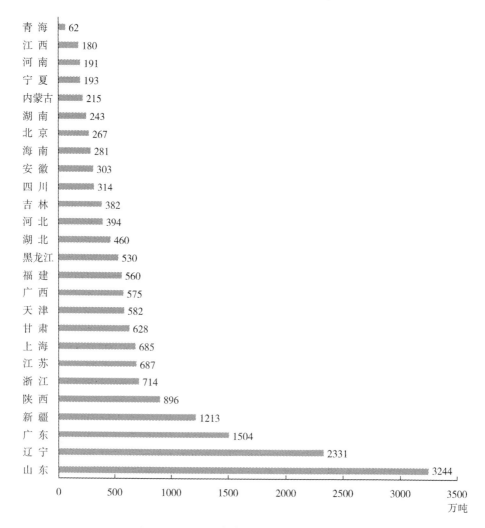

图 14－6 2014 年中国分地区柴油生产量

数据来源：国家统计局《中国能源统计年鉴 2015》。

第二节　"十三五"石油生产展望

展望"十三五",中国将坚持陆上和海上并重,巩固老油田,开发新油田,突破海上油田,通过建设一批千万吨级大油田,稳步提高国内原油生产量;成品油生产方面,在炼油产能过剩的背景下,预计"十三五"期间中国成品油生产量将大于消费量。

原油生产方面,分地区看,"十三五"期间东部地区将以渤海湾盆地、松辽盆地为重点,深化精细开发,积极发展先进采油技术,实现挖潜稳产;西部地区将以鄂尔多斯盆地、准格尔盆地、塔里木盆地、柴达木盆地为重点,加大开发力度,推广应用先进技术,逐步成为上产接替区;海域方面将按照"以近养远、远近结合,以浅养深、深浅结合"的原则,以渤海、南海北部为重点,自主开发与对外合作并举,大力提升海域原油产量。综合预计"十三五"期间中国原油生产量将趋于平稳,到2020年中国原油生产量为2.2亿吨。

成品油生产方面,尽管中国以成品油质量升级为契机,加快淘汰石油炼化行业落后产能,但随着石油进出口权的全面放开,地方炼厂扩能增产的积极性较高,加之随着行业转型升级,炼厂规模化水平不断提升,炼油技术不断优化,轻油收率不断提高,预计"十三五"期间中国成品油生产量将大于消费量,到2020年中国成品油生产量达4亿吨。分品种看,预计"十三五"期间汽油、煤油生产量将保持较快增长,到2020年生产量分别增至1.6亿吨、6000万吨;柴油生产量趋于平稳,维持在1.8亿吨左右。

第十五章 天然气生产

"十二五"期间，中国天然气产量年均增速降至 6%。2015 年产量为 1271 亿立方米，2020 年常规天然气的目标产量为 1850 亿立方米，保守估计实际产量只能达到 1500 亿立方米。煤层气和页岩气 2020 年的目标产量均为 300 亿立方米，保守估计煤层气为 200 亿立方米，页岩气为 150 亿立方米。"十三五"末中国天然气产量预计能达到 1850 亿立方米。

第一节 "十二五"天然气生产分析

"十二五"期间，中国的天然气产量年均增长 6%。同时，天然气的自给率逐年下降，"十二五"期间年均自给率较"十一五"期间下降 24 个百分点。分地区看，天然气生产主要集中在陕西、新疆和四川，2014 年三省（自治区）产量合计 960 亿立方米，占全国的 74%。分公司看，生产天然气最多的是中国石油，2014 年的产量占全国的 76%；分油气田看，长庆气田的产量最高，为 381.5 亿立方米，占全国产量的 31%。

一、天然气开采

中国天然气生产量从 2010 年的 958 亿立方米增长到 2015 年的 1271 亿立方米，"十二五"期间年均增速 6%，远低于"十一五"期间的年均增速（14%）。"十二五"期间，天然气自给率逐年下降，2014 年自给率首次低于 70%；平均自给率（72.6%）较"十一五"期间（96.7%）下降 24 个百分点（如图 15 - 1 所示）。

从世界范围看，根据 BP 公司的统计数据，2014 年全球天然气生产总量 34606 亿立方米，日均产量 94.8 亿立方米。世界天然气生产量排名前五位的国家依次为美国（7283 亿立方米）、俄罗斯（5787 亿立方米）、卡塔尔

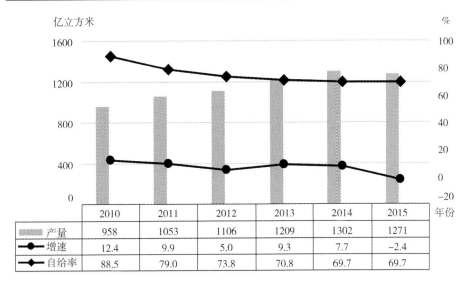

图 15 - 1　2010 ~ 2015 年中国天然气产量、增速、自给率

数据来源：国家统计局网站。

（1772 亿立方米）、伊朗（1726 亿立方米）、加拿大（1620 亿立方米）。中国排名第六，占全球天然气生产量的 3.9%（如表 15 - 1 所示）。

表 15 - 1　2014 年天然气产量的国际比较

单位：亿立方米

国家/地区	产量	占比（%）	日均产量	自给率（%）
世界	34606	100.0	94.81	102.0
OECD	12482	36.3	34.20	79.1
非 OECD	22124	63.7	60.61	121.9
美国	7283	21.4	19.95	95.9
俄罗斯	5787	16.7	15.86	141.4
卡塔尔	1772	5.1	4.86	395.6
伊朗	1726	5.0	4.73	101.4
加拿大	1620	4.7	4.44	155.5
中国	1345	3.9	3.68	72.5
欧盟	1323	3.8	3.62	34.2
挪威	1088	3.1	2.98	2331.3

续表

国家/地区	产量	占比（%）	日均产量	自给率（%）
沙特阿拉伯	1082	3.1	2.97	100.0
阿尔及利亚	833	2.4	2.28	222.1

注：自给率＝产量/消费量。

数据来源：《BP 世界能源统计 2015》（BP Statistical Review of World Energy 2015）。

二、非常规天然气开采

中国非常规天然气产量主要来自煤层气和页岩气。2015 年煤层气产量 63.4 亿立方米，页岩气产量 44.7 亿立方米（如图 15 - 2 所示）。

亿立方米

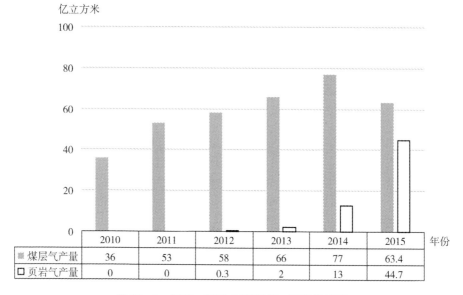

	2010	2011	2012	2013	2014	2015	年份
▨ 煤层气产量	36	53	58	66	77	63.4	
□ 页岩气产量	0	0	0.3	2	13	44.7	

图 15 - 2　2010～2015 年煤层气、页岩气产量

注：2014 年煤层气数据为利用量数据。

数据来源：2010～2013 年数据来自国家发展改革委网站。2014 年数据来自中国能源研究会《中国能源展望2030》。2015 年数据来自国土资源部。

三、分地区天然气开采

分地区看，2014 年中国天然气生产量超过 200 亿立方米的省区有陕西

（410.1 亿立方米）、新疆（296.7 亿立方米）、四川（253.5 亿立方米），合计生产天然气 960.3 亿立方米，占全国天然气生产总量的 73.8%；产量超过 20 亿立方米的有广东（83.7 亿立方米）、青海（68.9 亿立方米）、黑龙江（35.4 亿立方米）、山西（31.6 亿立方米）、吉林（22.3 亿立方米）、天津（21.2 亿立方米）六个省（市）（如图 15 - 3 所示）。

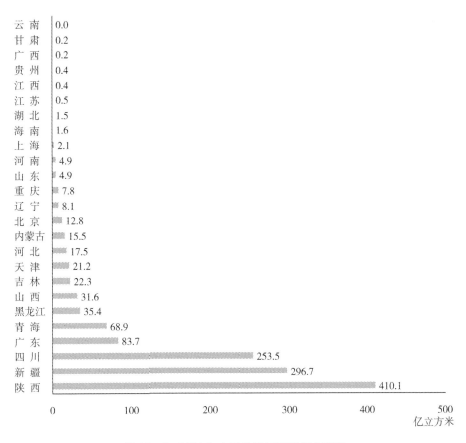

图 15 - 3　2014 年中国分地区天然气生产量

数据来源：国家统计局网站及《中国能源统计年鉴 2015》。

四、分公司天然气开采

分公司看，生产天然气最多的是中国石油，2014 年其产量占全国的 76%；第二位是中国石化，占全国产量的 15%；第三位是中国海油，占全国产量的8%。分油气田看，长庆气田的产量最高，为381.5亿立方米，占全国产量的31%（如表15－2所示）。

表15－2　分公司天然气生产量

单位：亿立方米

企业	油气田	2010年	2011年	2012年	2013年	2014年
中国石油	大庆	29.9	31.0	33.7	11.2	35.1
	吉林	14.1	15.5	17.6	16.5	16.0
	辽河	8.0	7.2	7.2	7.2	7.0
	华北	5.5	7.6	8.3	5.0	3.0
	大港	3.7	4.5	4.4	3.8	5.4
	新疆	38.0	37.1	31.0	20.0	32.4
	塔里木	183.6	170.5	193.1	223.2	235.6
	吐哈	12.5	10.5	10.5	10.4	10.0
	青海	56.1	65.0	63.5	68.1	68.9
	长庆	211.1	258.3	290.3	346.8	381.5
	西南	153.6	142.1	131.5	126.1	135.6
	南方	1.8	2.0	1.8	1.7	1.6
	浙江	—	—	0.0	—	0.1
	小计	722.5	755.9	792.6	879.7	940.6
中国石化	胜利	5.2	5.0	5.0	5.0	5.0
	中原	5.7	4.4	4.4	4.4	83.1
	河南	0.6	0.6	0.6	0.6	0.5
	江汉	1.6	1.6	1.7	3.1	2.5
	江苏	0.6	0.5	0.6	0.5	0.5
	西北	15.8	15.9	16.5	16.4	16.3
	西南	26.5	28.0	29.6	31.1	31.9
	东北	3.4	3.8	5.1	6.0	6.6
	华北	22.4	23.3	27.3	34.4	40.0
	上海	0.0	—	2.9	3.1	3.3
	勘探南方	—		76.6	82.2	—
	小计	125.1	146.4	169.3	188.0	190.5

续表

企业	油气田	2010 年	2011 年	2012 年	2013 年	2014 年
中国海油	天津	—	—	21.4	23.4	25.0
	深圳	—	—	16.6	17.3	27.0
	湛江	—	—	56.0	55.8	44.9
	上海	—	—	5.8	5.6	6.4
	小计	92.1	101.2	99.7	102.7	103.4
地方	延长	—	—	0.0	0.0	6.1
	上海	—	—	3.4	5.6	2.5
	田东	—	—	0.0	—	—
	小计	3.9	—	3.4	2.8	8.6
全国合计		944.6	1012.8	1062.1	1169.2	1239.9

数据来源：国土资源部历年《全国油气矿产储量通报》。

第二节 "十三五"天然气生产展望

根据《能源发展战略行动计划（2014～2020 年）》提出的天然气生产目标，到 2020 年，年产常规天然气 1850 亿立方米，页岩气产量力争超过 300 亿立方米，煤层气产量力争达到 300 亿立方米。"十二五"期间，中国天然气产量的年均增速仅为 6%。为达到 2020 年 2450 亿立方米的目标产量，"十三五"期间年均增速需达到约 14%。实现这一增速困难较大，保守估计 2020 年常规天然气产量能达到 1500 亿立方米，煤层气达到 200 亿立方米，页岩气达到 150 亿立方米，总计 1850 亿立方米。为实现这一目标，"十三五"期间需要建设至少 5 个年产百亿立方米级的天然气生产基地，同时加大对非常规天然气的开发和投资力度。

第十六章　电力生产

"十二五"期间，中国发电量累计增加 1.38 万亿千瓦时，2011 年超越美国成为全球第一大电力生产国。从增速上看，发电量增速逐年放缓，由 2010 年的 14.8% 下降到 2015 年的 0.6%，年均增长 5.8%。但长期看，中国电力生产仍有较大增长空间。预计到 2020 年，中国发电量将达到约 6.8 万亿千瓦时，日均发电量为 186 亿千瓦时。

第一节　"十二五"电力生产分析

"十二五"期间，中国发电量年均增加 2753 亿千瓦时。2015 年，中国人均发电量超过 4000 千瓦时，接近 OECD 国家平均水平的一半。分电源看，火电发电比重趋于下降，水电、核电、风电以及太阳能发电比重趋于提高，2015 年火电发电比重为 73.1%，水电、核电、风电以及太阳能发电比重分别为 19.9%、3.0%、3.3%、0.7%。分地区看，苏粤蒙鲁四省（自治区）发电量超过 3700 亿千瓦时。

一、发电量

"十二五"期间，中国发电量累计增加 1.38 万亿千瓦时，由 2010 年的 4.2 万亿千瓦时增加到 2015 年的 5.6 万亿千瓦时，年均增加 2753 亿千瓦时。日均发电量由 2010 年的 116 亿千瓦时增加到 2015 年的 154 亿千瓦时，人均发电量由 2010 年的 3160 千瓦时增加到 2015 年的 4087 千瓦时。从增速上看，发电量增速大幅度下降，由 2010 年的 14.8% 大幅下降到 2015 年的 0.6%。除 2013 年出现小幅上升外，其余年份均呈现下降趋势，其中 2012 年的降幅最大，下降了 6.5 个百分点。"十二五"期间发电量年均增长 5.8%（如图 16-1 所示）。

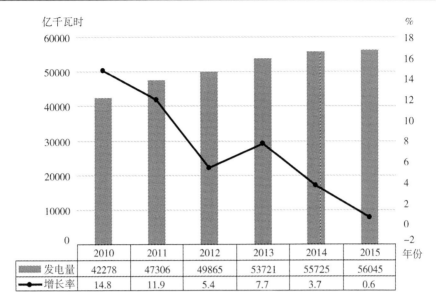

年份	2010	2011	2012	2013	2014	2015
发电量	42278	47306	49865	53721	55725	56045
增长率	14.8	11.9	5.4	7.7	3.7	0.6

图 16 - 1　2010～2015 年中国发电量及增速

数据来源：2010～2013 年数据来自中国电力企业联合会历年《电力工业统计资料汇编》；2014～2015 年数据来自中国电力企业联合会《2015 年全国电力工业统计快报》。

从国际范围看，根据英国石油公司（BP）统计数据，2011 年中国发电量超越美国，居全球之首。2014 年世界总发电量为 23.5 万亿千瓦时，当年中国发电量为 5.6 万亿千瓦时，占世界发电总量的 24%；同期 OECD 国家总发电量为 10.7 万亿千瓦时，美国发电量为 4.3 万亿千瓦时，英国为 3350 亿千瓦时，德国为 6140 亿千瓦时，日本为 10612 亿千瓦时，中国发电量是 OECD 国家的 52.7%，是美国的 1.3 倍、英国的 16.9 倍、德国的 9.2 倍、日本的 5.3 倍（如表 16 - 1 所示）。

从人均发电量看，2014 年世界人均发电量为 3242 千瓦时，当年中国人均发电量为 4141 千瓦时，是世界人均发电总量的 1.3 倍；同期 OECD 国家人均发电量为 8428 千瓦时/人，美国人均发电量为 13477 千瓦时/人，英国为 5193 千瓦时/人，德国为 7591 千瓦时/人，日本为 8347 千瓦时/人，中国人均发电量是 OECD 国家的 49.1%，是美国的 30.7%、英国的 79.7%、德国的 54.6%、日本的 49.6%（如表 16 - 1 所示）。

表 16 - 1 2010 ~ 2014 年发电量国际比较

单位：亿千瓦时

国家/地区	2010 年	2011 年	2012 年	2013 年	2014 年	2014 占比（%）	2014 人均发电量（千瓦时/人）
世界	214255	221006	226304	231840	235365	100.0	3242
OECD	109031	108354	108622	108061	107148	45.5	8428
非 OECD	105224	112652	117682	123779	128217	54.5	2141
中国	42072	47130	49876	54316	56496	24.0	4141
美国	43311	43024	42491	42685	42973	18.3	13477
印度	9222	10062	10539	11028	12084	5.1	933
俄罗斯	10380	10549	10693	10591	10641	4.5	7399
日本	11560	11042	11069	10878	10612	4.5	8347
加拿大	5818	6004	6102	6264	6154	2.6	17315
德国	6286	6131	6301	6332	6140	2.6	7591
巴西	5158	5318	5525	5700	5826	2.5	2827
法国	5732	5643	5607	5683	5557	2.4	8393
韩国	4950	5176	5306	5171	5178	2.2	10269
英国	3817	3673	3634	3591	3350	1.4	5193
沙特阿拉伯	2401	2501	2717	2840	3036	1.3	9830
墨西哥	2708	2886	2966	2891	2896	1.2	2310
意大利	3021	3026	2993	2898	2781	1.2	4534
西班牙	3030	2918	2976	2836	2778	1.2	5987

数据来源：发电量数据来自 BP Statistics Review of World Energy 2015；年中人口数据来自世界银行数据库。

二、分电源发电量及结构

分电源看，截至 2015 年底，中国水电、火电、核电、风电、太阳能等的发电量分别为 11143 亿千瓦时、40972 亿千瓦时、1695 亿千瓦时、1851 亿千瓦时、383 亿千瓦时。核电、风电、太阳能发电等新能源和可再生能源发电量的增长速度则更为显著，"十三五"期间，中国水电、火电、核电、风电以及太阳能发电量的年均增速分别为 10.2%、3.7%、17.8%、30.2% 以及 186%（如表 16 - 2 所示）。

表 16 - 2　2010～2015 年中国分电源发电量

单位：亿千瓦时

年份	水电	火电	核电	风电	太阳能等其他发电
2010	6867	34166	747	494	2
2011	6681	39003	872	741	8
2012	8556	39255	983	1030	41
2013	8921	42216	1115	1383	87
2014	10601	41955	1332	1599	233
2015	11143	40972	1695	1851	383

数据来源：2000～2013 年数据来自中国电力企业联合会历年《电力工业统计资料汇编》；2014～2015 年数据来自中国电力企业联合会《2015 年全国电力工业统计快报》。

从结构上看，2015 年火电发电量占比为 73.1%，较 2010 年下降 7.7 个百分点；水电发电量占比为 19.9%，较 2010 年上涨 3.7 个百分点；核电发电量占比为 3.0%，较 2010 年上涨 1.2 个百分点；风电发电量占比为 3.3%，较 2010 年上涨 2.1 个百分点；太阳能发电及其他的占比为 0.7%，较 2010 年上涨 0.7 个百分点（如图 16 - 2 所示）。

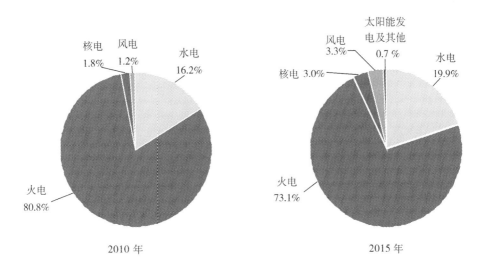

图 16 - 2　2010、2015 年中国分电源发电结构

数据来源：2010 年数据来自中国电力企业联合会《电力工业统计资料汇编》（2010）；2015 年数据来自中国电力企业联合会《2015 年全国电力工业统计快报》。

从全球范围看，火电是电力生产的主体。根据国际能源署（IEA）统计数据，2013 年世界火电发电量占总发电量的 69.2%，OECD 国家火电发电量占总发电量的 62.7%，美国这一比重为 69.4%，英国为 69.7%，日本为 88.8%。中国火电发电量占比为 78.2%，比世界平均水平高 9 个百分点，比 OECD 国家平均水平高 15.5 个百分点，比美国高 8.8 个百分点，比英国高 8.5 个百分点，比日本低 10.6 个百分点。中国火电是以煤电为主的，煤电占火电发电比重达 97%；而发达国家则是天然气发电比重较大，美国天然气发电在火电发电中所占比重为 39%，日本为 43%，英国为 38%，而中国的这一比重为 2%（如表 16 - 3 所示）。

表 16 - 3　2013 年分电源发电结构国际比较

单位:%

国家/地区	火电	煤电	油电	气电	生物燃料及垃圾发电	水电	核电	风电	太阳能发电	其他
世界	69.2	41.2	4.4	21.6	2.0	16.6	10.6	2.7	0.6	0.4
OECD	62.7	32.5	3.0	24.3	2.9	13.6	18.1	4.0	1.1	0.5
非 OECD	74.9	48.7	5.6	19.4	1.2	19.1	4.1	1.6	0.2	0.2
中国	78.2	75.5	0.1	1.7	0.9	16.9	2.0	2.6	0.3	0.002
美国	69.4	39.8	0.9	26.9	1.8	6.7	19.1	3.9	0.4	0.5
印度	82.1	72.8	1.9	5.5	1.9	11.9	2.9	2.8	0.3	0.0
俄罗斯	66.4	15.3	0.8	50.0	0.3	17.2	16.3	0.0	0.0	0.04
日本	88.8	32.2	14.3	38.4	3.9	8.1	0.9	0.5	1.4	0.2
加拿大	22.3	10.0	1.2	10.3	0.8	60.1	15.8	1.8	0.1	0.002
德国	66.7	46.3	1.1	10.9	8.4	4.5	15.4	8.2	4.9	0.3
法国	8.9	4.3	0.4	3.0	1.2	13.2	74.0	2.8	0.8	0.2
巴西	27.7	3.8	4.7	12.1	7.1	68.6	2.6	1.2		0.1
韩国	72.1	41.1	4.0	26.7	0.3	1.5	25.6	0.2	0.3	0.2
英国	69.7	36.7	0.6	26.6	5.8	2.1	19.7	7.9	0.6	0.002
意大利	66.3	16.7	5.3	37.6	6.7	18.9	0.0	5.1	7.4	2.2
西班牙	42.1	15.0	4.9	20.1	2.1	14.5	20.0	19.0	4.5	0.0
墨西哥	83.1	10.8	16.1	55.8	0.4	9.4	4.0	1.4	0.04	2.0

注：表中火电包括煤电、油电、气电、生物燃料及垃圾发电。

数据来源：IEA，World Energy Statistics（2015 edition）．

此外，从发电结构看，中国核电发电比重较低。2013 年世界核电发电比重为 10.6%，OECD 国家核电发电比重为 18.1%，美国、英国、德国的这一比重分别为 19.1%、19.7%、15.4%。同时期中国核电发电比重为 2.0%，比世界平均水平低 8.6 个百分点，比 OECD 国家平均水平低 16.1 个百分点，比美国、英国、德国分别低 17.1 个百分点、17.7 个百分点、13.4 个百分点（如表 16 - 3 所示）。

三、分地区发电量及结构

分地区看，2014 年发电量排名前 5 位的省（市、自治区）分别是江苏（4348 亿千瓦时）、内蒙古（3861 亿千瓦时）、广东（3805 亿千瓦时）、山东（3738 亿千瓦时）、四川（3130 亿千瓦时）。而西藏（26 亿千瓦时）、海南（246 亿千瓦时）、北京（369 亿千瓦时）的发电量分别不到 500 亿千瓦时（如图 16 - 3 所示）。

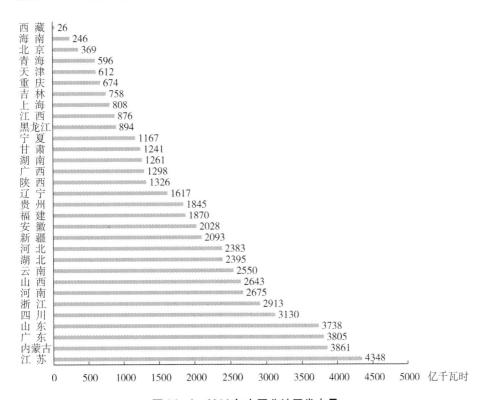

图 16 - 3　2014 年中国分地区发电量

数据来源：中国电力企业联合会《电力工业统计资料汇编 2014》。

分电源看，四川（2578 亿千瓦时）、云南（2082 亿千瓦时）、湖北（1385 亿千瓦时）水电发电量超过 1000 亿千瓦时，而排名第四的贵州仅有 733 亿千瓦时；火电发电量较多的省（市、自治区）有江苏（4098 亿千瓦时）、山东（3627 亿千瓦时）、内蒙古（3415 亿千瓦时）、广东（2933 亿千瓦时）、河南（2571 亿千瓦时）等地；核电发电量主要来自辽宁、江苏、浙江、福建、广东 5 个地区，其中核电发电量最多的是广东（549 亿千瓦时），最少的是辽宁（120 亿千瓦时）；风电发电量集中在内蒙古（386 亿千瓦时）、河北（164 亿千瓦时）、新疆（135 亿千瓦时）、甘肃（115 亿千瓦时），辽宁（104 亿千瓦时）、山东（101 亿千瓦时），这 6 个省区风电发电量之和占全国风电发电总量的 63%；太阳能等发电量最多的是青海（58 亿千瓦时）、新疆（43 亿千瓦时）、甘肃（40 亿千瓦时）（如表 16 - 4 所示）。

表 16 - 4　2014 年分地区分电源发电量

单位：亿千瓦时

地　区	水电	火电	核电	风电	太阳能发电及其他
北　京	7	359	0	3	0
天　津	0.2	605	0	6	0.8
河　北	13	2200	0	164	6
山　西	34	2530	0	76	3
内蒙古	35	3415	0	386	25
辽　宁	42	1351	120	104	0
吉　林	70	630	0	58	0
黑龙江	21	801	0	72	0
上　海	0	800	0	7	1
江　苏	12	4098	168	57	13
浙　江	203	2340	354	13	3
安　徽	41	1972	0	13	2
福　建	413	1277	142	38	0
江　西	133	737	0	6	0
山　东	5.5	3627	0	101	4.5
河　南	96	2571	0	7	1
湖　北	1385	997	0	13	0
湖　南	488	765	0	8	0

续表

地　区	水电	火电	核电	风电	太阳能发电及其他
广　东	289	2933	549	34	0
广　西	631	664	0	2	1
海　南	25	215	0	5	1
重　庆	241	431	0	2	0
四　川	2578	547	0	4	1
贵　州	733	1094	0	18	0
云　南	2082	401	0	63	4
西　藏	20	3	0	0	3
陕　西	71	1240	0	13	2
甘　肃	355	731	0	115	40
青　海	403	131	0	4	58
宁　夏	18	1053	0	71	25
新　疆	159	1756	0	135	43

数据来源：中国电力企业联合会《电力工业统计资料汇编2014》。

从结构上看，四川、云南、西藏、青海、湖北等地以水电为主，水电发电量比重均超过50%；大部分地区火电仍为主要的发电形式，其中北京、天津、山西、上海、安徽、山东、河南火电发电量比重均超过95%；辽宁、江苏、浙江、福建、广东的核电发电量占该地区总发电量的比重均不超过15%；内蒙古、甘肃、河北、宁夏、新疆以及东北地区风电发电量比重较高，在6%～11%；西藏、青海、福建、甘肃、宁夏、新疆等地太阳能等发电量比重相对较高（如表16-5所示）。

表16-5　2014年分地区分电源发电结构

单位:%

地　区	水电	火电	核电	风电	太阳能发电及其他
北　京	1.9	97.3	0.0	0.8	0.0
天　津	0.0	98.9	0.0	1.0	0.1
河　北	0.6	92.3	0.0	6.9	0.2
山　西	1.3	95.7	0.0	2.9	0.1
内蒙古	0.9	88.5	0.0	10.0	0.6

续表

地 区	水电	火电	核电	风电	太阳能发电及其他
辽 宁	2.6	83.6	7.4	6.4	0.0
吉 林	9.2	83.1	0.0	7.7	0.0
黑龙江	2.4	89.6	0.0	8.0	0.0
上 海	0.0	99.0	0.0	0.9	0.1
江 苏	0.3	94.3	3.9	1.3	0.2
浙 江	7.0	80.3	12.2	0.5	0.0
安 徽	2.0	97.2	0.0	0.6	0.2
福 建	22.1	68.3	7.6	2.0	7.6
江 西	15.2	84.1	0.0	0.7	0.0
山 东	0.2	97.0	0.0	2.7	0.1
河 南	3.6	96.1	0.0	0.3	0.0
湖 北	57.8	41.6	0.0	0.5	0.1
湖 南	38.7	60.7	0.0	0.6	0.0
广 东	7.6	77.1	14.4	0.9	0.0
广 西	48.6	51.2	0.0	0.2	0.0
海 南	10.2	87.4	0.0	2.0	0.4
重 庆	35.8	63.9	0.0	0.3	0.0
四 川	82.4	17.5	0.0	0.1	0.0
贵 州	39.7	59.3	0.0	1.0	0.0
云 南	81.7	15.7	0.0	2.5	0.1
西 藏	76.9	11.5	0.0	0.4	11.2
陕 西	5.4	93.5	0.0	1.0	0.1
甘 肃	28.6	58.9	0.0	9.3	3.2
青 海	67.6	22.0	0.0	0.7	9.7
宁 夏	1.5	90.2	0.0	6.1	2.2
新 疆	7.6	83.9	0.0	6.5	2.0

数据来源：中国电力企业联合会《电力工业统计资料汇编2014》。

第二节　"十三五"电力生产展望

随着中国用电需求增速持续走低，发电量的增长也相应放缓。2015 年中国发电量增速放缓至 0.6%。但长期看，中国电力需求仍有较大增长空间，因此电力生产也会相应增加。从中国工业化进程判断，预计到 2020 年左右，将完成工业化进程，进入后工业化发展阶段。预计到 2020 年，中国发电量将达到约 6.8 万亿千瓦时，日均发电量为 186 亿千瓦时。

分电源看，"十三五"期间，中国发电装机结构的持续变化将影响各电源的发电出力情况，分电源发电量结构将逐步改变。截至 2015 年底，中国火电、水电、核电、风电、太阳能发电量分别为 40972 亿千瓦时、11143 亿千瓦时、1695 亿千瓦时、1851 亿千瓦时、383 亿千瓦时，占中国发电总量比重分别为 73.1%、19.9%、3.0%、3.3%、0.7%。"十三五"期间，随着发电装机结构向一次电力装机倾斜，相应的核电、风电、太阳能发电量占比将持续上升。预计到 2020 年，中国火电发电量占比为 65%，水电发电量占比接近 20%，核电发电量占比提高到 5.6% 左右，风电、太阳能等可再生能源比重提高到 10% 左右。

第十七章　非化石能源生产

　　"十二五"期间，非化石能源生产快速增长，由 2010 年的 3.24 亿吨标准煤增加到 2015 年的 5.25 亿吨标准煤，年均增长 10%。非化石能源生产占一次能源生产总量的比重由 2010 年的 10.4% 增加到 2015 年的 14.5%，非化石能源生产占一次能源消费总量的比重由 2010 年的 9.0% 增加到 2015 年的 12.2%。其中，核电发电量由 2010 年的 2332 万吨标准煤①增加到 2015 年的 5070 万吨标准煤，年均增长 16.8%；水力发电量由 2010 年的 2.14 亿吨标准煤增加到 2015 年的 3.34 亿吨标准煤，年均增长 9.3%；风力发电量由 2010 年的 1541 万吨标准煤增加到 2015 年的 5589 万吨标准煤，年均增长 29.4%；太阳能发电量由 2010 年的 3.12 万吨标准煤增加到 2015 年的 1149 万吨标准煤，年均增长 226%。

　　"十三五"期间，在大力推进能源革命背景下，非化石能源将得到快速发展。预计到 2020 年，非化石能源生产总量将达到约 6 亿吨标准煤左右，占一次能源生产总量的比重在 15% 左右。其中核电、水电、风电、太阳能发电的发电量将分别达到 3808 亿千瓦时、1.3 万亿千瓦时、4600 亿千瓦时、2000 亿千瓦时。

第一节　核电生产

　　2015 年中国 28 台核电设备装机容量为 2643 万千瓦，平均利用 7279 小时，发电 1690 亿千瓦时；核电发电量超越韩国，排名升至世界第四位。分地区看，广东、浙江、福建的核电发电量占全国的 81.6%。从核电设备利用率看，江苏、广东、浙江的平均利用率较高，接近 90%。2015 年中国核电发电

---

　　① 标准量折算均采用发电煤耗计算法，2010 年发电煤耗率为 312 克标准煤/千瓦时，2015 年发电煤耗率按照 2014 年数据计算，为 300 克标准煤/千瓦时。

量占总发电量的3%，远低于核电发电大国美国（19.5%）。"十三五"期间，为保证核电事业不断发展，中国将全面提升核电生产安全性与核应急管理水平。

一、"十二五"核电生产分析

中国核电发电量从2010年的747亿千瓦时增至2015年的1690亿千瓦时，保持每年10%以上的增长率，其中2015年增长率高达29%；上网电量从822亿千瓦时增至1583亿千瓦时，占核电发电量的比重一直维持在94%左右。"十二五"末的核电发电量是"十一五"末（2010年核电发电量为747亿千瓦时）的2.26倍（如图17-1所示）。根据中国电力企业联合会数据，2011~2014年，中国6000千瓦以上核电厂的设备平均利用小时数为7880小时。根据中国核能行业协会数据，2015年中国28台核电设备平均利用7279小时。

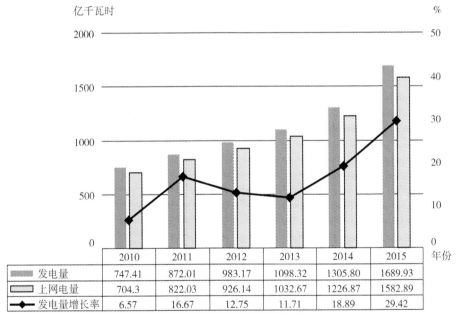

年份	2010	2011	2012	2013	2014	2015
发电量	747.41	872.01	983.17	1098.32	1305.80	1689.93
上网电量	704.3	822.03	926.14	1032.67	1226.87	1582.89
发电量增长率	6.57	16.67	12.75	11.71	18.89	29.42

图17-1 2010~2015年中国核电发电量、上网电量及发电量增长率

数据来源：中国核能行业协会。

从全球范围看，核电发电量排名前五的国家分别是美国、法国、俄罗斯、韩国、中国。2015 年中国核电发电量超越韩国，排名升至世界第四位。2015 年美国核电发电量为 7980 亿千瓦时，占全球核电发电量的 33%；法国发电量为 4190 亿千瓦时，占全球的 17%；美国和法国合计占全球核电发电量的 50%。俄罗斯、中国、韩国的核电发电量处于同一水平（如表 17-1 所示）。

表 17-1　2010~2015 年核电发电量国际比较

单位：亿千瓦时

年份 国家	2010	2011	2012	2013	2014	2015	2015 占比 （%）
美国	8389	8214	8011	8220	7986	7980	32.69
法国	4285	4424	4254	4237	4180	4190	17.16
俄罗斯	1704	1729	1775	1725	1691	1828	7.49
韩国	1486	1547	1503	1388	1492	1572	6.44
中国	739	864	974	1116	1238	1612	6.60
加拿大	907	936	949	1028	986	956	3.92
德国	1406	1080	995	973	918	868	3.56
乌克兰	892	902	901	832	831	824	3.38
英国	621	690	704	706	579	639	2.62
日本	2882	1018	159	93	0	44	0.18
世界	27563	25826	24614	24782	24104	24413	100

数据来源：2010~2013 年数据来自 IEA，World Energy Statistics（2015 edition）。2014~2015 年数据来自 IAEA，Nuclear Power Reactors in the World。

分地区看，2015 年中国核电发电量主要来自广东（606.5 亿千瓦时）、浙江（492.6 亿千瓦时）、福建（279.3 亿千瓦时），三省合计占全国核电发电量的 81.6%（如表 17-2 所示）。从核电设备的平均利用率看，江苏、广东、浙江的利用率较高，江苏的利用率为 89.5%，广东为 89.1%，浙江为 88.2%；其次是福建和海南，分别为 79.8%、76.8%；辽宁的核电设备利用率最低，为 63.5%。

表 17 – 2　2015 年分地区核电发电量

单位：亿千瓦时

所在地区	核电厂/机组		设备平均利用小时数	设备平均利用率（%）	发电量	分省合计	分省占比（%）
广东深圳	大亚湾核电厂	1号机组	6978	79.7	68.66	606.52	35.89
		2号机组	8698	99.3	85.59		
	岭澳核电厂	1号机组	7567	86.4	74.91		
		2号机组	7973	91	78.93		
		3号机组	7788	88.9	84.58		
		4号机组	7769	88.7	84.37		
广东阳江	阳江核电厂	1号机组	6909	78.9	75.03		
		2号机组	5014	99.95	54.45		
浙江嘉兴	秦山核电厂		8297	94.7	25.72	492.61	29.15
	秦山第二核电厂	1号机组	7825	89.3	50.86		
		2号机组	7995	91.3	51.97		
		3号机组	7317	83.5	48.29		
		4号机组	7839	89.5	51.74		
	秦山第三核电厂	1号机组	7067	80.7	51.45		
		2号机组	8365	95.5	60.9		
	方家山核电厂	1号机组	7010	80	76.34		
		2号机组	6918	89.3	75.34		
福建宁德	宁德核电厂	1号机组	7528	85.9	81.98	279.25	16.52
		2号机组	6458	73.7	70.33		
		3号机组	3999	81.6	43.55		
福建福清	福清核电厂	1号机组	6032	68.9	65.69		
		2号机组	1625	89.1	17.7		
辽宁大连	红沿河核电厂	1号机组	7233	82.6	80.92	144.66	8.56
		2号机组	3439	39.3	38.48		
		3号机组	2258	68.6	25.26		
江苏连云港	田湾核电厂	1号机组	7955	90.8	84.32	166.17	9.83
		2号机组	7722	88.2	81.85		
海南昌江	昌江核电厂	1号机组	111	76.8	0.72	0.72	0.04
合计						1689.93	100

数据来源：中国核能行业协会。

二、"十三五"核电生产展望

发展核电，是优化能源消费结构、提高非化石能源消费比重的重要手段。为降低核电发展的不确定性，"十三五"期间中国将不断加强核电生产的安全性。2016 年，国务院新闻办公室发表《中国的核应急》白皮书。中国高度重视核应急，始终以对人民安全和社会安全高度负责的态度强化核应急管理。早在做出发展核电决策之时就同步部署安排核应急工作。切尔诺贝利核事故发生后，中国明确表示发展核电方针不变，强调必须做好核应急准备，1986年即开展国家核应急工作。1991 年，成立国家核事故应急委员会，统筹协调全国核事故应急准备和救援工作。1993 年，发布《核电厂核事故应急管理条例》，对核应急做出基本规范。1997 年，发布第一部《国家核应急计划（预案)》，对核应急准备与响应做出部署，之后，为适应核能发展需要，多次进行修订形成《国家核应急预案》。"十三五"期间，中国核应急管理与准备工作的体系化、专业化、规范化、科学化水平将获得全面提升，从而确保核电发展顺利推进。2015 年，中国核电发电量占全国发电量的 3%，远低于核电发电大国美国（19.5%）。2020 年，核电装机容量预计为 5300 万千瓦，按照7170 小时的设备利用时间算，核电发电量将达到 3800 亿千瓦时，占总发电量的比重也将提高到 5.6% 左右。

第二节　水电生产

"十二五"期间，中国水电发电量年均增长 10.2%，2015 年水电发电量11143 亿千瓦时，居全球第一。分地区看，四川、云南、湖北、贵州等省（市、自治区）水电发电量位居前列。预计到 2020 年，水力发电量将达到1.3 万亿千瓦时左右，占总发电比重接近 20%。

一、"十二五"水电生产分析

"十二五"期间，中国水电发电量整体呈上升趋势，由 2010 年的 6867 亿千瓦时增加到 2015 年的 11143 亿千瓦时，年均增长 10.2%，2015 年水电发电量折合标准煤为 3.34 亿吨标准煤①，占中国能源消费总量的 7.8%。水电发电量占全社会发电量的比重由 2010 年 16.2% 增长至 2015 年的 19.9%（如图 17-2 所示）；由于其他可再生能源发展迅速，水电发电量占非化石能源发电量的比重逐年下降，由 2010 年的 84.7% 下降至 2015 年的 73.9%。

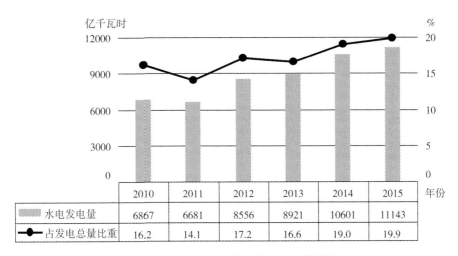

图 17-2　"十二五"期间中国水电发电量及占比

数据来源：2010~2013 年数据来自中国电力企业联合会历年《电力工业统计资料汇编》；2014~2015 年数据来自中国电力企业联合会《2015 年全国电力工业统计快报》。

从世界范围看，2013 年美国水电发电量 2901 亿千瓦时，日本水电发电量 849 亿千瓦时，同时期中国水电发电量为 9203 亿千瓦时，居全球之首，是美国水电发电量的 3.2 倍、日本的 10.8 倍②。2015 年，美国水电发电量 2512 亿千瓦时，日本水电发电量 862 亿千瓦时，同时期中国水电发电量 1.1 万亿千瓦时，是美国的 4.4 倍，日本的 12.9 倍，仍居世界第一位③。

分地区看，"十二五"期间，四川、云南、贵州三省水电发电量提高较快，2014 年发电量分别为 2010 年的 2.3 倍、2.6 倍、1.9 倍。2014 年，水电发电量排名全国前五位的省（自治区）分别为四川（2578 亿千瓦时）、云南（2082 亿千瓦时）、湖北（1385 亿千瓦时）、贵州（733 亿千瓦时）、广西

---

① 标准量折算采用发电煤耗计算法，发电煤耗率为 2014 年数据，为 300 克标准煤/千瓦时。

② 数据均来自 IEA，World Energy Statistics（2015 edition）。

③ 中国数据来自中国电力企业联合会《2015 年全国电力工业统计快报》；日本数据来自日本可再生能源基金会官网；美国数据来自 EIA。

(631亿千瓦时)，5省（自治区）水电发电总量占全国水电发电量的比重达69.9%，其中四川比重达24.3%；水电发电量排名后五位的省（市）分别为天津（0.2亿千瓦时）、山东（5.5亿千瓦时）、北京（7亿千瓦时）、江苏（12亿千瓦时）、河北（13亿千瓦时）（如表17-3所示）。①

表17-3　分地区水电发电量

单位：亿千瓦时

年份 地区	2010	2011	2012	2013	2014	2014年 占比（%）
北　京	4	4	7	5	7	0.1
天　津	0.1	0.1	0.2	0.2	0.2	0.0
河　北	8	9	10	12	13	0.1
山　西	37	35	44	40	34	0.3
内蒙古	20	18	29	36	35	0.3
辽　宁	57	41	64	79	42	0.4
吉　林	103	74	79	125	70	0.7
黑龙江	22	16	18	29	21	0.2
江　苏	14	13	12	12	12	0.1
浙　江	224	156	220	191	203	1.9
安　徽	37	28	36	36	41	0.4
福　建	454	285	476	399	413	3.9
江　西	101	75	146	123	133	1.3
山　东	1	1.1	1.2	4.5	5.5	0.1
河　南	85	98	128	115	96	0.9
湖　北	1246	1167	1380	1175	1385	13.1
湖　南	375	304	446	430	488	4.6
广　东	268	209	298	318	289	2.7
广　西	475	415	524	462	631	6.0
海　南	20	26	24	24	25	0.2
重　庆	143	146	210	178	241	2.3
四　川	1139	1261	1545	2023	2578	24.3
贵　州	384	393	560	422	733	6.9

① 分地区水电发电量不包括上海，因上海水电发电量为0。

续表

地区 \ 年份	2010	2011	2012	2013	2014	2014占比（%）
云 南	814	1009	1240	1631	2082	19.6
西 藏	15	17	15	14	20	0.2
陕 西	75	94	81	71	71	0.7
甘 肃	263	282	344	356	355	3.3
青 海	363	367	458	427	403	3.8
宁 夏	18	17	19	19	18	0.2
新 疆	103	122	140	164	159	1.5

数据来源：中国电力企业联合会《电力工业统计资料汇编2014》。

"十二五"期间，中国水电设备平均利用小时数波动上行，2015年6000千瓦及以上电厂水电设备平均利用小时数为3621小时，较2010年提高217小时（如图17-3所示）。分地区看，2014年，四川、甘肃、宁夏、云南水电设备平均利用小时数均超过4000小时，分别为4528小时、4348小时、4181小时、4128小时；山东、河北、北京水电设备平均利用小时数均低于1000小时（如图17-4所示）。

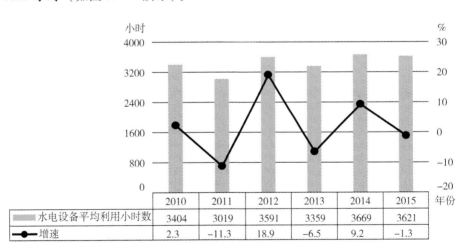

	2010	2011	2012	2013	2014	2015
水电设备平均利用小时数	3404	3019	3591	3359	3669	3621
增速	2.3	-11.3	18.9	-6.5	9.2	-1.3

图17-3 2010~2015年水电设备利用小时数与增速

注：本图数据为6000千瓦及以上电厂数据。

数据来源：2010~2013年数据来自中国电力企业联合会历年《电力工业统计资料汇编》；2014~2015年数据来自中国电力企业联合会《2015年全国电力工业统计快报》。

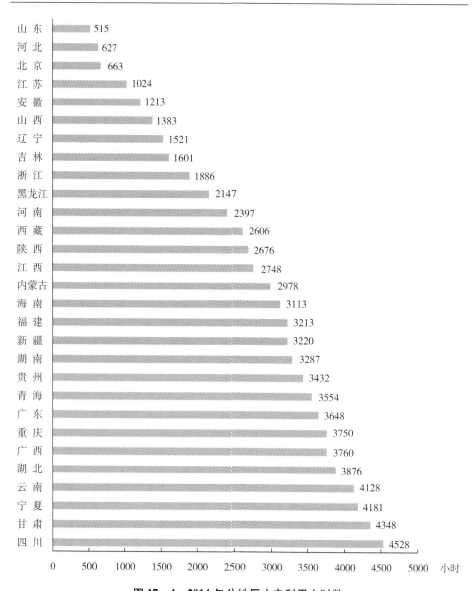

图 17 - 4　2014 年分地区水电利用小时数

注：本图数据为 6000 千瓦及以上电厂数据。

数据来源：中国电力企业联合会历年《电力工业统计资料汇编》。

二、"十三五"水电生产展望

根据 2014 年国务院印发的《能源发展战略行动计划（2014～2020 年）》确定的主要任务，在做好生态环境保护和移民安置的前提下，以西南地区金沙江、雅砻江、大渡河、澜沧江等河流为重点，积极有序推进大型水电基地建设。

2015 年中国水电发电量 1.1 万亿千瓦时，居全球第一，占总发电比重为 19.9%。预计到 2020 年，水力发电量将达到 1.3 万亿千瓦时左右，占总发电比重为 19.6%，较 2015 年略有降低。要实现中国"十三五"水电发展目标，目前需要解决的问题是水电项目审批滞后，开工项目不足以及生态环境保护矛盾及移民搬迁的问题。

第三节　风电生产

"十二五"期间，中国风电产业保持强劲增长势头，2015 年风电发电量 1863 亿千瓦时，占总发电量的 3.3%，中国风电发电量目前位居世界第二，仅次于美国。"十三五"期间，风电产业将快速发展，预计到 2020 年，风电发电量将达到 4600 亿千瓦时左右，占总发电量比重将提高到 6.8% 左右。

一、"十二五"风电生产分析

"十二五"期间，中国风电发电量逐年增加（如图 17－5 所示），年均增加 274 亿千瓦时。2015 年中国风电发电量为 1863 亿千瓦时，是 2010 年（494 亿千瓦时）的 3.8 倍。从增速上看，风电发电量增速逐年放缓，"十二五"期间中国风电发电量年均增速为 30.4%。

从世界范围看，2015 年中国风电发电量位居全球第二位，仅次于美国（1909 亿千瓦时[1]）；2015 年美国风电装机规模 7400 万千瓦[2]，中国风电装机规模 12830 万千瓦[3]，是美国的 1.7 倍。海上风电方面，中国目前世界排名第

---

[1]　数据来源：美国能源情报署（EIA），http：//www.eia.gov.
[2]　数据来源：Renewables 2016 Global Status Report.
[3]　数据来源：中国电力企业联合会《2015 年全国电力工业统计快报》。

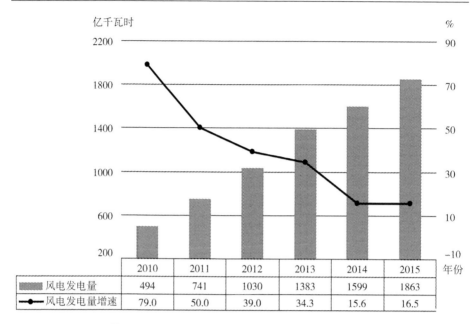

年份	2010	2011	2012	2013	2014	2015
风电发电量	494	741	1030	1383	1599	1863
风电发电量增速	79.0	50.0	39.0	34.3	15.6	16.5

图 17-5 "十二五"期间中国风电发电量及增速

数据来源：2010~2013 年数据来自中国电力企业联合会历年《电力工业统计资料汇编》；2014 年数据来自中国电力企业联合会《2015 年全国电力工业统计快报》；2015 年数据来自国家能源局，http://www.nea.gov.cn.

四位，仅次于英国、德国和丹麦，占据全球 8.4% 的市场份额[①]。

分地区看，2015 年内蒙古、河北、新疆、甘肃、山东、辽宁、山西七个省区的风电发电量在 100 亿千瓦时以上（如图 17-6 所示），其合计发电量为 1184 亿千瓦时，占 2015 年全国风电发电总量的比重为 63.6%；其中内蒙古风电发电量达到 400 亿千瓦时，占全国的比重为 21.9%。

2015 年中国 6000 千瓦及以上电厂风电设备平均利用小时数为 1728 小时，较 2014 年（1900 小时）下降 172 小时，同比下降 9%。分地区看，2015 年福建、云南、四川排在前三名，三个省份的风电设备平均利用小时数分别为 2511 小时、2478 小时和 2433 小时（如图 17-7 所示），风电设备平均利用小时数最低的三个省份是甘肃、贵州和吉林。

---

① 数据来源：根据相关新闻资料整理。

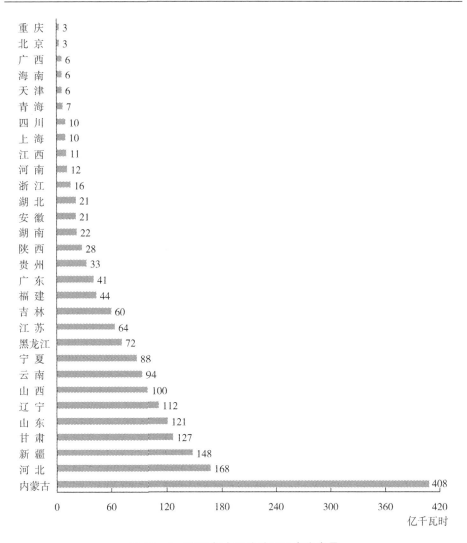

图 17 - 6　2015 年中国分地区风电发电量

数据来源：国家能源局，http：//www.nea.gov.cn.

二、"十二五"风电生产展望

　　风电在中国已经进入大规模开发利用阶段，成为仅次于火电、水电的第三大能源。随着风电开发成本下降，以及火电外部环境成本逐步内部化，风电的经济性优势将凸显，风电将快速发展。

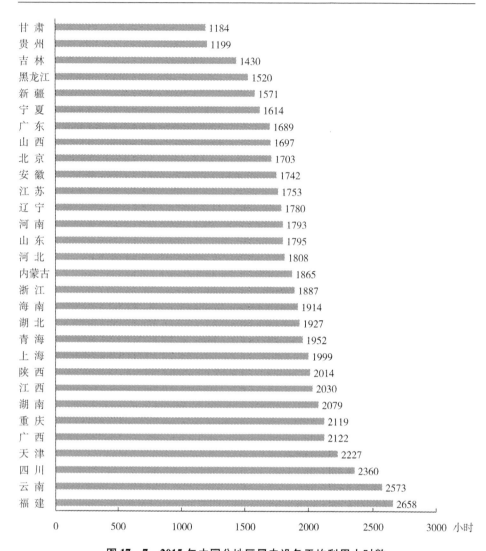

图 17 - 7 2015 年中国分地区风电设备平均利用小时数

注：本图数据为 6000 千瓦及以上电厂数据。

数据来源：国家能源局，http://www.nea.gov.cn.

根据 2014 年国务院印发的《能源发展战略行动计划（2014～2020 年）》确定的主要任务，"十三五"期间，大力发展风电，重点规划建设酒泉、内蒙古西部、冀北、吉林、黑龙江、山东、哈密、江苏等 9 个大型现代风电基地以及配套输送工程。以南方和中东部地区为重点，大力发展分散式风电，稳步发展海上风电。预计到 2020 年，风电发电量将达到 4600 亿千瓦时左右。

第四节　太阳能发电生产

2015 年中国太阳能发电量为 383 亿千瓦时，占总发电量的比重为 0.7%。2015 年甘肃、新疆弃光现象严重，弃光率分别为 31%、26%。预计到 2020 年，中国太阳能发电量可能达到 2000 亿千瓦时，占总发电量的比重将提高到 3% 左右。为达成这一目标，中国需要加快发展分布式光伏发电；同时，将太阳能全年平均利用小时数从 2015 年的 1133 小时提高到 2000 小时左右。2020 年太阳能发电装机 1 亿千瓦，按照 2000 小时的利用时间算，发电量将达到 2000 亿千瓦时。

一、"十二五"太阳能发电生产分析

"十二五"期间，中国太阳能发电生产取得突破式、跨越式发展，从 2010 年的 1 亿千瓦时增至 2015 年的 383 亿千瓦时。2014 年（新增 149 亿千瓦时）、2015 年（新增 150 亿千瓦时）两年累计新增发电量占"十二五"期间累计新增发电量的 78%（如图 17 - 8 所示）。

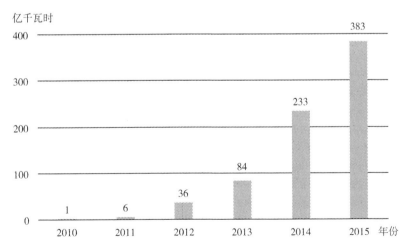

图 17 - 8　2010 ~ 2015 年中国太阳能发电量

数据来源：2010 ~ 2013 年数据来自中国电力企业联合会历年《电力工业统计资料汇编》；2014 ~ 2015 年数据来自中国电力企业联合会《2015 年全国电力工业统计快报》。

从全球范围看，太阳能发电装机容量排名前五的国家，2015 年的太阳能发电量依次为中国（383 亿千瓦时）、德国（384 亿千瓦时）、日本（286 亿千瓦时）、美国（386 亿千瓦时）、意大利（228 亿千瓦时）。从太阳能发电量占所有发电量的比重看，占比较高的是意大利（8.1%），德国（5.9%），日本（3.1%）。中国在太阳能发电量上和德国相当，但是占所有发电量的比重仅为 0.7%，远低于德国水平（如图 17 - 9 所示）。

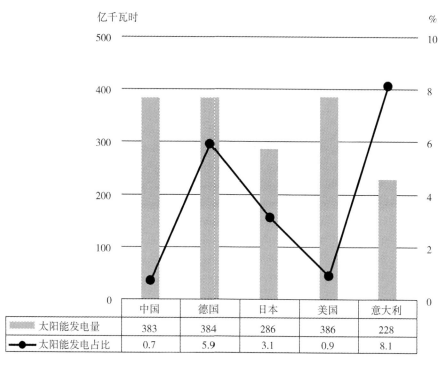

	中国	德国	日本	美国	意大利
太阳能发电量	383	384	286	386	228
太阳能发电占比	0.7	5.9	3.1	0.9	8.1

图 17 - 9 2015 年太阳能发电量及占比国际比较

注：以上数据均为初步数据。

数据来源：中国数据来自中国电力企业联合会《2015 年全国电力工业统计快报》；德国数据来自德国联邦统计局官网；日本数据来自日本可再生能源基金会（Japan Renewable Energy Foundation）官网；美国数据来自 EIA；意大利数据来自 GSE, Energia da fonti rinnovabili in Italia Dati preliminari 2015。

分地区看，2015 年中国大多数地区光伏发电运行情况良好。根据国家能源局统计，全年平均利用小时数为 1133 小时，西北部分地区出现了较为严重的弃光现象，甘肃全年平均利用小时数为 1061 小时，弃光率达 31%；新疆自治区全年平均利用小时数为 1042 小时，弃光率达 26%。

二、"十三五"太阳能发电生产展望

"十三五"期间，中国光伏发电站与分布式光伏发电将均衡发展，同时，光热发电也将取得突破。2020 年中国太阳能发电的目标装机容量为 1 亿千瓦。按照每年日照利用时间 2000 小时估算，"十三五"末，中国太阳能发电量将达到 2000 亿千瓦时，占总发电量的比重将提高到 3% 左右。但是，在低电价的限制下，分布式光伏发展并不顺利。"十三五"期间，分布式光伏发电能否完成规划目标，很大程度上取决于电力改革的进度。另外，2015 年中国的太阳能全年平均利用小时数为 1133 小时，要达到利用 2000 小时的目标，急需解决弃光问题。

第四篇　能源贸易

第十八章　综合能源贸易

"十二五"期间，中国能源净进口量及对外依存度逐年增长，从国际上看，中国是全球第二大能源进口国，也是全球最大的能源净进口国。"十三五"期间，中国煤炭进口量将逐步下降，石油及天然气净进口量将继续上升，预计 2020 年煤炭进口量将下降至 1 亿吨左右，石油及天然气净进口量将分别提高至 4 亿吨及 1150 亿立方米左右。

第一节　"十二五"综合能源贸易分析

"十二五"期间，中国能源净进口量持续增长，能源对外依存度逐年上升。2014 年，中国能源净进口 6.91 亿吨标准煤，较 2010 年增加近 2 亿吨标准煤，能源对外依存度为 16%，较 2010 年提高 1.9 个百分点。

一、中国能源进出口总量

"十二五"期间，由于世界及中国需求疲软，中国能源进出口总量增速总体保持下滑态势，2014 年中国能源进出口总量为 8.56 亿吨标准煤，较 2010 年增加 1.91 亿吨标准煤，年均增长 6.5%。其中能源进口总量增速总体下滑，2014 年中国能源进口总量为 7.73 亿吨标准煤，较 2010 年增加 1.96 亿吨标准煤，年均增速 7.6%；出口总量为 0.83 亿吨标准煤，较 2010 年减少 500 万吨标准煤（如图 18 – 1 所示）。2014 年，中国能源净进口 6.91 亿吨标准煤，较 2010 年增加 2 亿吨标准煤；能源对外依存度逐年上升，2014 年为 16%，较 2010 年提高 1.9 个百分点（如图 18 – 2 所示）。

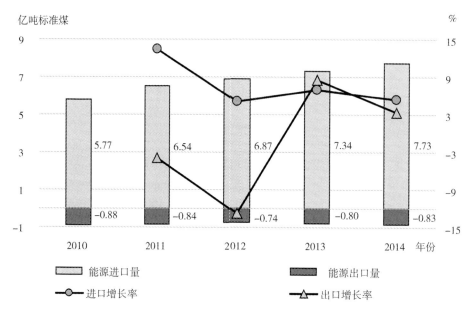

图 18－1　2010～2014 年中国能源进出口及增速

数据来源：国家统计局《中国能源统计年鉴 2015》。

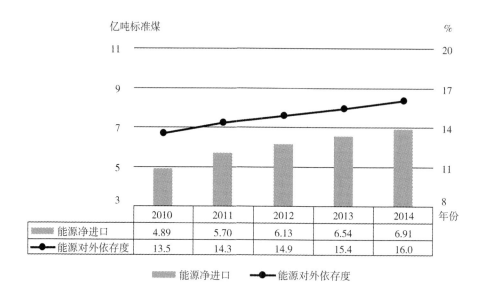

	2010	2011	2012	2013	2014	年份
能源净进口	4.89	5.70	6.13	6.54	6.91	
能源对外依存度	13.5	14.3	14.9	15.4	16.0	

图 18－2　2010～2014 年中国能源净进口量及能源对外依存度

注：能源对外依存度＝能源净进口量/（能源进口量＋能源生产量）。

数据来源：根据国家统计局《中国能源统计年鉴 2015》相关数据计算得到。

二、中国能源进出口结构

从结构上看，中国能源进出口都以石油为主，其次是煤炭、天然气及电力。进口方面，2010～2014 年，中国石油进口量占比保持下降态势，由 2010 年的 72.7% 下降至 2014 年的 66.9%；天然气进口量占比持续上升，由 2010 年的 3.7% 上升至 2014 年的 9.9%，表明中国能源进口结构清洁化程度不断提高（如图 18-3 所示）。出口方面，2010～2014 年，中国煤炭出口量占比自 2012 年的 12.6% 逐年回升至 2014 年的 16.5%，但较 2010 年仍低 5 个百分点；石油出口量占比总体上保持上升态势，由 2010 年的 69.4% 上升至 2014 年的 76.4%；天然气出口量占比由 2010 年的 6.4% 下降至 2014 年的 4.3%；电力出口量总体保持稳定（如图 18-4 所示）。

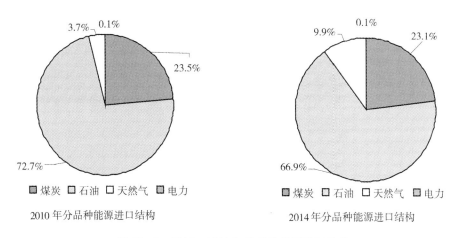

■ 煤炭　▨ 石油　□ 天然气　▨ 电力

2010 年分品种能源进口结构　　　　2014 年分品种能源进口结构

图 18-3　2010、2014 年分品种能源进口结构

注：标准量折算采用电热当量计算法。

数据来源：根据国家统计局《中国能源统计年鉴 2014》、《中国能源统计年鉴 2015》相关数据计算得到。

三、能源国际贸易格局

从全球范围看，根据国际能源署（IEA）的统计数据，2013 年全球共有 149.3 亿吨标准煤的能源用于进出口，其中出口总量为 75 亿吨标准煤，占 2013 年全球能源生产总量（194.2 亿吨标准煤）的 38.6%，进口总量为 74.3 亿吨标准煤，占 2013 年全球能源消费总量的 38.4%。

从进出口结构看，全球第一大能源贸易产品为石油，进口与出口占世界

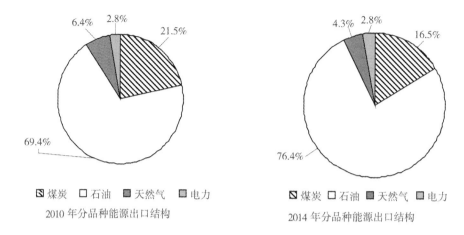

图 18 - 4   2010、2014 年分品种能源出口结构

注：标准量折算采用电热当量计算法。

数据来源：根据国家统计局《中国能源统计年鉴 2014》、《中国能源统计年鉴 2015》相关数据计算得到。

能源进口总量与出口总量的比重分别为 65.8%、65.1%，第二大能源贸易产品为天然气，占比分别为 16.8%、17.1%，煤炭为第三大能源贸易产品，占比分别为 16%、16.4%（如图 18 - 5 所示）。

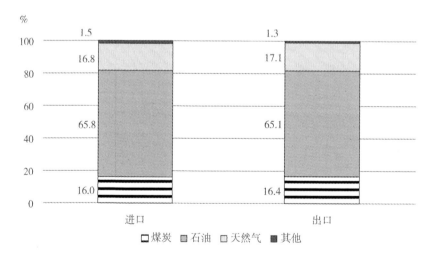

图 18 - 5   2013 年世界能源进出口结构

数据来源：根据 IEA，World Energy Balances（2015 edition）相关数据计算得到。

按出口量排名，俄罗斯是世界上最大的能源出口国。根据国际能源署（IEA）统计数据显示，2013 年俄罗斯出口能源 9 亿吨标准煤，进口能源 0.4 亿吨标准煤，净出口能源 8.6 亿吨标准煤，净出口量占其产量的比重为 45.1%。其次为沙特阿拉伯、美国、印度尼西亚，能源出口量分别为 6.6 亿吨标准煤、4.4 亿吨标准煤、4.3 亿吨标准煤。挪威是世界十大能源出口国净出口量占产量比重最高的国家，2013 年挪威能源净出口量占产量的比重为 83%（如表 18-1 所示）。

表 18-1 2013 年十大能源出口国能源贸易比较

单位：万吨标准煤

指标 国家/地区	出口量	进口量	净出口量	净出口占 产量比重（%）
俄罗斯	90207	3908	86299	45.1
沙特阿拉伯	65861	3545	62316	71.0
美国	44457	83213	-38755	-14.4
印度尼西亚	43189	7934	35255	53.7
澳大利亚	37806	7269	30538	62.2
加拿大	37700	11160	26540	42.7
荷兰	27051	28305	-1255	-12.7
卡塔尔	26223	18	26205	81.9
阿联酋	24091	5214	18877	65.5
挪威	23903	1194	22709	83.0

注：出口量包含国际航海加油量及国际航空加油量。

数据来源：根据 IEA，World Energy Balances（2015 edition）相关数据计算得到。

按进口量排名，美国是世界上最大的能源进口国。根据国际能源署（IEA）统计数据显示，2013 年美国进口能源 8.3 亿吨标准煤，出口能源 4.4 亿吨标准煤，净进口能源 3.9 亿吨标准煤，对外依存度为 12.6%。中国是全球第二大能源进口国，也是全球最大的能源净进口国，2013 年中国进口能源 7.9 亿吨标准煤，出口能源 0.9 亿吨标准煤，净进口能源近 7 亿吨标准煤，对外依存度为 16%。日本是世界第三大能源进口国，也是世界十大能源进口国中能源对外依存度最高的国家，2013 年日本进口能源 6.5 亿吨标准煤，出口能源 0.4 亿吨标准煤，净进口能源 6.1 亿吨标准煤，对外依存度高达 93.8%（如表 18-2 所示）。

表 18 - 2   2013 年十大能源进口国能源贸易比较

单位：万吨标准煤

指标 国家/地区	进口量	出口量	净进口量	对外依存度（%）
美国	83213	44457	38755	12.6
中国	78843	8959	69884	16.0
日本	64972	4063	60909	93.8
印度	46730	11151	35579	32.2
韩国	41568	9925	31643	83.6
德国	36361	8266	28095	62.0
荷兰	28305	27051	1255	11.2
英国	23600	11982	11619	42.5
法国	21882	5268	16614	46.0
意大利	21240	4380	16860	76.2

注：出口量包含国际航海加油量及国际航空加油量。

数据来源：根据 IEA，World Energy Balances（2015 edition）相关数据计算得到。

第二节   "十三五"综合能源贸易展望

展望"十三五"，中国能源贸易将在立足国内的基础上，加强国际合作，提高优质能源保障水平，加快推进油气战略进口通道建设，在开放格局中维护能源安全。

进口方面，"十三五"期间，中国煤炭进口量将逐步下降，石油及天然气进口量进一步上升。预计 2020 年，煤炭进口量将下降至 1 亿吨左右，石油及天然气净进口量将分别提高至 4 亿吨及 1150 亿立方米左右。

出口方面，"十三五"期间，中国对东北亚煤炭市场的出口量可能会增加，预计出口量在 2016 ~ 2018 年将有所回升，到 2020 年回落至 2000 万吨左右；随着石油制品出口资质的逐步放开，富余的石油制品产量将更多地流入国际市场，预计"十三五"期间，中国石油制品出口量将逐步增加，将由石油制品净进口国转变为石油制品净出口国。

综合来看，虽然中国煤炭进口将逐步下降，但随着石油和天然气进口的持续增长，中国能源的净进口量仍将继续增长，能源对外依存度仍将继续走高。

第十九章　煤炭贸易

中国煤炭净进口量在 2013 年达到峰值 3.2 亿吨，此后连续两年下降。考虑到新常态下经济增速放缓，煤炭需求有所下降，同时产能过剩状态下的煤炭行业供给充足，使得煤炭进口量将持续下滑；加之国内煤炭供需形势和亚太煤炭市场格局的转变，中国的煤炭出口量可能会增加。预计到 2020 年，中国煤炭净进口量大约在 8000 万吨左右。

第一节　"十二五"煤炭贸易分析

"十二五"期间，中国煤炭净进口规模先增后减。从国际上看，中国目前是世界上最大的煤炭进口国，但煤炭进出口占国内市场的比重很小。2015 年煤炭净进口量约 2 亿吨，占煤炭消费总量的 5.2%；而煤炭出口量仅占煤炭生产量的 0.15%。分地区看，中国跨省区煤炭调运规模较大，内蒙古、山西、陕西等重要煤炭产地是主要的煤炭调出省份；东部沿海及中部省份煤炭资源匮乏，严重依赖煤炭调入。

一、中国煤炭进出口

"十二五"期间，中国煤炭进口量先增后减，由 2010 年的 1.8 亿吨增加至 2013 年的 3.3 亿吨，后回落至 2015 年的 2 亿吨；煤炭出口量由 2010 年的 1911 万吨逐年下降至 2015 年的 533 万吨。2015 年煤炭净进口量约为 2 亿吨，对外依存度为 5%（如图 19 - 1 所示）。

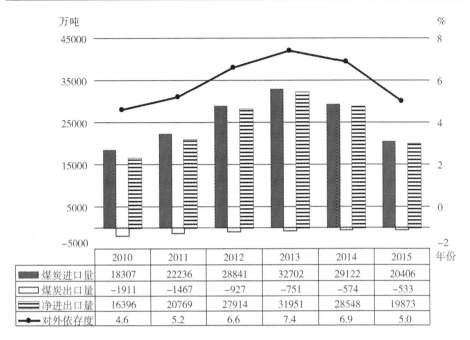

年份	2010	2011	2012	2013	2014	2015
煤炭进口量	18307	22236	28841	32702	29122	20406
煤炭出口量	-1911	-1467	-927	-751	-574	-533
净进出口量	16396	20769	27914	31951	28548	19873
对外依存度	4.6	5.2	6.6	7.4	6.9	5.0

图 19 -1　"十二五"期间中国煤炭进出口量与对外依存度

注：负值代表出口；对外依存度 = 净进口量/（生产量 + 净进口量）。

数据来源：2000 ~ 2014 年数据来自国家统计局历年《中国能源统计年鉴》；2015 年数据来自海关总署海关统计资讯网 http://www. chinacustomsstat. com.

二、煤炭国际贸易格局

根据国际能源署（IEA）的统计数据，2013 年约有 12.3 亿吨[①]标准煤的煤炭通过国际贸易的方式在全球范围内流动，约占当年全球煤炭消费总量（55.5 亿吨标准煤）的 22.2%，煤炭贸易已成为能源供应的重要渠道。

煤炭进口方面，亚太地区是全球煤炭贸易最活跃的地区，2013 年中国、日本、韩国和中国台湾地区的合计煤炭进口量占全球比重达到 49.9%。其中，中国是世界上最大的煤炭进口国，2013 年煤炭进口量为 2.5 亿吨标准煤，比同年日本、印度进口量分别多 0.7 亿吨标准煤和 1 亿吨标准煤。2013 年中国煤炭对外依存度为 8%，而日本、韩国、中国台湾、意大利等国家和

---

① 2013 年全球煤炭出口量合计为 12.3 亿吨标准煤，进口量为 11.9 亿吨标准煤。由于煤炭长途运输过程中存在抛撒、水分蒸发，加之计量误差与统计误差等原因，全球煤炭出口量大于煤炭进口量。

地区煤炭供应几乎完全依靠进口，对外依存度接近100%（如表19－1所示）。

表19－1　2013年煤炭进口国际比较

单位：万吨标准煤

指标 国家/地区	产量	进口量	净进口量	对外依存度 （%）
世界	565443	118667	—	—
OECD	136103	58379	8157	5.7
非OECD	429340	60288	－12813	
中国	270668	24872	23548	8.0
欧盟	22360	23551	18030	44.6
日本	0	17455	17333	100.0
印度	34010	14427	14288	29.6
韩国	115	11054	11054	99.0
中国台湾	0	5801	5780	100.0
德国	6436	5349	5181	44.6
英国	1070	4450	4378	80.4
土耳其	2239	2547	2546	53.2
意大利	7	1885	1861	99.6

注：负值表示净出口；对外依存度＝净进口量/（产量＋净进口量）。

数据来源：IEA，World Energy Balances（2015 edition）．

煤炭出口方面，印度尼西亚、澳大利亚、俄罗斯、美国和哥伦比亚是世界上前五大煤炭出口国。2013年印度尼西亚、澳大利亚和俄罗斯的煤炭出口量分别为3.6亿吨标准煤、3.1亿吨标准煤和1.3亿吨标准煤，合计出口量占全球煤炭出口总量的64.6%。与主要煤炭进口国类似，煤炭出口国煤炭产能的消纳同样依赖国际市场。2013年印度尼西亚、澳大利亚、哥伦比亚的煤炭净出口量占本国煤炭产量的比重分别为88.8%、82.3%和95.6%（如表19－2所示）。

表 19 - 2　2013 年煤炭出口国际比较

单位：万吨标准煤

指标 国家/地区	产量	出口量	净出口量	净出口量/产量 （%）
世界	565443	123323	—	—
OECD	136103	50222	-8157	—
非 OECD	429340	73101	12813	3.0
印度尼西亚	40152	35659	35648	88.8
澳大利亚	37688	31009	31005	82.3
俄罗斯	26325	13009	10505	39.9
美国	68169	9726	9004	13.2
哥伦比亚	7939	7587	7587	95.6
南非	20720	7128	7031	33.9
加拿大	5006	3346	2581	51.6
蒙古	2211	1774	-1774	80.2
哈萨克斯坦	7491	2118	-2033	27.1
越南	3283	1039	922	28.1

注：负值表示净出口；对外依存度 = 净进口量/（产量 + 净进口量）。

数据来源：IEA，World Energy Balances（2015 edition）.

三、分地区煤炭贸易

由于中国煤炭资源地区分布不平衡，煤炭的产地与消费地分离，跨省间煤炭调运规模较大，2014 年全国煤炭调入量合计 22 亿吨，占当年煤炭消费量的 51%。煤炭资源相对匮乏的东部沿海以及中部地区省份成为煤炭调入的主要省份，2014 年净调入量超过 1 亿吨的省份有江苏、山东、河北、浙江、湖北、广东、辽宁 7 个省份，其中江苏、山东、河北三个省份的净调入量超过 2 亿吨（如表 19 - 3、图 19 - 2 所示）。内蒙古、山西、陕西三大产煤省区成为煤炭调出的主要区域，合计净调出量达到 15.1 亿吨，占各省区净调出总量的 96.2%。

表 19 - 3 2014 年中国分地区煤炭调入调出量

单位：万吨

指标 \ 地区	原煤产量	调入量	调出量	进口量	出口量	净调入量	净调入比重（%）
北 京	457	1726	263	0	170	1463	83.6
天 津	0	4564	1196	1812	112	3368	66.5
河 北	7345	22468	1310	1135	95	21158	71.6
山 西	92794	9050	63187	0	0	-54137	-58.3
内蒙古	99391	1084	63892	1671	161	-62808	-62.2
辽 宁	5001	11974	1302	1394	2.4	10672	62.5
吉 林	3100	7564	342	117	10	7222	69.2
黑龙江	7059	9307	2940	199	0.5	6367	46.7
上 海	0	6142	2407	1171	30	3735	76.6
江 苏	2019	24541	405	813	0	24136	89.5
浙 江	0	12378	0	1461	0	12378	89.4
安 徽	12804	6479	3703	0	2.2	2776	17.8
福 建	1590	4455	1072	3265	0	3383	41.1
江 西	2814	4323	204	581	0	4119	54.8
山 东	14684	28360	6958	3716	148	21402	54.0
河 南	14415	11847	2784	0	0	9063	38.6
湖 北	1057	10968	0	0	0	10968	91.2
湖 南	5553	5486	184	187	1.2	5302	48.0
广 东	0	10721	0	6450	0	10721	62.4
广 西	615	5232	564	1428	0	4668	69.6
海 南	0	325	0	702	0	325	31.6
重 庆	3884	3274	1073	0	0	2201	36.2
四 川	7663	3376	174	0	0	3202	29.5
贵 州	18508	289	4817	0	0	-4528	-24.5
云 南	4741	4882	809	0	0	4073	46.2
陕 西	52226	675	34461	0	104	-33786	-64.8
甘 肃	4753	4035	1735	0	0	2300	32.6
青 海	1833	1113	1118	0	0	-5	-0.3

续表

指标　地区	原煤产量	调入量	调出量	进口量	出口量	净调入量	净调入比重（%）
宁　夏	8563	2970	2716	0	0	254	2.9
新　疆	14520	485	1944	7	0	−1459	−10.1

注：净调入量＝调入量－调出量，负值表示净调出量及净调出比重。对于净调入省份，净调入比重＝净调入量／（产量＋净调入量＋净进口量）；对于净调出省份，净调出比重＝净调出量／（产量＋净进口量）。

数据来源：国家统计局《中国能源统计年鉴2015》。

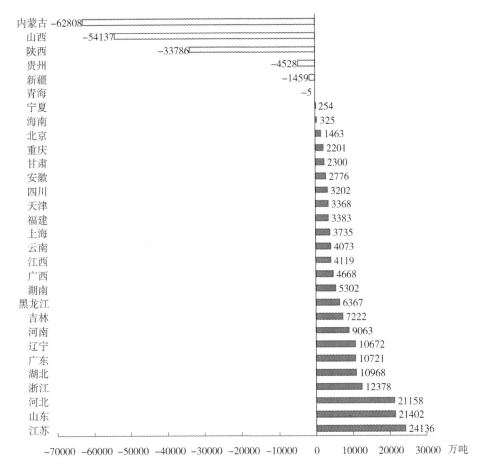

图19－2　2014年中国分省区煤炭净调入调出量

注：图中正值表示净调入量，负值表示净调出量。

数据来源：国家统计局《中国能源统计年鉴2015》。

从净调入调出比重上看，内蒙古、山西、陕西三省（自治区）2014年煤炭净调出比重分别为62.2%、58.3%和64.8%（如图19-3所示）。在净调入量超过1亿吨的省区中，江苏、河北、浙江、湖北四省份2014年煤炭净调入比重在70%以上，严重依赖煤炭资源调运；特别是湖北，净调入比重达到91.2%，但由于距海较远，相对长江下游省份运输成本高，铁路运输能力无法短期内提升，煤炭供应成为制约其经济发展的重要因素。

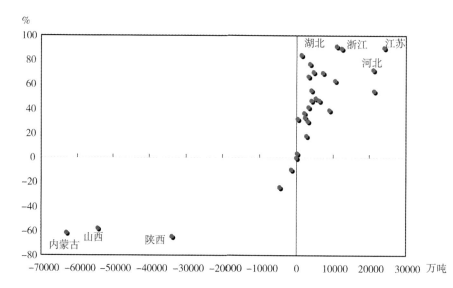

图19-3 2014年中国分省区煤炭净调入调出比重

注：横轴代表各省区的净调入（调出）量，纵轴代表净调入（调出）比重；正值表示净调出，负值表示净调入。

数据来源：根据国家统计局《中国能源统计年鉴2015》中分省区煤炭调入调出量计算得到。

第二节 "十三五"煤炭贸易展望

展望"十三五"，中国国内煤炭供应充足，在"去产能"和"减煤"的背景下，预计"十三五"期间中国煤炭净进口量将有所下降。

进口方面，"十三五"期间中国煤炭产能将大幅释放，预计实际产能到2020年将达到50亿吨，煤炭供过于求的形势将呈常态，未来中国煤炭进口量将持续下降。根据国际煤炭市场格局判断，国内外煤炭的比价关系将有利于中国减少煤炭进口，但澳大利亚、印度尼西亚、美国、加拿大、俄罗斯等国家的过剩煤炭产能也将逐步消化，这对中国向国际市场释放产能的进程将形成较强制约，据此判断，中国煤炭进口量的下降将是一个渐进过程。预计到 2020 年中国煤炭进口量将回落到 1 亿吨左右。

出口方面，考虑到国内煤炭供应能力充足，控制煤炭消费总量成为长期趋势，煤炭出口供应侧可以得到保障。政策层面上，中国煤炭出口关税税率自 2015 年起已经由 10% 下调至 3%，预计"十三五"期间，政策层面对煤炭出口的支持力度还将有所加大。随着国内煤炭供需形势和亚太煤炭市场格局的转变，中国对东北亚煤炭市场的出口量可能会增加，预计出口量在 2016 ~ 2018 年将有所回升，到 2020 年回落至 2000 万吨左右。

第二十章　石油贸易

"十二五"期间中国石油净进口量持续增加，年均增长 5.2%，其中，原油净进口量保持较快增长，石油制品净进口量逐步下滑，石油对外依存度累计上升 4.8 个百分点至 2015 年的 60.3%。展望"十三五"，石油净进口量将继续增加以满足国内供需缺口，预计"十三五"期间中国石油净进口量年均增加 4% 左右，到 2020 年中国石油净进口量达 4 亿吨，其中，原油净进口持续较快增长，石油制品将由净进口转变为净出口，石油对外依存度将进一步上升至 64% 左右。

第一节　"十二五"石油贸易分析

"十二五"期间中国石油进口量连年增加，石油出口量基本平稳，石油净进口量累计增加约 7300 万吨，2015 年石油净进口量为 3.3 亿吨，日均石油净进口量增至 89.4 万吨（约 655 万桶），石油对外依存度提高至 60.3%。

一、中国石油进出口

"十二五"期间中国石油进口量不断增加，由 2010 年的 2.9 亿吨增至 2015 年的 3.7 亿吨，年均增加 1420 万吨；石油出口量保持平稳，在 4000 万吨上下波动；石油净进口量持续增加，由 2010 年的 2.54 亿吨增至 2015 年的 3.26 亿吨，年均增长 5.2%，增速较"十一五"下滑 7 个百分点。日均石油净进口量由 2010 年的 69.5 万吨（约 510 万桶）增至 2015 年的 89.4 万吨（约 655 万桶）。由于石油净进口增速高于石油需求增速，石油对外依存度连续十年上升，2015 年石油对外依存度升至 60.3%，较 2010 年上升 4.8 个百分点（如图 20 - 1 所示）。

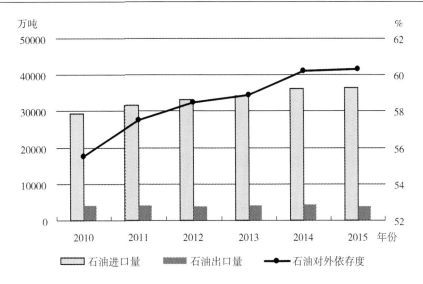

图 20 - 1　2010 ~ 2015 年中国石油进出口量及对外依存度

注：石油对外依存度 = 石油净进口量/（原油产量 + 石油净进口量）。

数据来源：2010 ~ 2014 年数据来自国家统计局《中国能源统计年鉴 2015》；2015 年数据根据海关总署发布的原油与成品油数据计算得到。

"十二五"期间中国原油进口增幅大于石油进口增幅，5 年间年均增加 1956 万吨，2015 年原油进口量为 3.4 亿吨；原油出口规模较小，始终在 300 万吨以内；原油净进口量增长较快，但较"十一五"有所放缓，由 2010 年的 2.35 亿吨增至 2015 年的 3.33 亿吨，年均增长 7.2%，增速较"十一五"下滑 7.4 个百分点。日均原油净进口量由 2010 年的 64.3 万吨（约 470 万桶）增至 2015 年的 91.1 万吨（约 670 万桶）。由于原油净进口增速高于石油净进口增速，原油对外依存度增幅大于石油对外依存度，5 年间累计上升 7.2 个百分点，2015 年原油对外依存度为 60.8%，高于石油对外依存度 0.5 个百分点（如图 20 - 2 所示）。

从进口来源看，中国的石油进口来源地比较集中。中国的石油进口主要来自中东、西非、前苏联和拉美地区，该 4 个地区的进口份额合计接近 85%，其中中东地区进口份额超过 45%。2015 年中国进口原油最多的 6 个国家分别是沙特阿拉伯、俄罗斯、安哥拉、伊拉克、阿曼和伊朗，该 6 个国家的原油进口量合计占中国原油进口总量的 2/3（如图 20 - 3 所示）。

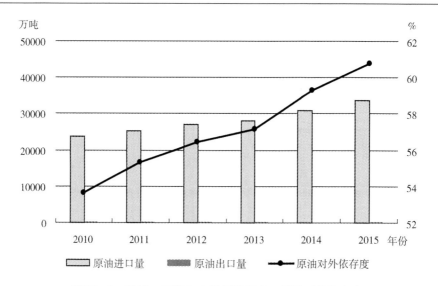

图 20 - 2　2010 ~ 2015 年中国原油进出口量及对外依存度

注：原油对外依存度 = 原油净进口量/（原油产量 + 原油净进口量）。

数据来源：海关总署，http：//www. customs. gov. cn/.

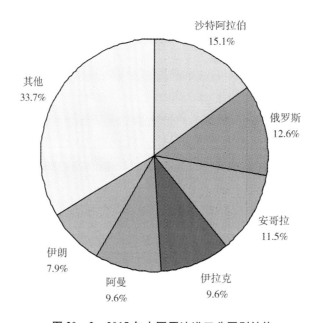

图 20 - 3　2015 年中国原油进口分国别结构

数据来源：海关信息网，http：//www. haiguan. info/.

二、石油国际贸易格局

（一）石油贸易

从全球贸易流向看，根据 BP 的统计数据，2014 年石油主要从中东、前苏联、非洲等产油地流向亚太①、欧洲、北美等石油消费地。

从出口端看，中东地区是全球石油出口量最大的地区，2014 年中东地区出口石油 9.8 亿吨（近 2000 万桶/日），接近全球的 40%，其中供应亚太地区的石油超过 3/4，供应欧洲、北美地区的石油各占约 10%；其次是以俄罗斯、哈萨克斯坦、阿塞拜疆为主的前苏联地区，2014 年出口 4.4 亿吨（近 900 万桶/日），占全球的 17%，其中超过 2/3 出口欧洲地区，约 24% 出口亚太地区；最后是以尼日利亚、安哥拉、阿尔及利亚为首的非洲地区，2014 年出口石油 3.2 亿吨（640 万桶/日），占全球的 13%，其中出口欧洲、亚太地区的石油分别占 44%、41%（如表 20 - 1 所示）。

从进口端看，亚太地区是全球石油进口最多的地区，2014 年亚太地区进口石油 13.3 亿吨（2700 万桶/日），超过全球的一半，其中 56% 来自中东地区，近 10% 来自非洲地区，近 8% 来自前苏联地区。2014 年中国进口石油 3.7 亿吨（约 755 万桶/日），占亚太进口总量的 28%；全球第二大石油进口地区为欧洲地区，2014 年进口石油 6.2 亿吨（1260 万桶/日），接近全球的 1/4，其中 48% 来自前苏联地区，22% 来自非洲地区，16% 来自中东地区；全球第三大石油进口地区为北美地区，2014 年进口石油 3.1 亿吨（约 620 万桶/日），占全球的 12%，其中 40% 来自拉美地区，32% 来自中东地区，9% 来自非洲地区。北美地区内部贸易十分活跃，2014 年内部贸易量达 2.1 亿吨（420 万桶/日），其中美国自加拿大进口量占 81%，加拿大自美国进口量占 19%（如表 20 - 1 所示）。

---

① 根据 BP 的区域划分方法，亚太地区包括东亚、东南亚、大洋洲及南亚，不包括太平洋东岸各国。

表 20 - 1　世界石油贸易基本流向

单位：百万吨

进口地 出口地	北美	拉美	欧洲	前苏联	中东	非洲	中国	日本+印度+新加坡	其他亚太	出口合计
北美	—	91.0	36.2	0.1	2.2	6.3	6.5	17.7	5.0	165.0
拉美	122.8	—	34.6	—	0.2	1.2	37.9	55.9	4.4	257.0
欧洲	27.0	9.0	—	5.5	13.9	30.8	3.6	10.4	10.1	110.1
前苏联	19.2	2.0	296.4	—	13.9	2.8	45.8	29.5	29.3	438.9
中东	98.0	7.4	101.6	0.3	—	25.4	171.7	331.3	243.0	978.7
非洲	27.6	18.0	138.2	0.4	1.8	—	68.8	38.3	24.3	317.4
中国	0.3	4.0	0.5	0.4	1.5	1.2	—	6.6	11.8	26.2
日本+印度+新加坡	5.6	4.4	9.4	—	20.2	12.8	8.8	—	70.9	132.1
其他亚太	5.2	1.0	3.5	—	1.0	2.0	29.8	67.8	—	110.3
进口合计	305.5	136.8	620.4	6.8	54.6	82.5	372.8	557.5	398.7	2535.6

注：本表数据为 2014 年数据；北美地区指美国与加拿大；其他亚太地区指除了中国、日本、印度、新加坡以外的亚太地区。

数据来源：《BP 世界能源统计 2015》（BP Statistical Review of World Energy 2015）。

（二）原油贸易

根据 BP 的统计数据，2014 年原油主要从中东、前苏联、西非等地流向欧洲、美国、中国等地。2014 年中东、前苏联、西非地区原油净出口量分别为 8.4 亿吨（约 1680 万桶/日）、2.9 亿吨（约 590 万桶/日）、2.1 亿吨（约 430 万桶/日），欧洲、美国、中国的原油净进口量分别为 4.4 亿吨（约 870 万桶/日）、3.5 亿吨（700 万桶/日）、3.1 亿吨（620 万桶/日）（如图 20－4 所示）。

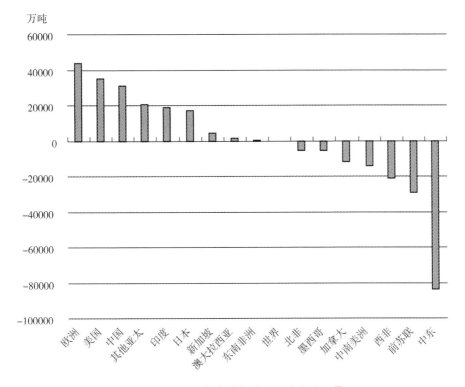

图 20－4　2014 年全球各地区原油净进口量

注：澳大拉西亚指澳大利亚与新西兰；其他亚太指除了中国、日本、印度、新加坡、澳大拉西亚以外的亚太地区。

数据来源：《BP 世界能源统计 2015》（BP Statistical Review of World Energy 2015）。

（三）石油制品贸易

根据 BP 的统计数据，2014 年全球石油制品贸易最活跃的地区为欧洲、美国、新加坡、中东等石油消费量大、炼油能力强、石油转口贸易发达或者石油富产地。2014 年全球石油制品出口量最大的 5 个地区为美国、前苏联、中东、欧洲和其他亚太地区，其合计出口量占全球的 70%；全球石油制品进口量最大的 5 个地区为欧洲、其他亚太、新加坡、美国和中南美洲，其合计进口量占全球的 65%；全球石油制品净出口量最大的地区为前苏联，石油净出口量为 1.4 亿吨（约 290 万桶/日）；全球石油制品净进口量最大的地区为欧洲，石油净进口量为 7490 万吨（约 160 万桶/日）（如图 20 - 5 所示）。

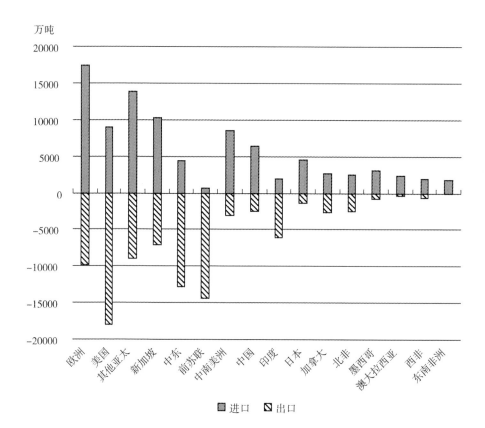

图 20 - 5　2014 年全球各地区石油制品进出口量

注：澳大拉西亚指澳大利亚与新西兰；其他亚太指除了中国、日本、印度、新加坡、澳大拉西亚以外的亚太地区。

数据来源：《BP 世界能源统计 2015》（BP Statistical Review of World Energy 2015）。

第二节　"十三五"石油贸易展望

展望"十三五"，中国石油消费低速增长，石油储备建设稳步推进，原油产量趋于平稳，石油净进口量将继续增加以满足国内供需缺口，石油对外依存度将进一步上升。预计"十三五"期间中国石油净进口量年均增加1500万吨左右，到2020年中国石油净进口量达4亿吨，石油对外依存度上升至64%左右。

原油方面，预计"十三五"期间中国原油产量增长有限，终端石油需求的增长将带动原油加工量增加，进而拉动原油进口量增加，且原油非国营贸易进口资质及进口原油使用权的放开将刺激地方炼厂的原油进口需求，预计"十三五"期间中国原油净进口量保持较快增长；石油制品方面，预计"十三五"期间本已过剩的中国炼油能力将继续扩张，石油制品产量将继续大于需求量，预计"十三五"期间中国石油制品进口量或将下滑。而随着石油制品出口资质的逐步放开，地炼石油制品出口通道被打开，富余的石油制品产量将更多地流入国际市场，预计"十三五"期间中国石油制品出口量将逐步增加，将由石油制品净进口国转变为石油制品净出口国。

分进口来源地看，预计"十三五"期间中国将积极拓展石油领域国际合作，坚持投资与贸易并举、陆海通道并举，实现"以中东为主，增加非洲，开发前苏联与南美"的多元化石油外交战略。中东地区是中国最大的石油进口来源地，随着石油输出国组织（OPEC）取消产量限制及页岩油革命致北美石油对外依存度下降，预计"十三五"期间中东地区供应中国的石油将稳步增加，增量将主要来自制裁解除后极力回归国际市场的伊朗、安全形势好转的伊拉克、闲置产能较多的沙特阿拉伯等国，自阿曼的石油进口量由于资源基础问题或将减少；非洲地区是中国第二大石油进口来源地，通过为当地资源国提供石油工业上下游一体化解决方案等方式积极获取权益油，预计"十三五"期间中国自非洲的石油进口量将继续上升，增量将主要来自安哥拉与南苏丹，自利比亚和尼日利亚进口的石油量因当地安全局势不稳而增长受限，自刚果（布）和赤道几内亚的石油进口量因资源问题将继续减少；前苏联地区是中国第三大石油进口来源地，通过与"一带一路"国家战略相结合，预计"十三五"期间中国将在石油领域积极拓展与该地区的合作，其中，自俄罗斯的石油进口量在中俄石油管道二线投产后将增加1500万吨/年，自哈萨克斯坦的石油进口量随着其石油产量的增长及中哈石油管道利用率的提高也有较大的增长潜力。但是,前苏联地区石油出口将优先保障欧洲地区、东输的新区油田开发难度较大等因素也为其对华石油出口增长带来一定的不确定性;南美地区是中国第四大石油进口来源地,随着国际油价的逐步回暖,该地区的生产及出口增长潜力较大,预计"十三五"期间通过"石油换贷款"等方式,中国自南美地区的石油进口量将保持较快增长,但委内瑞拉与巴西低迷的经济、封闭的石油工业体制将制约其对华石油出口增长。

第二十一章　天然气贸易

"十二五"期间，中国天然气进口量逐年增加，对外依存度持续提高；中国进口管道天然气主要来自中亚的土库曼斯坦，进口 LNG 主要来自澳大利亚、卡塔尔和东南亚地区。预计 2020 年中国需要净进口天然气 1150 亿立方米，其中进口管道天然气 1050 亿立方米，进口 LNG 折合 550 亿立方米，天然气对外依存度将提高到 38%。

第一节　"十二五"天然气贸易分析

"十二五"期间，中国的天然气进口量由 2010 年的 165 亿立方米增加到 2015 年的 611.8 亿立方米，其中管道气占比为 56%，LNG 占比为 44%。管道天然气的来源地集中在中亚，2015 年从土库曼斯坦的进口量占全部管道天然气进口量的 82.7%；从缅甸的进口量占 11.7%；LNG 的进口渠道更加多元化，2015 年从澳大利亚、卡塔尔、马来西亚、印度尼西亚、巴布亚新几内亚五个国家进口的 LNG 合计占 LNG 进口总量的 92%。在国内的地区间调动方面，天然气调出的地区主要是陕西和内蒙古，2014 年的净调出量分别为 19.4 亿立方米和 12.2 亿立方米；调入天然气的地区主要是江苏和北京，2014 年的净调入量分别为 127.2 亿立方米和 113.7 亿立方米。

一、中国天然气进出口

2010 年以来，中国天然气出口量维持在 30 亿立方米左右的水平。中国从 2006 年开始进口天然气，并且进口量逐年增加，2015 年进口 611.8 亿立方米。2007 年中国天然气进口量超过出口量，此后对外依存度快速上升，从 2010 年的 11.5% 提高到 2015 年的 30.1%（如表 21 - 1 所示）。

表 21 - 1　2010～2015 年中国天然气贸易量

单位：亿立方米

年份	进口量	出口量	净进口量	日均净进口量	对外依存度（%）
2010	164. 7	40. 3	124. 4	0. 34	11. 5
2011	311. 5	31. 9	279. 6	0. 77	21. 0
2012	420. 6	28. 9	391. 7	1. 07	26. 2
2013	525. 4	27. 5	498. 0	1. 36	29. 2
2014	591. 3	26. 1	565. 2	1. 55	30. 3
2015	611. 8	32. 5	579. 4	1. 59	30. 1

注：对外依存度 = 净进口量/（产量 + 净进口量）。

数据来源：2010～2013 年数据源自《中国能源统计年鉴 2014》天然气平衡表。2014 年数据源自《中国能源统计年鉴 2015》天然气平衡表。2015 年数据源自海关信息网。

　　根据 BP 统计数据，2014 年全球天然气贸易量为 9972 亿立方米，占全球天然气生产总量的 29%。天然气进口量排名前五位的是日本（1206 亿立方米）、德国（850 亿立方米）、美国（763 亿立方米）、中国（584 亿立方米）、意大利（515 亿立方米），五国进口量总和占全球贸易量的 39%。天然气出口量排名前五位的是俄罗斯（2019 亿立方米）、卡塔尔（1234 亿立方米）、挪威（1064 亿立方米）、加拿大（746 亿立方米）、荷兰（446 亿立方米），五国出口总量占全球贸易量的 55%（如表 21 - 2 所示）。

表 21 - 2　2014 年天然气贸易量国际比较

单位：亿立方米

国家/地区	进口量	出口量	净进口量	日均净进口量
世界	9972	9972	0	0. 00
日本	1206	0	1206	3. 30
德国	850	101	749	2. 05
中国	584	0	584	1. 60
意大利	515	2	513	1. 40
韩国	511	2	510	1. 40
土耳其	484	6	478	1. 31
美国	763	427	336	0. 92
英国	442	106	336	0. 92

续表

国家/地区	进口量	出口量	净进口量	日均净进口量
法国	345	17	329	0.90
墨西哥	298	0	298	0.82
西班牙	309	57	252	0.69
乌克兰	175	0	175	0.48
特立尼达和多巴哥	0	193	−193	−0.53
荷兰	243	446	−203	−0.56
印度尼西亚	0	312	−312	−0.86
阿尔及利亚	0	408	−408	−1.12
加拿大	224	746	−522	−1.43
挪威	0	1064	−1064	−2.91
卡塔尔	0	1234	−1234	−3.38
俄罗斯	242	2019	−1777	−4.87

注：对外依存度＝净进口量/（产量＋净进口量）。

数据来源：《BP 世界能源统计 2015》（BP Statistical Review of World Energy 2015）。

中国管道天然气的来源地集中在中亚。2015 年从土库曼斯坦进口 281.6 亿立方米，占全部管道天然气进口量的 82.7%；从缅甸进口 39.8 亿立方米，占 11.7%；乌兹别克斯坦 15.7 亿立方米，占 4.6%；哈萨克斯坦 3.6 亿立方米，占 1.1%（如图 21 − 1 所示）。

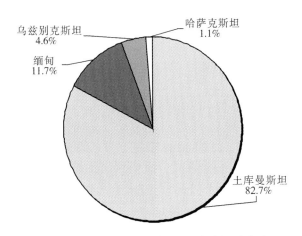

图 21 − 1　2015 年中国管道天然气来源地占比

数据来源：海关信息网。

相比管道天然气，中国的 LNG 进口渠道更加多元化。2015 年中国 LNG 进口来源排名前五位的国家依次为澳大利亚（76.4 亿立方米）、卡塔尔（66.4 亿立方米）、马来西亚（44.9 亿立方米）、印度尼西亚（39.6 亿立方米）、巴布亚新几内亚（21.9 亿立方米），从上述五个国家进口的 LNG 合计约 250 亿立方米，占 LNG 进口总量的 92%（如图 21 - 2 所示）。

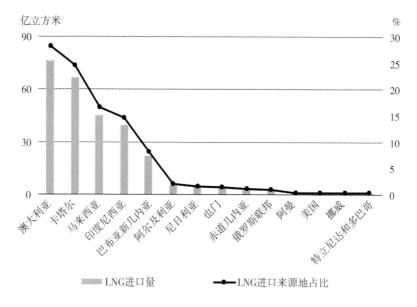

图 21 - 2　2015 年中国 LNG 进口来源地及占比

数据来源：海关信息网。

二、分地区天然气贸易

2014 年，天然气净调出的地区是陕西（－19.4 亿立方米）、内蒙古（－12.2 亿立方米）、新疆（－7.5 亿立方米）、青海（－0.5 亿立方米）。天然气净调入的地区中，净调入量超过 50 亿立方米的有江苏、北京、广东、浙江、河南、山东、四川 7 个省（市）；其中，江苏净调入量最大，为 127.2 亿立方米，其次是北京，净调入 113.7 亿立方米（如图 21 -3 所示）。

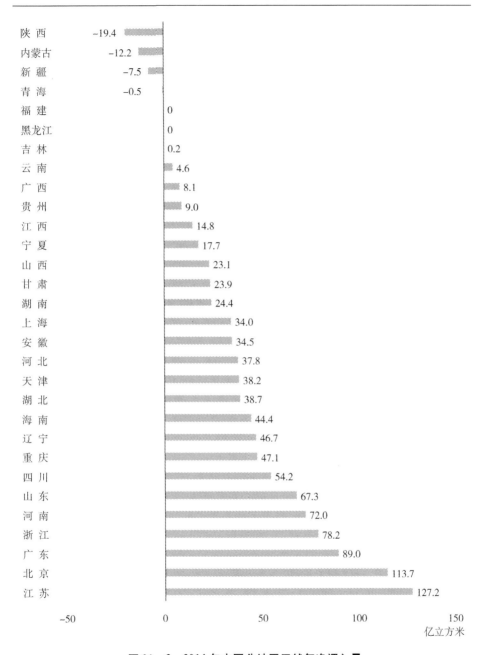

图 21－3　2014 年中国分地区天然气净调入量

注：图中负数表示净调出。

数据来源：国家统计局《中国能源统计年鉴 2015》。

从净调入（出）比重看，2014 年天然气净调入比重为 100% 的地区有宁夏、湖南、安徽、浙江、北京 5 个省区。另有 13 个省区净调入比重超过 50%。天然气净调出比重分别为陕西（4.7%）、内蒙古（4.3%）、新疆（1.3%）、青海（0.7%）（如图 21−4 所示）。

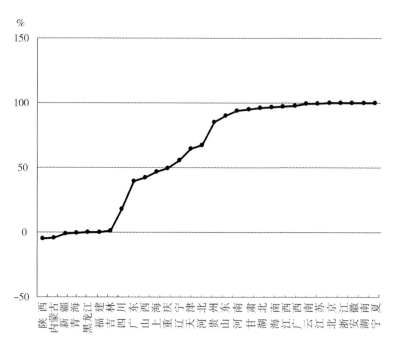

图 21−4　2014 年中国分地区天然气净调入（出）比重

注：图中负数表示净调出比重。

数据来源：国家统计局《中国能源统计年鉴 2015》。

第二节　"十三五"天然气贸易展望

根据本书相关展望，2020 年天然气消费量预计为 3000 亿立方米，天然气产量为 1850 亿立方米，则届时中国需要净进口天然气 1150 亿立方米，对外依存度将由 2015 年的 30% 提高到 2020 年的 38%。预计 2020 年中国进口天然气管道设计能力合计达 1050 亿立方米/年，考虑到供气渐增期的因素，

2020年实际进口管道天然气的能力应该在600亿~700亿立方米/年。LNG方面，2020年中国能够落实的长贸资源约4000万吨/年（折合550亿立方米/年）。因此，若2020年中国进口管道天然气600亿立方米，进口LNG 4000万吨（折合550亿立方米），则能满足净进口1150亿立方米的需求量。

第五篇　能源市场与绩效

第二十二章　煤炭市场与绩效

"十二五"期间，中国煤炭市场交易机制逐渐完善，煤电价格并轨的实现使得企业市场主体作用得到充分发挥。但是，煤炭行业持续面临产能严重过剩的问题。"十三五"期间，受经济结构调整、能源结构优化等多重因素影响，煤炭行业规划发展目标以控制总量、消化过剩、优化结构为主，注重提高发展质量和效益。

第一节　"十二五"煤炭市场与绩效分析

"十二五"期间，在世界经济复苏乏力、能源价格大幅下跌，国内经济增速放缓、能源需求下降、产业结构调整加快的背景下，中国煤炭行业处于持续的产能过剩状态。随着煤炭市场化改革的不断深入，国内市场形成价格指数体系。"十二五"期间，煤炭产业集中度提高，产业结构不断优化，煤炭清洁高效利用水平提高，安全生产形势明显好转。

一、煤炭供需平衡情况

"十二五"期间，中国煤炭行业总体处于供过于求的状态。从产能利用率（产量与产能之比）看，"十二五"初期，中国煤炭产能利用率超过100%，煤炭行业"超能力"生产；从2012年开始，煤炭需求增速放缓，大量煤炭产能逐步释放，产能利用率逐年下降，2015年跌至82.5%（如图22-1所示），煤炭行业供需形势发生逆转，煤炭产能过剩现象严重。

受煤炭消费水平、生产能力以及运输能力的影响，不同地区的煤炭供需情况有所差别。近年来，华北、华东及东南沿海等主要煤炭消费省区面临日益严峻的环境压力，对于京津冀鲁、长三角、珠三角等重点地区，通过淘汰落后产能、压减过剩产能、提高煤炭等能源利用效率等手段对其煤炭消费进行减量替代①。供应方面，随着煤炭铁路运输能力和港口海运能力的不断增强，煤炭跨省区调运能力日趋增强；但是目前煤炭供给过剩的局面使内蒙古、山西、陕西等主要煤炭产区受影响明显，煤炭企业经营承受较大压力，对于主要煤炭产地，将市场机制作用与政府支持相结合，严格控制新增产能，切实淘汰落后产能，有序退出过剩产能，同时鼓励发展煤电一体化和现代煤化工，以实现煤炭市场供需平衡和产业结构优化升级②。

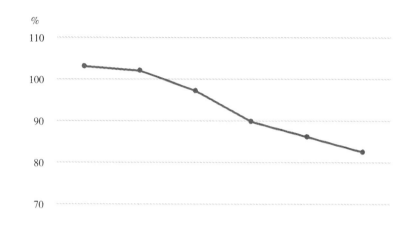

	2010	2011	2012	2013	2014	2015
产能利用率	103.1	102	97.1	89.7	86.2	82.5

图 22 - 1   "十二五"期间中国煤炭产能利用率

注：煤炭产能利用率 = 煤炭产量/煤炭产能。

数据来源：2000～2014 年煤炭产量数据来自国家统计局历年《中国能源统计年鉴》；2015 年煤炭产量数据来自国家统计局《2015 年国民经济和社会发展统计公报》；煤炭产能为按照历年累加法计算得到的核定产能。

二、煤炭价格

随着煤炭市场化改革的推进，煤炭价格成为反映市场供需情况的重要指

---

① 根据国家发展改革委、工业和信息化部、财政部、环境保护部、统计局、能源局于 2014 年 12 月 29 日联合发布的《重点地区煤炭消费减量替代管理暂行办法》（发改环资〔2014〕2984 号）。

② 根据国务院于 2016 年 2 月 5 日发布的《关于煤炭行业化解过剩产能实现脱困发展的意见》（国发〔2016〕7 号）。

标。煤炭价格主要受开采成本、税费、运费及市场供需情况等因素影响。由于各地资源禀赋、开采条件的差别以及运输瓶颈的限制，不同区域供需状况有所不同，煤炭价格差别较大。

从国内市场看，随着煤炭市场交易机制的不断完善，逐步出现了针对不同区域市场的标杆价格。2010 年 9 月，环渤海动力煤价格指数发布，环指数价格（BSPI）成为海运煤炭市场的重要风向标；2013 年 5 月，山西推出了太原煤炭交易价格指数（CTPI）。"十二五"初期，环指价格在 800 元/吨上下浮动，自 2012 年 7 月起，中国煤炭价格总体呈现连续下跌的趋势（如图 22 - 2 所示）。

图 22 - 2　"十二五"期间环渤海动力煤价格指数、太原煤炭交易价格指数

注：环渤海动力煤价格从 2010 年 9 月开始发布，太原煤炭交易价格指数从 2013 年 5 月开始发布；本图数据均为月末价格。

数据来源：环渤海动力煤价格指数来自秦皇岛煤炭网：http：//osc. cqcoal. com；太原煤炭交易价格指数来自中国太原煤炭交易中心网，http：//www. ctctc. cn.

从世界范围看，澳大利亚环球煤炭公司（Global Coal）推出了理查德港

（RB）动力煤价格指数、纽卡斯尔港（NEWC）动力煤价格指数和欧洲三港①（ARA）动力煤价格指数，成为南非、澳大利亚及欧洲的主要代表价格；2010年9月，世界第一大煤炭出口国印度尼西亚开始每月定期发布煤炭出口指导价格（HBA），该价格指数成为亚太地区煤炭贸易的重要参考。

"十二五"期间，国际主要港口动力煤价格指数均在2011年达到最高峰，此后逐年下跌，截至2015年底，国际市场主要动力煤价格指数均跌至60美元/吨以下（如图22-3所示）。

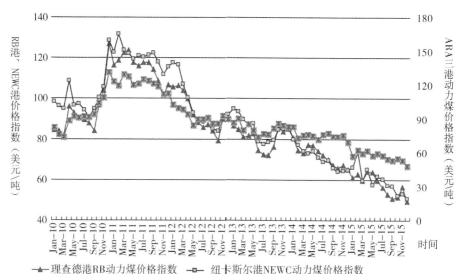

图22-3　"十二五"期间国际主要港口动力煤价格指数

注：理查德港、纽卡斯尔港与欧洲三港数据为月末价格。

数据来源：中国煤炭市场网，http://www.cctd.com.cn.

三、煤炭行业运行绩效

长期以来，煤炭作为中国的主体能源，为推进社会经济发展做出巨大贡献。"十二五"期间，煤炭行业在资源供应能力、产业结构调整、市场化改

---

① 欧洲三港指阿姆斯特丹（Amsterdam）、鹿特丹（Rotterdam）、安特卫普（Antwerp）三个港口。

革、清洁利用和安全生产等方面取得了很大的成绩。

首先，煤炭供应能力增强，产业结构不断优化。全国煤矿数量减少，大型现代化煤矿比重不断提高。2015 年底，全国煤矿数量达 1.08 万处，其中，年产 120 万吨以上的大型煤矿 1050 处，比 2010 年增加 400 处，产量比重由 58% 提高到 68%；年产 30 万吨以下的小型煤矿 7000 多处，比 2010 年减少了 4000 多处，产量比重由 21.6% 下降到 10% 左右。

煤炭产业集中度提高。前 4 家煤炭企业产量为 8.7 亿吨，占全国总产量的比重由 2010 年的 22% 提高到 2015 年的 23.6%；前 8 家企业产量为 13.1 亿吨，占全国总产量的比重由 2010 年的 30.1% 提高到 2015 年的 35.5%；产量超亿吨的企业由 2010 年的 4 家增加到 2015 年的 9 家，产量比重提高 13 个百分点。

大基地建设稳步推进。14 个大型基地产量占全国总产量的 92.3% 左右，比 2010 年提高 4.3 个百分点；产量超过亿吨的煤炭省区 8 个，产量比重为 84.1%，比 2010 年提高 8 个百分点。

煤炭产业转型创新发展，已初步形成了以煤为主，电力、现代煤化工、清洁能源生产、新能源开发、高端装备制造、现代物流、节能环保、金融服务等相关产业横向重组、纵向延伸、融合发展的新格局。

其次，煤炭市场化改革深入推进，企业作为市场主体作用得到充分发挥。2013 年国家取消重点电煤合同，煤炭供需企业自主订货、协商定价，实现电煤价格并轨，煤炭市场化改革取得实质性进展。煤电价格联动机制逐步完善，市场配置资源的决定性作用显著增强。

国家发展改革委 2014 年 5 月印发的《关于深入推进煤炭交易市场体系建设的指导意见》明确了煤炭交易市场体系建设的主要目标和任务，煤炭市场交易体系不断完善，交易方式不断丰富，市场监测机制作用有效发挥。煤炭主产区、主要消费地、集散地普遍建立了如中国太原、大连东北亚、鄂尔多斯、华东等多个区域性煤炭交易中心；焦炭、炼焦煤、动力煤期货上市，形成了以中国煤炭价格指数为主体，以秦皇岛、环渤海、太原等区域价格指数为辅的煤炭市场价格指数体系。

再次，煤炭清洁高效利用水平提高。2015 年原煤入选能力为 26 亿吨，原煤入选率为 65.9%，比 2010 年提高 15 个百分点。煤矸石综合利用率达到 64.2%，提高 2.8 个百分点；矿井抽采瓦斯利用率达到 46.4%，提高 15.7 个百分点；土地复垦率达到 47%，提高 9 个百分点；大中型煤矿原煤生产综合能耗、生产电耗分别比 2010 年下降 14.6%、14.8%。全国燃煤电厂超低排放机组装机达到 8400 万吨，烟尘、二氧化硫和氮氧化物的排放水平达到或低于天然气电厂的排放标准。高效煤粉工业锅炉在甘肃、内蒙古、陕西等西部高寒地区和东部沿海等20多个省区推广运用，燃烧效率比普通链条锅炉提高28个百分点，污染物排放水平接近或达到天然气锅炉的排放标准。煤制油、煤制烯烃、煤制气、煤制乙二醇产能分别达到650万吨、406万吨、44.4亿立方米、150万吨。水煤浆、型煤、低阶煤提质等洁净煤技术攻关取得明显进展。

最后，煤炭安全生产形势明显好转。以《安全生产法》为基础的法律法规体系不断健全，煤矿安全标准体系不断完善，装备、管理、培训在煤矿安全生产工作中的保障作用不断增强，全国煤矿事故死亡人数由2010年的2433人下降到2014年的931人，2014年煤矿百万吨死亡率为0.26。

第二节 "十三五"煤炭市场与绩效展望

"十三五"期间，煤炭行业面临需求总体偏弱、化解过剩产能和消化库存任务加剧、资源环境约束不断强化和产业结构调整任务艰巨等形势。2015年中共中央发布的《关于制定国民经济和社会发展第十三个五年规划的建议》提出，要推进能源革命，加快能源技术创新，建设清洁低碳、安全高效的现代能源体系。同时明确提出要提高非化石能源比重，推动煤炭等化石能源清洁高效利用。

"十三五"期间，煤炭行业将围绕"控制总量，优化布局；控制增量，优化存量；淘汰落后，消化过剩；调整结构，促进转型；提高质量，提高效益"的总体思路，创新发展理念，按市场经济的原则，主要抓好经济总量、产业结构、运行质量三方面的工作，推动行业由煤炭生产型向生产服务型转变，提升煤炭工业的可持续发展能力。

预计到"十三五"末，煤炭产能仍然过剩，但经过"十三五"期间的去产能后，产能过剩程度会有所降低，煤炭价格有可能小幅回调。

第二十三章　石油市场与绩效

"十二五"期间，全球石油供需形势在 2014 年经历深刻变化，由供给不足转为供给过剩，国际原油价格由高位经历断崖式下跌。由于与国际原油价格挂钩，中国成品油价格历经新成品油定价机制形成以来最长的"十二连跌"；展望"十三五"，随着全球石油需求的稳步增加，以及近年上游投资大幅削减导致石油供应增幅放缓，石油市场将经历"供过于求—供求平衡—供应偏紧"的转变，预计在 2017 年供求回归平衡。而中国将继续以市场化为方向，促进市场参与主体多元化并形成有效竞争，逐步形成市场化的石油价格形成机制，预计到 2017 年，石油领域竞争性环节价格基本放开，到 2020 年，市场化价格机制基本完善。

第一节　"十二五"石油市场与绩效分析

"十二五"期间，全球石油市场在 2014 年发生大转折，国际原油价格大幅下跌，截至 2015 年底，Brent 原油期货结算价降至 37.28 美元/桶，较 2014 年高点下降 68%；跟随国际原油价格变动，中国成品油价格自 2014 年下半年开始"跌跌不休"，截至 2015 年底，中国汽油价格为 6105 元/吨，较 2014 年高点下调 32%；低油价背景下，行业效益加速下滑，2015 年中国油气开采业利润总额 805 亿元，同比减少 74.5%。

一、石油价格

（一）国际原油价格

"十二五"期间国际原油期货价格大致可分为两个阶段：第一阶段为 2011 年至 2014 年 6 月上旬，该阶段国际石油市场供不应求，国际原油期货价格高位震荡，在 100 美元/桶上下波动。第二阶段为 2014 年 6 月中旬至

2015年底,一方面,伴随着北美页岩油气开采技术的突破,全球石油供应能力显著上升;另一方面,中国等主要石油消费国由于经济增速下滑,石油需求增速放缓。同时,石油输出国组织(OPEC)为保护市场份额放弃"限产保价"策略,国际石油供需形势逐步逆转,国际原油期货价格不断下滑。截至2014年底,Brent原油期货结算价降至57.33美元/桶,较2014年高点腰斩。2015年国际原油期货价格先扬后抑,总体进一步下跌,截至2015年底,Brent原油期货结算价进一步降至37.28美元/桶,较2014年底进一步下跌35%(如图23-1所示)。

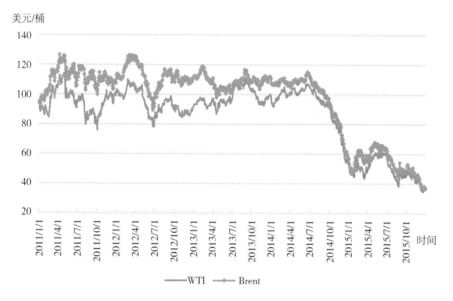

图23-1 2011~2015年国际原油期货价格

数据来源:CME Group,http://www.cmegroup.com/.

(二)国内成品油价格

中国成品油定价与国际原油价格挂钩,但有一定滞后。"十二五"期间中国成品油价格变动趋势与国际原油期货价格变动趋势大体相似,可分为两个阶段:第一阶段为2011年至2014年6月,伴随着国际原油价格的高位震荡,中国成品油价格①一直处于高位,其中,汽油价格在8500元/吨上下波

---

① 本章中的成品油价格指成品油生产经营企业供国家储备、新疆生产建设兵团用汽、柴油价格。

动。第二阶段为 2014 年 7 月至 2015 年底，伴随着国际原油价格的连续下滑，中国成品油价格不断下调。2014 年下半年，中国成品油价格历经"十连跌"，创 2013 年新成品油定价机制形成以来最长的连续下调期，其中，汽油价格累计下调 2205 元/吨，累计降幅为 25%。2015 年中国成品油价格历经的 19 次调整中，有 7 次上调、12 次下调，总体上价格有所下调，其中，汽油价格下调 670 元/吨，较 2014 年底降幅为 10%（如图 23 - 2 所示）。

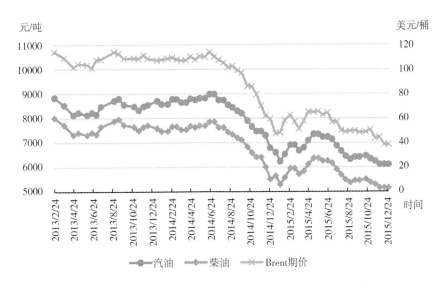

图 23 - 2　2013 ~ 2015 年中国成品油价格与 Brent 原油期货价格

数据来源：中国成品油价格来自国家发展改革委，http：//www.sdpc.gov.cn/；Brent 原油期货价格来自 CME Group，http：//www.cmegroup.com/.

"十二五"期间中国成品油定价机制也有所调整。为更加灵敏地反映国际市场油价变化，2013 年 3 月国家发展改革委发布《关于进一步完善成品油价格形成机制的通知》（发改价格［2013］624 号），将成品油计价和调价周期由之前的 22 个工作日缩短至 10 个工作日，并取消上下4%的幅度限制。中国成品油调价由过去的"大步慢走"逐步转为"小步快跑"，年均调价频率由 2009 ~ 2012 年的不到 6 次增加至 2013 ~ 2015 年的超过 17 次，由 360 元/吨降至 186 元/吨。

二、石油绩效

"十二五"期间，中国油气开采业主营业务收入与利润总额增速呈下滑态势，从 2012 年开始转为负增长。随着国际石油市场由供给不足逐渐转为供给过剩，原油价格在 2014 年下半年深度下跌，在整个 2015 年低位运行，油气开采业经营风险加剧，中国油气开采业主营业务收入与利润总额在 2015 年加速下降。2015 年中国油气开采业主营业务收入 7775 亿元，同比减少 32.6%，利润总额为 805 亿元，同比减少 74.5%（如图 23-3 所示）。

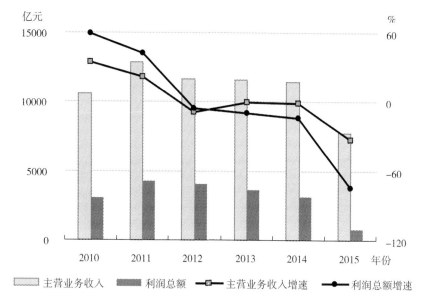

图 23-3 2010~2015 年中国石油和天然气开采业规模以上工业企业主营业务收入与利润总额

数据来源：国家统计局网站，http://www.stats.gov.cn/.

第二节 "十三五"石油市场与绩效展望

展望"十三五"，全球石油市场方面，随着全球石油需求的稳步增加，以及近年上游投资大幅削减导致石油供应增幅放缓，石油市场将经历"供过于求—供求平衡—供应偏紧"的转变，预计在 2017 年供求回归平衡；中国石油市场方面，预计"十三五"期间中国将继续以市场化为方向，促进市场参与主体多元化并形成有效竞争，逐步形成市场化的石油价格形成机制，预计到 2017 年，石油领域竞争性环节价格基本放开，到 2020 年，市场化价格机制基本完善。

全球石油市场方面，2016 年供给过剩持续，但随着北美地区产量的下滑及突发事件不断导致供应削减，过剩局面将逐步缓和，国际油价较年初低位将逐步回升，预计 Brent 原油期货价格年均值为 45 美元/桶。预计 2017 年全球经济增长稳健带动全球石油需求继续增加，其中，受印度、中国等新兴经济体拉动，非 OECD 地区将主要贡献全球石油需求增量，而全球石油供应增量将来自 OPEC 地区，但增幅有所放缓，全球石油市场将回归平衡，Brent 原油期货价格年均值为 55 美元/桶。2018～2020 年，尽管由于价格回升以及技术进步驱动成本下降，北美地区石油将主要贡献非 OPEC 地区供应增量，但随着 OPEC 富余产能的不断下滑，OPEC 地区供应增量将相应下滑，且近年石油行业上游投资的大幅削减导致的供应能力不足将逐步显现，石油供应或逐渐趋紧，预计 Brent 原油期货价格年均值或升至 60～80 美元/桶。

中国石油市场方面，预计市场化改革将是"十三五"期间的主旋律。2016 年伊始，国家发展改革委发布《关于进一步完善成品油价格形成机制有关问题的通知》（发改价格〔2016〕64 号），放开液化石油气出厂价格，由供需双方协商确定。2016 年 3 月，第十二届全国人大第四次会议审议通过的《中华人民共和国国民经济和社会发展第十三个五年规划纲要》指出，要构建发展新体制，健全现代市场体系，推进价格形成机制改革，减少政府对价格形成的干预，全面放开竞争性领域商品和服务价格，放开石油、天然气等领域竞争性环节价格。2016 年 5 月，国务院发布《关于印发 2016 年推进简政放权放管结合优化服务改革工作要点的通知》（国发〔2016〕30 号），要求破除民间投资进入石油领域的不合理限制和隐性壁垒，坚决取消对民间资本单独设置的附加条件和歧视性条款，加快建设统一开放、竞争有序的市场体系，凡是法律法规未明确禁止的一律允许各类市场主体进入，凡是已向外资开放或承诺开放的领域一律向民间资本开放，凡是影响民间资本公平进入和竞争的各种障碍一律予以清除。随着石油市场化改革的逐步深入，将逐步形成主体多元、竞争有效的市场体系，进而逐步形成市场起决定性作用的石油价格形成机制，预计到 2017 年，石油领域竞争性环节价格基本放开，到 2020 年，市场化价格机制基本完善。

第二十四章　天然气市场与绩效

中国国内天然气市场在"十二五"期间完成了价格体系的阶段性改革，形成了非居民用气基准门站价格管理制度，终端价格的确定方式多样化、自由化。在进口天然气市场上，管道天然气在价格上比 LNG 更具优势。"十三五"期间，天然气市场改革将继续推进，基准门站价格浮动范围增大，终端定价更加自由。进口市场方面，管道气来源的扩大将减少对 LNG 的依赖，使得两种进口渠道发展更加平衡。

第一节　"十二五"天然气市场与绩效分析

"十二五"期间，中国形成了由基准门站价格与终端价格构成的天然气价格体系。在 2014、2015 年，各地区对终端价格进行了定价方式或价格水平的调整。从国际上看，天然气价格较高的是亚洲的日本、韩国和欧洲的土耳其、西班牙，价格较低的是北美的加拿大和美国。进口天然气方面，中国进口管道天然气的价格比进口 LNG 的价格低。此外，中国的进口管道天然气价格低于德国，但进口 LNG 的价格高于邻国日本。

一、国内天然气价格体系

"十二五"前期，中国国内的天然气价格体系包括出厂价格、门站价格与终端价格。2010 年 5 月，国家发展改革委发布关于提高国产陆上天然气出厂基准价格的通知（发改电〔2010〕211 号），自 2010 年 6 月 1 日起执行如表24 - 1 所示的出厂基准价格，分为三大类：化肥生产用气、直供工业用气和城市燃气用气，其中城市燃气用气对工业用户和非工业用户执行不同价格。工业用气价格最高，除川渝气田、长庆气田以及新疆各气田外，其他气源对直供工业用户和城市燃气的工业用户执行相同价格，全国平均价格为 1428

元/千立方米。除川渝气田，长庆气田，以及大港、辽河、中原气田外，其他气源对化肥用气和非工业城市燃气执行相同价格，全国平均价格为1045元/千立方米（如表24-1所示）。

表24-1　国产陆上天然气出厂基准价格

单位：元/千立方米

用户分类 气源	化肥	直供工业	城市燃气 （工业）	城市燃气 （除工业）
川渝气田	920	1505	1550	1150
长庆气田	940	1355	1400	1000
青海气田	890	1290	1290	890
新疆各气田	790	1215	1190	790
大港、辽河、中原气田	940	1570	1570	1170
其他油田	1210	1610	1610	1210
西气东输	790	1190	1190	790
忠武线	1141	1541	1541	1141
陕京线	1060	1460	1460	1060
川气东送	1510	1510	1510	1510
平均价格	1019	1425	1431	1071

数据来源：国家发展改革委《国产陆上天然气出厂（或首站）基准价格调整表》。

"十二五"期间，为适应市场变化，国家发展改革委对非居民用气门站价格进行了多次调整①。在总结广东、广西天然气价格形成机制试点改革经验的基础上，国家发展改革委于2013年6月发布关于调整天然气价格的通知（发改价格〔2013〕1246号），要求区分存量气和增量气，增量气价格一步调整到与燃料油、液化石油气（权重分别为60%和40%）等可替代能源保持合理比价的水平；存量气价格分步调整，力争"十二五"末调整到位。本次调整从2013年7月10日起执行，实行天然气门站最高限价管理，门站价格②

---

① 在多次价格改革中，居民用气门站价格未做调整。

② 门站价格适用于国产陆上天然气、进口管道天然气。页岩气、煤层气、煤制气出厂价格，以及液化天然气气源价格放开，由供需双方协商确定，需进入长输管道混合输送并一起销售的（即运输企业和销售企业为同一市场主体），执行统一门站价格；进入长输管道混合输送但单独销售的，气源价格由供需双方协商确定，并按国家规定的管道运输价格向管道运输企业支付运输费用。

为政府指导价，供需双方可在国家规定的最高上限价格范围内协商确定具体价格。

2014 年 8 月国家发展改革委发布关于调整非居民用存量天然气价格的通知（发改价格〔2014〕1835 号），为确保 2015 年实现存量气与增量气价格并轨的既定目标，决定进一步调整非居民用存量天然气价格。从 2014 年 9 月 1 日起，在保持增量气门站价格不变的情况下，适当提高了非居民用存量天然气门站价格。

2015 年 2 月国家发展改革委发布关于理顺非居民用天然气价格的通知（发改价格〔2015〕351 号），从 2015 年 4 月 1 日起，存量气和增量气价格并轨，同时，放开天然气直供用户（化肥企业除外）用气门站价格，由供需双方协商定价，进行市场化改革试点。同年 11 月发布关于降低非居民用天然气门站价格并进一步推进价格市场化改革的通知（发改价格〔2015〕2688 号），要求自 2015 年 11 月 20 日起，将非居民用气由最高门站价格管理改为基准门站价格管理。降低后的最高门站价格水平作为基准门站价格，供需双方可以基准门站价格为基础，在上浮 20%、下浮不限的范围内协商确定具体门站价格。同时，根据通知要求，门站价格自 2016 年 11 月 20 日起才允许上浮。基准门站价格如表 24-2 所示，上海、广东、浙江、江苏均超过 2150 元/千立方米，甘肃、内蒙古、陕西、青海、新疆均低于 1500 元/千立方米，全国平均基准门站价格为 1808 元/千立方米。

表 24-2 2015 年中国非居民用天然气基准门站价格

单位：元/千立方米

省份	价格	省份	价格
北京	2000	湖北	1960
天津	2000	湖南	1960
河北	1980	广东	2180
山西	1910	广西	2010
内蒙古	1340	海南	1640
辽宁	1980	重庆	1640
吉林	1760	四川	1650
黑龙江	1760	贵州	1710
上海	2180	云南	1710
江苏	2160	陕西	1340

续表

省份	价格	省份	价格
浙江	2170	甘肃	1430
安徽	2090	宁夏	1510
江西	1960	青海	1270
山东	1980	新疆	1150
河南	2010		

注：本表价格为含增值税价格；山东交气点为山东省界；国家发展改革委于2015年11月18日发布通知将非居民用气由最高门站价格管理改为基准门站价格管理；上述基准门站价格暂不上浮，下浮不限，自2016年11月20日起最高可上浮20%。

数据来源：国家发展改革委网站。

中国的天然气终端价格分为工业用气价格、民用气价格、发电用气价格、车用气价格。工业用气方面，除上海按照用气量进行阶梯式定价，同时对掺混改质气单独定价，南京供气企业自主定价，以及天津在"十二五"前半期规定区间价外，其他地区"十二五"期间的工业用气均统一价格（如表24-3所示）。民用气方面，2015年调整定价方式前，"十二五"期间多数地区使用同一价格，也有桂林、郑州等地区按月用气量划分两个区间进行阶梯式定价。2015年11月实施定价方式改革后，多数地区改为按月用气量划分三个区间进行阶梯式定价。在此之前，"十二五"期间，中国民用天然气价格基本维持不变（如表24-4所示）。发电用气方面，除北京、上海、武汉从2014年开始调整价格外，"十二五"期间其他地区发电用气价格维持不变（如表24-5所示）。车用天然气方面，部分地区从2014年开始调整价格，北京地区则已经开始让车用气经营企业自主定价（如表24-6所示）。

表24-3 "十二五"期间工业用天然气价格

单位：元/立方米

地 区	2011.8	2012.1	2013.1	2013.7	2014.6	2014.10	2015.11
北 京	—	—	—	3.23	3.23	3.65	3.16
天 津	2.75~3.15	2.75~3.15	2.75~3.15	3.25	3.25	3.65	2.77
石家庄	—	—	—	3.45	3.45	3.8	3.02
郑 州	—	—	—	3.23	3.6	2.9
哈尔滨	—	—	—	—	4.3	4.56	4.3

续表

地　区		2011. 8	2012. 1	2013. 1	2013. 7	2014. 6	2014. 10	2015. 11
济　南		3. 61	3. 61	3. 61	4. 14	4. 14	4. 5	3. 5 *
上海	500 万 m³ 以上	3. 39	3. 39	3. 39	3. 39	3. 79	3. 99	3. 57
	120 万~500 万 m³	3. 89	3. 89	3. 89	3. 89	4. 29	4. 49	4. 07
	0~120 万 m³	4. 19	4. 19	4. 19	4. 19	4. 59	4. 79	4. 37
	掺混改质	2. 17	2. 17	2. 17	2. 17	2. 57	2. 77	—
南京	港华	—	—	—	—	3. 25	3. 65	—
	中燃	—	—	—	—	3. 65	3. 95	—
	江宁华润	—	—	—	—	4. 1	4. 3	4. 18
福　州		—	4. 2	4. 2	4. 2	4. 2	4. 2	
广　州		4. 85	4. 85	4. 85	4. 85	4. 85	4. 85	4. 36
桂　林		5. 5	5. 5	5. 5	5. 5	5. 5	5. 5	4. 2
武　汉		3	3	3	3	3. 41	4. 035	3. 493
乌鲁木齐		1. 88	2. 11	2. 11	2. 11	2. 11	2. 11	2. 39
西　宁		—	—	1. 47	1. 7	1. 7	1. 7	2. 1
成　都		2. 6	2. 59	2. 86	3. 25	3. 25	3. 25	3. 23
重　庆		—	2. 38	—	2. 54	2. 54	2. 84	2. 14

注：①＊表示 2015 年 11 月济南天然气价格下降为 3.7 元/立方米，2016 年 1 月 1 日再次下调至 3.5 元/立方米。②港华全称为南京港华燃气有限公司，中燃全称为南京中燃城市燃气发展有限公司，江宁华润全称为南京江宁华润燃气有限公司。

数据来源：各市发展改革委及物价局网站。

表 24-4　"十二五"期间居民生活用气价格

单位：元/立方米

地区	年用气量（m³）		2011. 11	2012. 8	2013. 1	2013. 8	2014. 9	2015. 11
	一般生活用气（炊事、生活热水）	壁挂炉采暖用气						
北京	0~350	0-1500	—	—	2. 28	2. 28	2. 28	2. 28
	351~500	1501~2500						2. 5
	>501	>2501						3. 9

续表

地区	年用气量（m³）		2011.11	2012.8	2013.1	2013.8	2014.9	2015.11	
	一般生活用气（炊事、生活热水）	壁挂炉采暖用气							
天津	0～300	0～900	2.2	2.2	2.2	2.2	2.4	2.4	
	301～600	901～1400						2.88	
	>601	>1401						3.6	
济南	0～216	0～1200①	2.7	2.7	2.7	2.7	2.7	3	
	217～360	>1201						3.6	
	>361							4.5	
上海	0～310		2.5	2.5	2.5	2.5	3	3	
	311～520						3.3	3.3	
	>521						4.2	4.2	
海口	0～277②		2.6	2.6	3.15	3.15	3.15	3.15	
	278～421							3.78	
	>422							3.96	
广州	0～320		3.45	3.45	3.45	3.45	3.45	3.45*	
	321～400							4.14*	
	>401							5.18*	
成都	0～500		1.89	1.89	1.89	1.89	1.89	1.89*	
	501～660							2.27*	
	>661							2.84*	
郑州	0～600		—	—	—	—	2.25	2.25	
	>601		—	—	—	—	2.93	2.93	
桂林	0～480		4	4.6	4.6	4.6	4.6	0～360	3.3*
	>481			5.81	5.81	5.81	5.81	361～600	3.96*
								>601	4.95*
太原	0～312③	0～4680	—	2.26	2.26	2.26	2.26	2.26*	
	313～456	>4681						2.71*	
	>457							3.39*	

续表

地区	年用气量（m³）		2011.11	2012.8	2013.1	2013.8	2014.9	2015.11
	一般生活用气（炊事、生活热水）	壁挂炉采暖用气						
乌鲁木齐			1.37	1.37	1.37	1.37	1.37	1.37
西宁			1.25	1.25	1.25	1.48	1.48	1.48
重庆			1.72	1.72	1.72	1.72	1.72	1.72

注：①为独立取暖用户；②对户籍人口为5人的居民家庭用户，第一、二档年用气量均增加69立方米；③单个居民用户对应家庭居民人数超过3人的，住户可持户口本、凭社区居委会（或村委会）证明，办理气量核增手续，每增加1人，第一、二档气量相应增加5立方米用气量基数。

* 表示2016年1月1日起执行。

数据来源：各市发展改革委及物价局网站。

表24-5 "十二五"期间发电用天然气价格

单位：元/立方米

地区	2011.12	2012.11	2013.7	2014.4	2014.10	2015.11
北 京	—	—	2.67	2.67	3.09	2.51
天 津	—	—	3.25	3.25	3.25	2.77
石家庄	—	—	3.1	3.1	3.1	—
上 海	2.32	2.32	2.32	2.72	2.92	2.5
武 汉	2.172	2.172	2.172	2.582	3.072	2.372
西 安	1.98	1.98	1.98	1.98	1.98	—
银 川	—	—	—	—	1.98	—
乌鲁木齐	1.37	1.37	1.37	1.37	1.37	—
西 宁	—	—	—	1.3	1.3	—

数据来源：各市发展改革委及物价局网站。

表24-6 "十二五"期间车用天然气价格

单位：元/立方米

地区	2011.9	2012.12	2013.9	2014.10	2015.11
北 京	—	—	5.12	车用气经营企业自行定价	
天 津	3.95	3.95	4.2	4.95	—

续表

地　区	2011.9	2012.12	2013.9	2014.10	2015.11
石家庄	—	3.3	3.75	4.2	3.5
太　原	—	—	4.45	4.8	—
济　南	4.28	4.28	4.71	5.04	4.2
上　海	4.7	4.7	5.1	5.1	—
南　京	—	—	4.9	4.9	4.2
海　口	3.76	3.76	4.06	4.06	
武　汉	4.5	4.5	4.5	4.5	4.1
西　安	3.55	3.55	3.55	3.55	—
乌鲁木齐	2.08	4.07	4.07	4.07	—
兰　州	—	—	—	3.56	—
成　都	4	4	4	4	3
重　庆	—	3.28	3.65	3.97	3.27

数据来源：各市发展改革委及物价局网站。

从部分 OECD 国家看，工业用气方面，日本、韩国、土耳其的价格相对较高，其次是法国、德国、西班牙、英国，美国、加拿大的工业用气价格较低（如图 24 - 1 所示）；民用气方面，日本、西班牙的价格相对较高，其次是法国、德国、韩国、土耳其、英国，美国、加拿大的民用气价格相对较低（如图 24 - 2 所示）；发电用气方面，匈牙利、土耳其的价格较高，其次是芬兰、墨西哥、英国，美国的发电用气价格较低（如图 24 - 3 所示）。综合来看，天然气价格较高的是亚洲的日本、韩国和欧洲的土耳其、西班牙，价格较低的是北美的加拿大和美国。

二、进口天然气价格

进口天然气方面，"十二五"期间，管道进口天然气与进口 LNG 的价格均呈现先升后降的趋势，同时进口 LNG 的价格高于管道进口天然气的价格。2015年的进口天然气价格创造了"十二五"期间的最低水平（如图 24 - 4 所示）。

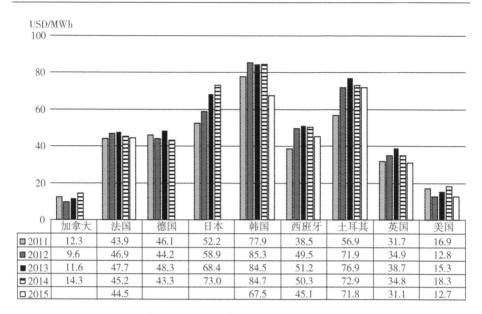

	加拿大	法国	德国	日本	韩国	西班牙	土耳其	英国	美国
▣2011	12.3	43.9	46.1	52.2	77.9	38.5	56.9	31.7	16.9
▣2012	9.6	46.9	44.2	58.9	85.3	49.5	71.9	34.9	12.8
■2013	11.6	47.7	48.3	68.4	84.5	51.2	76.9	38.7	15.3
▤2014	14.3	45.2	43.3	73.0	84.7	50.3	72.9	34.8	18.3
☐2015		44.5			67.5	45.1	71.8	31.1	12.7

图 24 - 1　2011 ~ 2015 年部分 OECD 国家工业用天然气价格

注：IEA 采用电热当量法和购买力平价计算价格。

数据来源：IEA, Energy Prices and Taxes, Vol. 2016/1.

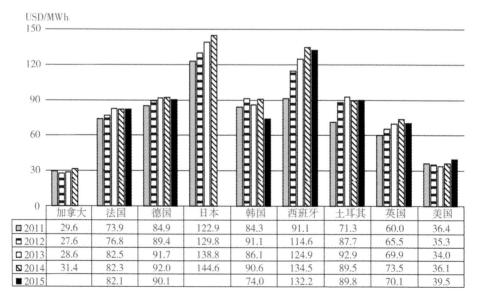

	加拿大	法国	德国	日本	韩国	西班牙	土耳其	英国	美国
▣2011	29.6	73.9	84.9	122.9	84.3	91.1	71.3	60.0	36.4
☐2012	27.6	76.8	89.4	129.8	91.1	114.6	87.7	65.5	35.3
☐2013	28.6	82.5	91.7	138.8	86.1	124.9	92.9	69.9	34.0
▨2014	31.4	82.3	92.0	144.6	90.6	134.5	89.5	73.5	36.1
■2015		82.1	90.1		74.0	132.2	89.8	70.1	39.5

图 24 - 2　2011 ~ 2015 年部分 OECD 国家民用天然气价格

注：IEA 采用电热当量法和购买力平价计算价格。

数据来源：IEA, Energy Prices and Taxes, Vol. 2016/1.

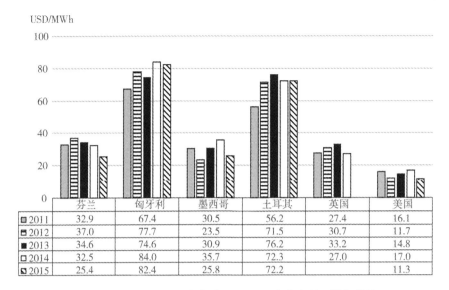

USD/MWh

	芬兰	匈牙利	墨西哥	土耳其	英国	美国
2011	32.9	67.4	30.5	56.2	27.4	16.1
2012	37.0	77.7	23.5	71.5	30.7	11.7
2013	34.6	74.6	30.9	76.2	33.2	14.8
2014	32.5	84.0	35.7	72.3	27.0	17.0
2015	25.4	82.4	25.8	72.2		11.3

图 24 - 3 2011～2015 年部分 OECD 国家发电用天然气价格

注：IEA 采用电热当量法和购买力平价计算价格。

数据来源：IEA，Energy Prices and Taxes，Vol. 2016/1.

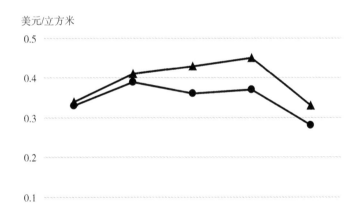

美元/立方米

	2011	2012	2013	2014	2015
管道天然气	0.33	0.39	0.36	0.37	0.28
LNG	0.34	0.41	0.43	0.45	0.33

年份

图 24 - 4 "十二五" 期间中国进口天然气价格

注：进口价格 = 进口额/进口量。

数据来源：海关总署网站，海关信息网。

根据中国海关统计,2015 年中国进口天然气总量为 612 亿立方米,总金额为 185 亿美元,平均进口价格为 0.3 美元/立方米。价格低于平均水平的进口来源地为哈萨克斯坦(0.14 美元/立方米)、澳大利亚(0.21 美元/立方米)、美国(0.23 美元/立方米)、乌兹别克斯坦(0.24 美元/立方米)、土库曼斯坦(0.27 美元/立方米)。价格不低于 0.4 美元/立方米的进口来源地为缅甸、俄罗斯、尼日利亚、卡塔尔、赤道几内亚、也门、阿曼。从阿曼进口的价格最高,为 0.52 美元/立方米(如图 24-5 所示)。

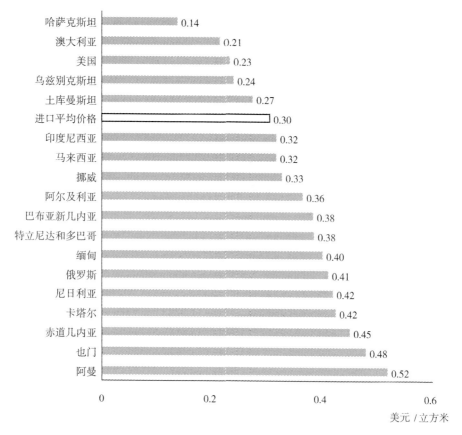

图 24-5　2015 年中国分国别进口天然气价格

数据来源:海关信息网。

从国际范围看,亚洲地区的日本是 LNG 的全球最大进口国,日本的前三位 LNG 来源地是澳大利亚、卡塔尔、马来西亚。根据日本经济产业省统计数据换算，日本进口 LNG 的长贸合同平均价约 0.28 美元/立方米，现货平均价格约 0.31 美元/立方米①。欧洲地区的德国是管道天然气的最大进口国，进口天然气主要来自俄罗斯、挪威、荷兰。根据 BP 公司统计数据换算，2011 ~ 2014 年其进口天然气的平均价格为 0.36 美元/立方米。

第二节　"十三五"天然气市场与绩效展望

国内天然气价格体系方面，根据发改价格［2015］2688 号文确立的天然气基准门站价格管理方式，供需双方以基准门站价格为基础，在上浮 20%，下浮不限的范围内确定具体门站价格。门站价格自 2016 年 11 月 20 日起允许上浮。因此，"十三五"初期，确定天然气基准门站价格时，交易方在政府指导的基准门站价格水平上拥有上浮 20% 的空间。终端价格方面，经过 2015 年的调整，各地区的民用气定价将逐步细化，"十三五"期间市场化程度将进一步提高。另外，北京地区的车用气价格已经由经营企业自主制定，将对市场形成示范效应，预计"十三五"期间，车用气市场化的定价方式将更为自由。

天然气进口价格方面，"十三五"初期管道气进口价格将低于 LNG 进口价格。俄罗斯天然气的进口将在一定程度上增加管道气进口在天然气进口总量中的比重，从而推动管道气进口价格与 LNG 进口价格趋同。

---

① http：//www. meti. go. jp/english/statistics/sho/slng/index. html.

第二十五章　电力市场与绩效

中国发电设备平均利用小时数由 2010 年的 4650 小时下降到 2015 年的 3969 小时。全国燃煤机组标杆上网电价（含脱硫、脱硝、除尘）平均水平由 2010 年的 38.14 分/千瓦时提高到 2015 年的 38.37 分/千瓦时。终端销售电价由 2010 年的 53.1 分/千瓦时提高到 2014 年的 61.4 分/千瓦时。预计"十三五"期间，发电设备平均利用小时数将维持在 3400 小时左右的低位。2016年开始，全国燃煤发电上网电价平均每千瓦时下调约 3 分钱，全国一般工商业销售电价平均每千瓦时下调约 3 分钱。

第一节　"十二五"电力市场与绩效分析

"十二五"期间，中国发电设备平均利用小时数累计减少 681 小时。2015 年核电、火电、水电、风电发电设备平均利用小时数分别为 7350 小时、4329 小时、3621 小时和 1728 小时。在最新一轮（2015 年 4 月）的电价调整后，全国燃煤机组标杆上网电价（含脱硫、脱硝、除尘）平均水平为 38.37 分/千瓦时。2014 年，全国平均销售电价（不含政府性基金及附加）为 0.614 元/千瓦时。2014 年中国发电厂用电率为 4.83%，2015 年中国线损率为 6.62%，2014 年发电煤耗率为 300 克标准煤/千瓦时，2015 年供电煤耗率为 315 克标准煤/千瓦时。

一、电力供需平衡情况

电力供需平衡情况可以通过发电设备平均利用小时数来判断。当电力供应过剩时，发电设备平均利用小时数会减少；当电力供应不足时，发电设备平均利用小时数会相应增加。

"十二五"期间，中国发电设备平均利用小时数不断下降，由 2010 年的

4650 小时下降到 2015 年的 3969 小时，年均降幅为 3.1%（如表 25 - 1 所示）。

分电源看，核电设备平均利用小时数最大，其次是火电和水电，风电设备平均利用小时数最低。2015 年核电、火电、水电、风电发电设备平均利用小时数分别为 7350 小时、4329 小时、3621 小时和 1728 小时。"十二五"期间，核电设备平均利用小时数由 2010 年的 7840 小时下降到 2015 年的 7350 小时，年均下降 1.3%；火电设备平均利用小时数由 2010 年的 5031 小时下降到 2015 年的 4329 小时，年均降幅为 3.0%；水电设备平均利用小时数由 2010 年的 3404 小时上升到 2015 年的 3621 小时，年均增长 1.2%；风电设备平均利用小时数由 2010 年的 2047 小时下降到 2015 年的 1728 小时，年均降幅为 3.3%（如表 25 - 1 所示）。

表 25 - 1　2010～2015 年发电设备平均利用小时数

单位：小时

年份	合计	水电	火电	核电	风电
2010	4650	3404	5031	7840	2047
2011	4730	3019	5305	7759	1890
2012	4579	3591	4982	7855	1929
2013	4521	3359	5021	7874	2025
2014	4318	3669	4739	7787	1900
2015	3969	3621	4329	7350	1728

注：本表数据为 6000 千瓦及以上电厂数据。

数据来源：2000～2013 年数据来自中国电力企业联合会历年《电力工业统计资料汇编》；2014～2015 年数据来自中国电力企业联合会《2015 年全国电力工业统计快报》。

二、电力价格

（一）上网电价

2004 年中国首次公布了各地的燃煤机组发电统一的上网电价水平，即标杆上网电价，并在以后年度根据发电企业燃煤成本的变化进行适当调整。在最新一轮（2015 年 4 月）的电价调整后，全国燃煤机组标杆上网电价（含脱硫、脱硝、除尘）平均水平为 38.37 分/千瓦时。其中，电价较高的地区是广东（49.00 分/千瓦时）、湖南（46.00 分/千瓦时）、海南（44.08 分/千瓦时)、浙江（43.33 分/千瓦时），电价较低的地区是宁夏（26.71 分/千瓦时）、蒙西（28.17 分/千瓦时）、蒙东（29.48 分/千瓦时）、甘肃（31.69 分/千瓦时）（如表 25 - 2 所示）。

表 25 - 2   2011～2015 年中国分地区燃煤机组脱硫标杆上网电价

单位：分/千瓦时（含税）

地区＼执行时间	2011 年 12 月 1 日	2013 年 9 月 25 日	2014 年 9 月 1 日	2015 年 4 月 20 日
北　京	40.02	38.67	38.04	36.34
天　津	41.18	39.83	39.29	36.95
河北（北网）	42.43	41.08	40.21	38.51
河北（南网）	43.00	41.96	41.14	37.94
山　西	38.57	37.67	36.52	34.18
山　东	44.69	43.57	42.76	40.74
蒙　西	31.09	30.04	28.84	28.17
上　海	47.73	45.23	44.73	42.39
江　苏	45.50	43.00	41.90	39.76
浙　江	48.20	45.70	44.60	43.33
安　徽	43.60	42.11	41.64	39.49
福　建	44.48	43.04	42.59	39.55
湖　北	47.80	45.82	44.72	42.96
湖　南	50.14	48.79	48.20	46.00
河　南	43.92	42.62	40.71	38.77
江　西	48.52	47.52	44.35	42.76
四　川	44.87	44.87	44.32	42.82
重　庆	44.91	43.31	42.63	40.93
辽　宁	41.42	40.22	39.24	37.43
吉　林	40.57	39.74	38.94	36.83
黑龙江	40.49	39.89	39.44	37.44
蒙　东	31.79	30.64	29.84	29.48

续表

执行时间 地区	2011 年 12 月 1 日	2013 年 9 月 25 日	2014 年 9 月 1 日	2015 年 4 月 20 日
陕　西	39.74	38.64	37.74	37.74
甘　肃	33.43	32.09	31.69	31.69
宁　夏	28.86	27.61	26.71	26.71
青　海	35.40	34.50	34.20	34.20
广　东	52.10	50.20	49.00	49.00
广　西	47.72	45.52	44.54	43.04
云　南	36.06	36.06	36.06	34.43
贵　州	38.25	37.28	36.93	35.89
海　南	49.03	47.68	46.58	44.08

注：自 2013 年 9 月 25 日起提高脱硝电价至 1 分/千瓦时，增设除尘电价 0.2 分/千瓦时，价格含脱硫、脱硝、除尘电价。

数据来源：国家发展改革委 http://www.sdpc.gov.cn/.

“十二五”期间，中国各地燃煤机组脱硫标杆上网电价不断下调。其中，下调幅度最大的地区有江西、江苏、上海，分别从 2011～2015 年累计下调 5.76 分/千瓦时、5.74 分/千瓦时、5.34 分/千瓦时。

核电方面，2013 年 6 月国家发展改革委发布《关于完善核电上网电价机制的有关问题的通知》，将核电上网电价由个别定价改为对新建核电机组实行标杆上网电价的政策，并核定全国核电标杆上网电价为每千瓦时 0.43 元。本规定适用于 2013 年 1 月 1 日以后投产的核电机组。

陆上风电方面，2009 年 7 月国家发展改革委发布《关于完善风力发电上网电价政策的通知》，按风能资源状况和工程建设条件，将全国分为四类风能资源区，相应制定陆上风电标杆上网电价，分别为每千瓦时 0.51 元、0.54 元、0.58 元和 0.61 元，本规定自 2009 年 8 月 1 日起实行。2014 年 12 月国家发展改革委印发《关于适当调整陆上风电价格政策的通知》，Ⅰ类、Ⅱ类、Ⅲ类资源区风电标杆上网电价每千瓦时降低 2 分钱，Ⅳ类资源区标杆价格维持现行水平不变。调整后的四类资源区风电标杆上网电价分别为每千瓦时 0.49 元、0.52 元、0.56 元和 0.61 元（如表 25-3 所示）。本规定适用于 2015 年 1 月 1 日以后核准，以及 2015 年 1 月 1 日前核准但于 2016 年 1 月 1 日以后投运的陆上风电项目。

表 25 – 3   陆上风电标杆上网电价

单位：元/千瓦时（含税）

资源区	陆上风电标杆上网电价		资源区所包括的地区
	2009 年	2014 年	
Ⅰ类资源区	0.51	0.49	内蒙古自治区除赤峰市、通辽市、兴安盟、呼伦贝尔市以外其他地区；新疆维吾尔自治区乌鲁木齐市、伊犁哈萨克族自治州、昌吉回族自治州、克拉玛依市、石河子市
Ⅱ类资源区	0.54	0.52	河北省张家口市、承德市；内蒙古自治区赤峰市、通辽市、兴安盟、呼伦贝尔市；甘肃省张掖市、嘉峪关市、酒泉市
Ⅲ类资源区	0.58	0.56	吉林省白城市、松原市；黑龙江省鸡西市、双鸭山市、七台河市、绥化市、伊春市、大兴安岭地区；甘肃省除张掖市、嘉峪关市、酒泉市以外其他地区；新疆维吾尔自治区除乌鲁木齐市、伊犁哈萨克族自治州、昌吉回族自治州、克拉玛依市、石河子市以外其他地区；宁夏回族自治区
Ⅳ类资源区	0.61	0.61	除Ⅰ类、Ⅱ类、Ⅲ类资源区以外的其他地区

数据来源：国家发展改革委网站。

海上风电方面，2014 年 6 月，国家发展改革委发布《关于海上风电上网电价政策的通知》，明确了海上风电标杆上网电价，规定在 2017 年（不含）以前投运的近海风电项目上网电价为 0.85 元/千瓦时（含税），潮间带风电项目上网电价为 0.75 元/千瓦时（含税）。

光伏方面，2013 年 8 月国家发展改革委发布《关于发挥价格杠杆作用促进光伏产业健康发展的通知》，明确对光伏电站实行分区域的标杆上网电价政策。根据各地太阳能资源条件和建设成本，将全国分为三类资源区，分别执行每千瓦时 0.9 元、0.95 元、1 元的电价标准（如表 25 – 4 所示）；对分布式光伏发电项目，实行按照发电量进行电价补贴的政策，电价补贴标准为每千瓦时 0.42 元。分区标杆上网电价政策适用于 2013 年 9 月 1 日以后备案（核准），以及 2013 年 9 月 1 日前备案（核准）但于 2014 年 1 月 1 日及以后投运的光伏电站项目；电价补贴标准适用于除享受中央财政投资补贴之外的分布式光伏发电项目。

表25 - 4　光伏电站标杆上网电价

单位：元/千瓦时（含税）

资源区	光伏电站标杆上网电价	资源区所包括的地区
Ⅰ类资源区	0.9	宁夏，青海海西，甘肃嘉峪关、武威、张掖、酒泉、敦煌、金昌，新疆哈密、塔城、阿勒泰、克拉玛依，内蒙古除赤峰、通辽、兴安盟、呼伦贝尔以外地区
Ⅱ类资源区	0.95	北京，天津，黑龙江，吉林，辽宁，四川，云南，内蒙古赤峰、通辽、兴安盟、呼伦贝尔、河北承德、张家口、唐山、秦皇岛，山西大同、朔州、忻州，陕西榆林、延安，青海、甘肃、新疆除Ⅰ类外其他地区
Ⅲ类资源区	1	除Ⅰ类、Ⅱ类资源区以外的其他地区

注：西藏自治区光伏电站标杆电价另行制定。

资料来源：国家发展改革委网站。

（二）输配电价

2014 年之前，中国尚未形成独立的输配电价，实际上是销售电价与上网电价之间的差价。2014 年 11 月，国家发展改革委下发《关于深圳市开展输配电价改革试点的通知》，正式启动新一轮输配电价改革试点。2015 年 1 月，深圳市输配电价改革试点首个监管周期电网输配电准许收入和输配电价获得批复，2015 ~ 2017 年深圳市电网输配电价水平分别为每千瓦时 0.1435 元、0.1433 元和 0.1428 元，呈逐年小幅下降趋势，比 2014 年的每千瓦时 0.1558 元下降 1 分多钱。

（三）销售电价

2005 年 5 月 1 日，全国平均销售电价每千瓦时提高 2.52 分钱；2006 年 6 月，全国平均销售电价每千瓦时提高 2.49 分钱；2008 年 7 月 1 日，全国平均销售电价每千瓦时上调 2.5 分钱；2009 年 11 月 20 日，全国非居民用电价格每千瓦时平均提高 2.8 分钱，居民电价未做调整；2011 年 6 月 1 日，15 个省（市、自治区）[①] 工商业、农业用电价格平均每千瓦时上调 1.67 分钱，居民用电价格不变。到 2011 年底，全国平均销售电价（不含政府性基金及附加）

---

① 15 个省（市、自治区）包括山西、青海、甘肃、江西、海南、陕西、山东、湖南、重庆、安徽、河南、湖北、四川、河北、贵州。其中，山西省销售电价上涨金额最多，每千瓦时上涨 2.4 分，四川省每千瓦时仅上调 0.4 分，调整额最小。

为 0.583 元/千瓦时。2014 年，全国平均销售电价（不含政府性基金及附加）为 0.614 元/千瓦时。

分地区看，2014 年北京（0.78 元/千瓦时）、上海（0.77 元/千瓦时）、浙江（0.75 元/千瓦时）销售电价较高，在 0.75 元/千瓦时以上；青海（0.38 元/千瓦时）、宁夏（0.41 元/千瓦时）、云南（0.44 元/千瓦时）、新疆（0.44 元/千瓦时）、甘肃（0.46 元/千瓦时）销售电价较低，在 0.5 元/千瓦时以下（如图 25-1 所示）。

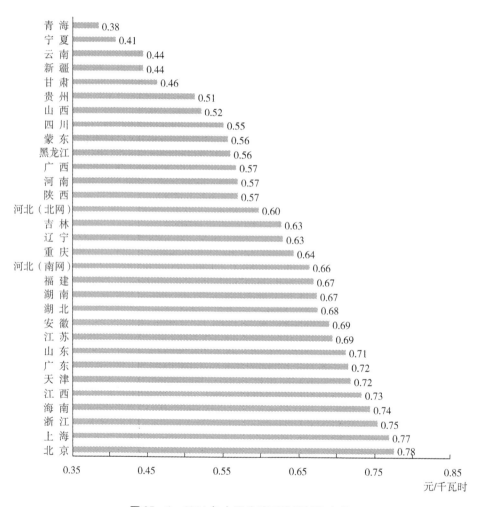

图 25-1 2014 年中国分地区终端销售电价

注：销售电价含税，不含政府性基金和附加。

数据来源：中国电力企业联合会历年《中国电力行业年度发展报告》（2014）。

2014 年居民用电价格较高的地区有广东（0.65 元/千瓦时）、江西（0.62 元/千瓦时）、湖南（0.61 元/千瓦时）、海南（0.61 元/千瓦时）；居民用电价格较低的地区有青海（0.41 元/千瓦时）、宁夏（0.46 元/千瓦时）、广西（0.46 元/千瓦时）、云南（0.48 元/千瓦时）、黑龙江（0.48 元/千瓦时）（如图 25 - 2 所示）。

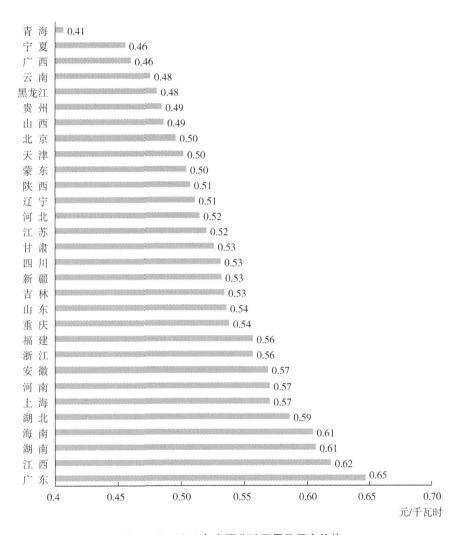

图 25 - 2　2014 年中国分地区居民用电价格

注：居民电价为到户价。

数据来源：中国电力企业联合会历年《中国电力行业年度发展报告》；国家能源局《2013 ~ 2014 年全国电力企业价格情况监管通报》。

三、电力技术经济指标

（一）发电厂用电率

"十二五"期间，中国发电厂用电率呈逐年递减的趋势，由 2010 年的 5.43% 下降到 2014 年的 4.83%，累计下降 0.6%（如图 25 - 3 所示）。

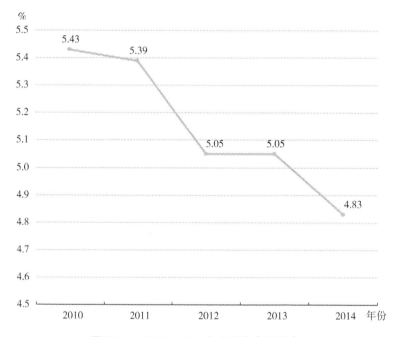

图 25 - 3 2010～2014 年中国发电厂用电率

注：6000 千瓦及以上电厂。

数据来源：中国电力企业联合会历年《电力工业统计资料汇编》。

分地区看，发电厂用电率较高的省（市、自治区）有山西（7.2%）、陕西（6.9%）、海南（6.8%）、天津（6.6%）、内蒙古（6.6%），均在 6.5% 以上；发电厂用电率较低的省（市、自治区）有云南（1.6%）、四川（1.7%）、青海（1.9%）、西藏（1.9%），均在 2% 以下（如图 25 - 4 所示）。

（二）线损率

"十二五"期间，中国线损率呈现先上升后下降的趋势，由 2010 年的 6.53% 上升到 2012 年的 6.74%，再降到 2015 年的 6.62%（如图 25 - 5 所示）。

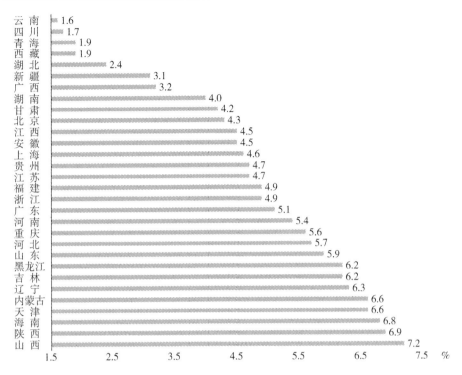

图 25 - 4　2014 年中国分地区发电厂用电率

注：本图数据为 6000 千瓦及以上电厂数据。

数据来源：中国电力企业联合会历年《电力工业统计资料汇编》。

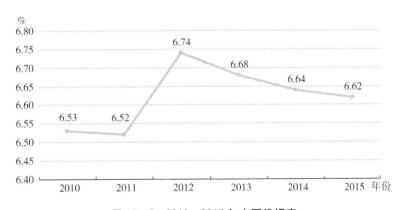

图 25 - 5　2010 ~ 2015 年中国线损率

注：本图数据为 6000 千瓦及以上电厂数据。

数据来源：2000 ~ 2014 年数据来自中国电力企业联合会历年《电力工业统计资料汇编》；2015 年数据来自中国电力企业联合会《2015 年全国电力工业统计快报》。

从世界范围看，中国线损率远低于印度、巴西等地，但与发达国家相比仍然较高。2013 年中国线损率为 6.7%，较印度低 13% 左右、较巴西低 8.8% 左右，但与美国、日本、德国相比，中国线损率分别高出约 0.5%、1.9% 和 2.3%（如图 25 - 6 所示）。

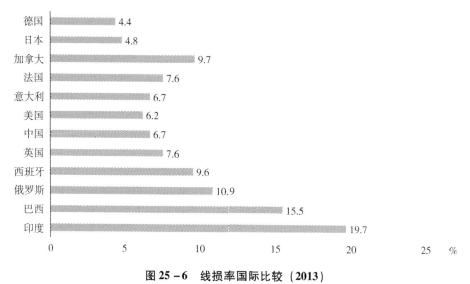

图 25 - 6 线损率国际比较（2013）

数据来源：中国数据来自中国电力企业联合会历年《电力工业统计资料汇编》；其他国家数据来自 IEA, Electricity Information 2014.

分地区看，线损率较高的省（市、自治区）有西藏（13.8%）、四川（9.7%）、湖南（9.4%），均在 9% 以上；线损率较低的省（市、自治区）有青海（3.1%）、宁夏（3.6%）、浙江（4.5%）、江苏（4.6%）和广东（4.9%），均在 5% 以下（如图 25 - 7 所示）。

（三）发电、供电煤耗率

"十二五"期间，中国发电、供电煤耗率持续下降。2010 年中国 6000 千瓦及以上电厂发电煤耗率 312 克标准煤/千瓦时，2014 年降至 300 克标准煤/千瓦时，年均下降 0.98%；2010 年中国 6000 千瓦及以上电厂供电煤耗率 333 克标准煤/千瓦时，2015 年降至 315 克标准煤/千瓦时，年均下降 1.1%（如图 25 - 8 所示）。

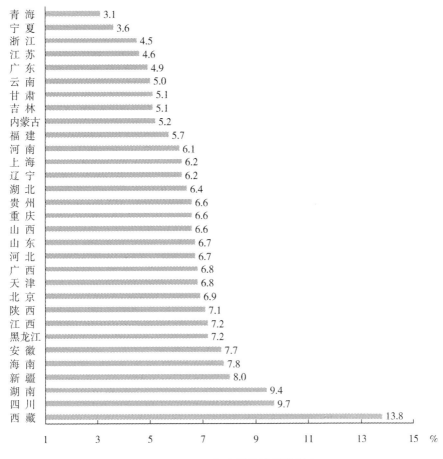

图 25 - 7　2014 年中国分地区线损率

注：本图数据为 6000 千瓦及以上电厂数据。

数据来源：中国电力企业联合会历年《电力工业统计资料汇编》。

与日本等发达国家相比，中国发电、供电煤耗率偏高，但近年来中国发电、供电煤耗率明显下降，与日本的差距逐渐减少。到 2012 年，中国发电、供电煤耗分别比同期日本高 11 克标准煤/千瓦时和 20 克标准煤/千瓦时[①]。

分地区看，发电煤耗较高的地区有青海（331 克标准煤/千瓦时）、宁夏（324 克标准煤/千瓦时）、西藏（317 克标准煤/千瓦时）、内蒙古（314 克标

① 中国数据来自中国电力企业联合会历年《电力工业统计资料汇编》；日本数据来自 The Institute of Energy Economics Japan Handbook of Energy and Economic Statistics in Japan。

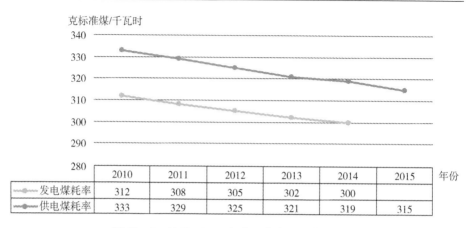

克标准煤/千瓦时

年份	2010	2011	2012	2013	2014	2015
发电煤耗率	312	308	305	302	300	
供电煤耗率	333	329	325	321	319	315

图 25 - 8　2010 ~ 2015 年中国发电、供电煤耗率

注：6000 千瓦及以上电厂。

数据来源：中国电力企业联合会历年《电力工业统计资料汇编》。

准煤/千瓦时），发电煤耗较低的地区有贵州（207 克标准煤/千瓦时）、北京（231 克标准煤/千瓦时）、海南（285 克标准煤/千瓦时）、浙江（285 克标准煤/千瓦时）；供电煤耗较高的地区有青海（361 克标准煤/千瓦时）、宁夏（347 克标准煤/千瓦时）、内蒙古（337 克标准煤/千瓦时）、新疆（336 克标准煤/千瓦时）、云南（335 克标准煤/千瓦时），供电煤耗较低的地区有北京（241 克标准煤/千瓦时）、上海（302 克标准煤/千瓦时）、浙江（299 克标准煤/千瓦时）、江苏（308 克标准煤/千瓦时）（如表 25 - 5 所示）。

表 25 - 5　2014 年分地区发电、供电煤耗率

单位：克标准煤/千瓦时

地　区	发电煤耗率	供电煤耗率
北　京	231	241
天　津	296	316
河　北	305	325
山　西	305	330
内蒙古	314	337
辽　宁	295	315
吉　林	287	308
黑龙江	308	330

地　区	发电煤耗率	供电煤耗率
上　海	288	302
江　苏	293	308
浙　江	285	299
安　徽	294	309
福　建	294	310
江　西	298	313
山　东	304	323
河　南	299	317
湖　北	293	309
湖　南	295	314
广　东	296	315
广　西	298	318
海　南	285	310
重　庆	305	332
四　川	302	322
贵　州	207	331
云　南	312	335
西　藏	317	328
陕　西	306	329
甘　肃	309	329
青　海	331	361
宁　夏	324	347
新　疆	312	336

注：本表数据为 6000 千瓦及以上电厂数据。

数据来源：中国电力企业联合会历年《电力工业统计资料汇编》。

第二节　"十三五"电力市场与绩效展望

在电力供需平衡方面，由于前期在建规模和已获得审批的装机规模较高，

"十三五"期间电力供应过剩压力将逐渐加大,预计发电设备平均利用小时数将维持在 3400 小时左右的低位。

在电力价格方面,2016 年开始,全国燃煤发电上网电价平均每千瓦时下调约 3 分钱,全国一般工商业销售电价平均每千瓦时下调约 3 分钱。由于煤价下跌幅度过大,各地 GDP 走低,地方政府希望通过降低电价来缓解工商业的盈利压力。随着新电改方案各项配套文件出台,电价也随之迎来了调整窗口,预计"十三五"期间,燃煤发电上网电价和一般工商业销售电价将会进一步下调。

"十三五"期间,陆上风电标杆上网电价逐年下调,到 2018 年,Ⅰ类资源区陆上风电标杆上网电价下调到 0.44 元/千瓦时,Ⅱ类资源区陆上风电标杆上网电价下调到 0.47 元/千瓦时,Ⅲ类资源区陆上风电标杆上网电价下调到 0.51 元/千瓦时,Ⅳ类资源区陆上风电标杆上网电价下调到 0.58 元/千瓦时。光伏发电 2016 年上网标杆电价Ⅰ类资源区由 0.9 元/千瓦时下调到 0.8 元/千瓦时,Ⅱ类资源区由 0.95 元/千瓦时下调到 0.88 元/千瓦时,Ⅲ类资源区由 1 元/千瓦时下调到 0.98 元/千瓦时。

根据 2014 年 6 月国务院办公厅印发的《能源发展战略行动计划(2014 ~ 2020 年)》确定的目标,到 2020 年,争取实现风电与煤电上网电价相当,光伏发电与电网销售电价相当。